Mr. Meesons Testament

Mr. Meesons Testament

Writat

Diese Ausgabe erschien im Jahr 2024

ISBN: 9789359945699

Herausgegeben von
Writat
E-Mail: info@writat.com

Inhalt

KAPITEL I.
AUGUSTA UND IHR VERLAGER.

Jeder, der irgendeine Verbindung zu Birmingham hat, wird mit dem riesigen Verlagshaus vertraut sein, das immer noch unter dem Kurztitel „Meeson's" bekannt ist und vielleicht die bemerkenswerteste Institution dieser Art in Europa ist. Es gibt – oder vielmehr gab es zu Beginn dieser Geschichte – drei Partner bei Meeson: Meeson selbst, den geschäftsführenden Partner; Mr. Addison und Mr. Roscoe – und die Leute in Birmingham sagten immer, dass es noch andere gab, die an der Angelegenheit interessiert waren, denn Meeson's war eine „Firma" (mit beschränkter Haftung).

Wie dem auch sei, Meeson und Co. waren zweifellos ein kommerzielles Wunderwerk. Es waren mehr als zweitausend Arbeiter beschäftigt; und seine Werke, die durchgehend mit elektrischem Licht beleuchtet sind, umfassen zwei Hektar und ein Viertel Land. Einhundert Handelsreisende reisten für drei Pfund pro Woche und eine Provision nach Osten und Westen sowie nach Norden und Süden, um die Bücher von Meeson (die ihrer Natur nach größtenteils religiöser Natur waren) in allen Ländern zu verkaufen; und fünfundzwanzig zahme Autoren (die von dreizehn zahmen Künstlern illustriert wurden) saßen – mit Gehältern zwischen einhundert und fünfhundert im Jahr – in gewölbeartigen Hütten im Keller und schütteten Woche für Woche ihre Hutarbeit aus welches Meeson's zu Recht berühmt war. Dann gab es Redakteure und stellvertretende Redakteure und Leiter der verschiedenen Abteilungen und Unterleiter und Finanzsekretäre und Leser und viele Manager; aber wie sie hießen, wusste niemand, denn bei Meeson waren alle Angestellten des großen Hauses nummeriert; Persönlichkeiten und persönliche Verantwortung sind der Gräuel der Firma. Auch war es niemandem, der mit diesen Gegenständen zu tun hatte, gestattet, dieselbe Nummer jemals zweimal zu sehen, vermutlich aus Angst, die Nummer könnte sich daran erinnern, dass er ein Mann und ein Bruder war, und sein Herz könnte sich gegenüber dem Unglücklichen und den finanziellen Interessen von ihm verflüchtigen Meesons sollte darunter leiden. Kurz gesagt, Meeson's war eine Einrichtung, die zum Zweck des Geldverdienens geschaffen wurde und sich dem Geldverdienen widmete, und diese Tatsache wurde allen, die damit zu tun hatten, gewissenhaft und sogar unverschämt vor Augen gehalten – was natürlich in diesem glücklichen Land so war, wie es sein sollte Handel. Nach allem, was geschrieben wurde, wird es den Leser nicht überraschen, zu erfahren, dass die Partner von Meeson's reich waren, als man es sich von Geiz nur träumen ließ. Ihre Paläste wären schon im alten Babylon ein Wunder gewesen und hätten in den korruptesten und luxuriösesten Tagen Roms Bewunderung erregt. Wo könnte man solche

Pferde, solche Kutschen, solche Skulpturengalerien oder solche Sammlungen kostbarer Edelsteine sehen wie in den Palasthallen der Herren Meeson, Addison und Roscoe?

„Und zu denken", wie der mächtige Meeson selbst mit einer herrschaftlichen Bewegung seiner rechten Hand zu einem erstaunten, elenden Autor sagen würde, den er mit dem Anblick dieser Pracht überwältigen wollte, „zu denken, dass das alles kommt." aus den Gehirnen von Kerlen wie dir! Nun, junger Mann, ich sage dir, wenn man all das Geld, das seit den Tagen Elisabeths an euch Schreiberlinge gezahlt wurde, zusammenzählen würde, würde es nicht auf meinen kleinen Haufen kommen; Aber wohlgemerkt, es ist nicht so sehr die Fiktion, die den Zweck erfüllt hat, sondern die Religion. Es ist Frömmigkeit, die sich lohnt, besonders wenn sie gedruckt wird."

Dann ging der unkultivierte Jugendliche weg, sein Herz war zu voll, um es in Worte zu fassen, aber er dachte darüber nach, wie diese Dinge waren, und nach und nach ging er in den Meeson-Schmelztiegel und erfuhr etwas darüber.

Eines Tages saß König Meeson in seinem Kontor und zählte sein Geld ab oder sah sich zumindest die Bücher der Firma an. Er war in sehr schlechter Laune und seine schweren Brauen waren auf eine Art und Weise gerunzelt, die dazu geeignet war, die Angestellten des Kontors auf ihren Stühlen zum Zittern zu bringen. Meeson's hatte eine Zweigniederlassung in Sydney in Australien, die bis vor kurzem zwar nicht so gut bezahlt hatte wie die englische, aber immerhin fünfzehn oder zwanzig Prozent. Doch nun war ein Wunder geschehen. Ein großer amerikanischer Verlag hatte in Melbourne ein Oppositionshaus gegründet, und ihre „Niedlichkeit" war mehr als die „Niedlichkeit" von Meeson. Hat Meeson eine Ausgabe der Werke eines Standardautors für drei Pence pro Band veröffentlicht, brachte die Oppositionsfirma das gleiche Werk für zwei Pence und einen halben Penny heraus; Hat Meeson's eine Zeitung subventioniert , um ihre Unternehmungen aufzublähen, hat die Oppositionsfirma zwei subventioniert, um sie niederzuschlagen, und so weiter? Und nun zeigten sich die Folgen all dessen: Für das abgelaufene Geschäftsjahr hatte die australische Niederlassung gerade einmal eine lächerliche Nettodividende von sieben Prozent erwirtschaftet.

Kein Wunder, dass Mr. Meeson wütend war, und kein Wunder, dass die Angestellten auf ihren Stühlen zitterten.

„Das muss berücksichtigt werden, Nr. 3", sagte Herr Meeson und schlug mit der Faust auf die Bilanz.

Nr. 3 war einer der Herausgeber; ein sanftäugiger kleiner Mann mit blauer Brille. Er war einst ein vielversprechender Schriftsteller gewesen; Aber irgendwie hatte Meeson's ihn in Besitz genommen und ihn in einen Schreiberling eines Verlegers verwandelt.

„Ganz recht, Sir", sagte er demütig. „Es ist sehr schlimm – es ist schrecklich, sich vorzustellen, dass Meesons Anteil auf sieben Prozent – sieben Prozent – sinkt!" und er hob seine Hände.

„Steh nicht da wie ein festsitzendes Schwein, Nr. 3", sagte Mr. Meeson grimmig; „Aber schlage etwas vor."

„Nun, Sir", sagte Nr. 3 demütiger als je zuvor, denn er hatte schreckliche Angst vor seinem Arbeitgeber; „Ich denke, vielleicht sollte jemand besser nach Australien gehen und sehen, was getan werden kann."

„Ich weiß, dass man etwas tun kann", sagte Mr. Meeson knurrend: „Alle diese Narren da draußen können entlassen werden, und entlassen werden sie auch; und außerdem werde ich sie selbst entlassen. Das wird Nr. 3 tun; das wird genügen;" und Nr. 3 ging, und er war froh, dass er gehen konnte.

Als er ging, kam ein Angestellter und gab dem großen Mann eine Karte.

„Miss Augusta Smithers", las er; dann mit einem Grunzen: „Führen Sie Miss Augusta Smithers herein."

Plötzlich traf Miss Augusta Smithers ein. Sie war eine große, wohlgeformte junge Dame von etwa fünfundzwanzig Jahren mit hübschem goldenem Haar, tiefgrauen Augen, einer schönen Stirn und einem zarten Mund; gerade jetzt sah sie jedoch sehr nervös aus.

„Nun, Miss Smithers, was ist das?" fragte den Verlag.

„Ich bin gekommen, Mr. Meeson – ich bin wegen meines Buches gekommen."

„Ihr Buch, Miss Smithers?" das war eine vorgetäuschte Vergesslichkeit; „Mal sehen? – verzeihen Sie mir, aber wir veröffentlichen so viele Bücher. Oh ja, ich erinnere mich; „Jemimas Gelübde." Na ja, ich glaube, es geht einigermaßen weiter."

„Ich habe gesehen, dass Sie neulich den sechzehnten Tausender ausgeschrieben haben", warf Miss Smithers entschuldigend ein.

„Haben wir – haben wir? Ach, dann wissen Sie mehr darüber als ich", und er blickte seinen Besucher auf eine Weise an, die klar genug zum Ausdruck brachte, dass er davon ausging, dass das Interview beendet sei.

Miss Smithers stand auf und setzte sich dann mit krampfhafter Anstrengung wieder hin. „Tatsache ist, Mr. Meeson", sagte sie – „ Tatsache ist, dass ich dachte, dass ‚Jemimas Gelübde' vielleicht so ein großer Erfolg war, dass Sie, vielleicht – kurz gesagt, vielleicht geneigt sein könnten um mir zusätzlich zu dem, was ich erhalten habe, eine kleine Summe zu geben."

Herr Meeson blickte auf. Seine Stirn war so in Falten gelegt, dass die struppigen Augenbrauen die scharfen kleinen Augen fast verdeckten.

"Was!" er sagte. " *Was* !"

In diesem Moment öffnete sich die Tür und ein junger Herr kam langsam herein. Es war ein sehr gut aussehender junger Mann, groß und wohlgeformt , mit heller Haut und fröhlichen blauen Augen – kurz gesagt, ein typischer junger Engländer der besseren Sorte , aetate suo vierundzwanzig. Ich habe gesagt, dass er langsam hereinkam, aber das vermittelt kaum die fröhliche und *dégagierte* Ausstrahlung der Unabhängigkeit, die diesen jungen Mann durchdrang und die sicherlich jeden Beobachter als schockierend empfunden hätte, wenn man sie mit der wurmartigen Haltung dieser Leute verglichen hätte der um die Füße von Meeson kroch. Dieser junge Mann hatte sich tatsächlich nicht einmal die Mühe gemacht, seinen Hut abzunehmen, der auf seinem Hinterkopf klebte, seine Hände steckten in den Taschen, eine frevelhafte Pfeife schwebte auf seinen Lippen und er öffnete die Tür des Allerheiligsten Heiligtum des Meeson-Establishments *mit einem Kick* !

„Wie geht es, Onkel?" sagte er zu dem kommerziellen Terror, der dort hinter seinen beeindruckenden Büchern saß und ihn ansprach, als wäre er ein gewöhnlicher Mann. "Warum was ist los?"

In diesem Moment jedoch erblickte er die sehr hübsche junge Dame, die im Büro saß, und sein gesamtes Verhalten erfuhr eine höchst bemerkenswerte Veränderung; Er zog die Hände aus seinen Taschen, nahm den Hut ab, und als er sich umdrehte, verneigte er sich, wirklich ziemlich nett, wenn man bedenkt, wie spontan die ganze Aufführung war.

„Was ist los, Eustace?" fragte Mr. Meeson scharf.

„Oh, nichts, Onkel; nichts – es kann aushalten ", und ohne auf eine Einladung zu warten, nahm er einen Stuhl und setzte sich in einer solchen Position nieder, dass er Miss Smithers sehen konnte, ohne von seinem Onkel gesehen zu werden.

„Ich habe gesagt, Miss Smithers, oder besser gesagt, ich wollte sagen", fuhr der ältere Meeson fort, „dass ich, kurz gesagt, nicht im Geringsten verstehe, was Sie meinen können." Sie werden sich erinnern, dass Ihnen für das Urheberrecht an „Jemimas Gelübde" eine Summe von fünfzig Pfund gezahlt wurde."

„Großer Himmel!" murmelte Meister Eustace hinter sich; „Was für eine Sache!"

„Damals wurde Ihnen eine alternative Vereinbarung vorgelegt, die Ihnen sieben Prozent des veröffentlichten Buchpreises bot, und wenn Sie diese akzeptiert hätten, hätten Sie zweifellos eine größere Summe erzielt", und Herr Meeson schloss den Vertrag ab Er zog seine behaarten Augenbrauen hoch und blickte das arme Mädchen auf eine, gelinde gesagt, beunruhigende Weise an. Doch obwohl Augusta den traurigen Drang verspürte, zu fliehen, blieb sie dennoch standhaft, denn um die Wahrheit zu sagen, war ihre Not sehr groß.

„Ich konnte es mir nicht leisten, auf die sieben Prozent zu warten, Mr. Meeson", sagte sie demütig.

„Oh, ihr Götter! sieben Prozent, wenn er ungefähr fünfundvierzig macht!" murmelte Eustace im Hintergrund.

„Möglicherweise, Miss Smithers; möglicherweise;" fuhr der große Mann fort. „Sie müssen mir wirklich verzeihen, wenn ich den genauen Stand Ihrer Privatangelegenheiten nicht kenne. Aus Erfahrung weiß ich jedoch, dass die Geldangelegenheiten den meisten Schriftstellern ein wenig peinlich sind."

Augusta zuckte zusammen, und Mr. Meeson erhob sich schwerfällig von seinem Stuhl, ging zu einem großen Safe, der in der Nähe stand, und holte ein Bündel Verträge heraus. Er warf einen Blick nach dem anderen, bis er fand, was er suchte.

„Hier ist die Vereinbarung", sagte er; "lassen Sie mich sehen? Ah, das dachte ich mir – Urheberrecht fünfzig Pfund, die Hälfte des Erlöses aus den Übersetzungsrechten und eine Klausel, die Sie verpflichtet, alle künftigen Arbeiten, die Sie in den nächsten fünf Jahren produzieren, unserem Haus im Rahmen der Sieben-Prozent-Vereinbarung oder einer Summe, die nicht übersteigt, anzubieten einhundert Pfund für das Urheberrecht. Nun, Miss Smithers, was haben Sie zu sagen? Sie haben dieses Papier aus freien Stücken unterzeichnet. Zufälligerweise haben wir mit Ihrem Buch einen großen Gewinn gemacht. Tatsächlich habe ich kein Problem damit, Ihnen zu sagen, dass wir für den Verkauf der amerikanischen Rechte genauso viel zurückbekommen haben, wie wir Ihnen von Amerika zurückgegeben haben. Aber das ist kein Grund dafür, dass Sie mehr Geld verlangen, als Sie zugestimmt haben. So etwas habe ich in meiner gesamten Berufserfahrung noch nie gehört; niemals!" und er hielt inne und musterte sie noch einmal streng.

„Jedenfalls sollte mir aus den Übersetzungsrechten etwas zugute kommen – ich habe in der Zeitung gesehen, dass das Buch ins Französische und Deutsche übersetzt werden sollte", sagte Augusta schwach.

"Oh! Ja, kein Zweifel – Eustace, gehorchen Sie mir, indem Sie die Glocke berühren."

Der junge Herr tat es und ein großer, melancholisch aussehender Angestellter erschien.

"NEIN. 18", knurrte Mr. Meeson in dem Tonfall eigentümlicher Liebenswürdigkeit, den er seinen Mitarbeitern vorbehalten hatte , „erstellen Sie den Übersetzungsbericht von ‚Jemimas Gelübde' und füllen Sie einen Kontostandsscheck aus, der dem Autor geschuldet ist."

Nr. 18 verschwand wie ein dünner, unglücklicher Geist, und Mr. Meeson wandte sich noch einmal an das Mädchen vor ihm. „Wenn Sie Geld wollen, Miss Smithers", sagte er, „schreiben Sie uns besser ein weiteres Buch." Ich werde nicht leugnen, dass Ihre Arbeit gut ist – vielleicht etwas zu tiefgründig und nicht ganz orthodox genug; aber immer noch gut. Ich habe es selbst getestet, als ich es zur Hand hatte – was ich nicht oft mache – und festgestellt, dass es eine gute Verkaufsqualität hat, und Sie sehen, ich habe keinen Fehler gemacht. Ich glaube, dass „Jemima's Vow" ununterbrochen zwanzigtausend verkaufen wird – hier ist der Bericht."

Während er sprach, legte der gespenstische Angestellte ein ordentlich liniertes Blatt Papier und einen nicht unterschriebenen Scheck auf den Schreibtisch vor seinem Arbeitgeber, lächelte dann ein schattenhaftes Lächeln und verschwand.

Herr Meeson warf einen Blick auf das Konto, unterschrieb den Scheck und reichte ihn zusammen mit dem Konto an Augusta, die ihn dann las. Es lief so: —

AUGUSTA SMITHERS *im Konto bei* MEESON & Co.

£ s d

Zum Verkauf des Übersetzungsrechts von 7 0 0

„Jemimas Gelübde" ins Französische......

Tun. Tun. Tun. ins Deutsche 7 0 0

____

£ 14 0 0

=========

£ s d

Der den Herren Meeson zustehende geringere Betrag beläuft sich auf 7 0 0

die Hälfte des Nettoerlöses

Abzüglich Provision usw. 3 19 0

____

£10 19 0

==========

Dem Autor geschuldeter Restbetrag, laut Scheck £ 3 1 0

hiermit. ————

Augusta sah nach und zerknüllte dann langsam den Scheck in ihrer Hand.

„Wenn ich das verstehe, Herr Meeson", sagte sie, „haben Sie die beiden Übersetzungsrechte meines Buches, die Sie mir überredet haben, in Ihren Händen zu hinterlassen, für 14 Pfund verkauft; Davon soll ich 3 1 Schilling erhalten?"

„Ja, Miss Smithers. Wären Sie so freundlich, die Quittung zu unterschreiben? Tatsache ist, dass ich eine Menge Geschäfte zu erledigen habe."

„Nein, Mr. Meeson", sagte Augusta plötzlich, stand auf und sah in ihrer Wut überaus gutaussehend und imposant aus. "NEIN; Ich werde die Quittung nicht unterschreiben und diesen Scheck nicht annehmen. Und außerdem werde ich Ihnen keine Bücher mehr schreiben. Du hast mich gefangen. Sie haben meine Unwissenheit und Unerfahrenheit ausgenutzt und mich in eine Falle gelockt, sodass ich fünf Jahre lang nichts weiter als ein Sklave für Sie sein werde und, obwohl ich jetzt einer der beliebtesten Schriftsteller des Landes bin, gezwungen sein werde, eine zu akzeptieren Summe für meine Bücher, von der ich nicht leben kann. Wussten Sie, dass mir gestern tausend Pfund für das Urheberrecht an einem Buch wie „Jemimas Gelübde " angeboten wurden? – das ist eine große Summe; aber ich habe den Brief. Ja, und ich habe das Buch jetzt im Manuskript; und wenn ich es veröffentlichen könnte , würde ich zusammen mit meiner armen kleinen Schwester aus der Armut befreit werden!" und sie schluchzte. „Aber", fuhr sie fort, „ich kann es nicht veröffentlichen, und ich werde nicht zulassen, dass Sie es haben und so behandelt werden; Ich musste eher verhungern. Ich werde fünf Jahre lang nichts veröffentlichen, und ich werde an die Zeitungen schreiben und sagen, warum – weil ich *betrogen* wurde , Mr. Meeson!"

„Betrogen!" donnerte der große Mann. „Seien Sie vorsichtig, junge Dame; Denken Sie daran, was Sie sagen. Ich habe einen Zeugen; Eustace, hörst du, „ *betrogen* "! Eustace, , *betrogen* '!"

„ *Ich* höre", sagte Eustace grimmig.

„Ja, Herr Meeson, ich sagte , *betrogen* '; und ich werde es wiederholen, ob ich dafür eingesperrt bin oder nicht. „Guten Morgen, Mr. Meeson", und sie machte einen Knicks vor ihm und brach dann plötzlich in Tränen aus.

Eine Minute später war Eustace an ihrer Seite.

„Weinen Sie nicht, Miss Smithers; Um Himmels willen, tu es nicht. Ich kann es nicht ertragen, es zu sehen", sagte er.

Sie blickte auf, ihre schönen grauen Augen voller Tränen, und versuchte zu lächeln.

„Danke", sagte sie; „Ich bin sehr albern, aber ich bin so enttäuscht. Wenn du nur wüsstest-. Da werde ich gehen. Vielen Dank", und im nächsten Moment hatte sie sich aufgerichtet und den Raum verlassen.

„Nun", sagte Mr. Meeson, Senior, der mit offenem Mund an seinem Schreibtisch gesessen hatte und offenbar zu sehr erstaunt war, um zu sprechen. „Nun, da ist eine Füchsin für dich. Aber sie wird zu sich kommen. Ich habe schon erlebt, dass sie so etwas machen – da unten sind ein oder zwei", und er wies mit dem Daumen in die Richtung, in der die fünfundzwanzig zahmen Autoren jeder wie ein Kaninchen in seinem kleinen Käfig saßen und ihren Hut machten. Arbeit am Hof, „der so weitergemacht hat. Aber jetzt sind sie ruhig genug – sie zeigen nicht mehr viel Mut. Ich weiß, wie man mit solchen Dingen umgeht – halber Lohn und doppelte Kopie – das ist das Problem. Dieses Mädchen wird dem Haus fünfzehnhundert pro Jahr wert sein. Was denkst du darüber, junger Mann, nicht wahr?"

„Ich denke", antwortete sein Neffe, auf dessen gutmütigem Gesicht sich ein seltsamer Ausdruck von Verachtung und Zorn gebildet hatte, „ich denke, dass du dich schämen solltest!"

KAPITEL II.
Wie Eustace enterbt wurde.

Es entstand eine Pause – eine schreckliche Pause. Der Blitz hatte die Wolke verlassen, aber der antwortende Donner war nicht ans Ohr gedrungen. Mr. Meeson schnappte nach Luft. Dann nahm er den Scheck, den Augusta auf den Tisch geworfen hatte, und zerknüllte ihn langsam.

„Was hast du gesagt, junger Mann?" sagte er schließlich mit kalter, harter Stimme.

„Ich sagte, du solltest dich schämen", antwortete sein Neffe und blieb tapfer; „Und außerdem habe ich es ernst gemeint!"

"Oh! Wären Sie jetzt so freundlich, mir genau zu erklären, warum Sie das gesagt haben und warum Sie es so gemeint haben?"

„Ich habe es ernst gemeint", antwortete sein Neffe mit voller, kräftiger Stimme, „denn das Mädchen hatte Recht, als sie sagte, dass du sie betrogen hast, und du weißt, dass sie Recht hatte." Ich habe die Berichte von „Jemimas Gelübde" gesehen – ich habe sie heute Morgen gesehen – und Sie haben mit dem Buch bereits mehr als tausend Pfund klaren Gewinn gemacht. Und wenn sie dann kommt und Sie um mehr als die bettelarmen fünfzig Pfund bittet, die Sie ihr ausgezahlt haben, weigern Sie sich und bieten ihr drei Pfund als ihren Anteil an den Übersetzungsrechten an – drei Pfund im Vergleich zu Ihren elf Pfund!"

„Mach weiter", unterbrach ihn sein Onkel; „Bitte machen Sie weiter."

"In Ordnung; Ich gehe. Das ist noch nicht alles: Sie bedienen sich tatsächlich eines schändlichen Tricks, um dieses unglückliche Mädchen in eine Vereinbarung zu verwickeln, durch die sie für fünf Jahre zur literarischen Sklavin wird! Sobald Sie sehen, dass sie ein Genie ist, sagen Sie ihr, dass die Kosten für die Veröffentlichung ihres Buches, für die Bekanntmachung ihres Namens usw. usw. usw. sehr hoch sein werden – tatsächlich so hoch, dass Sie Ich kann es nicht übernehmen, es sei denn, sie willigt tatsächlich ein, Ihnen das erste Angebot für alles zu geben, was sie in den kommenden fünf Jahren schreibt, etwa zu einem Viertel des üblichen Gehaltssatzes eines erfolgreichen Autors – obwohl Sie das natürlich nicht tun Das sag ich ihr nicht. Sie nutzen ihre Unerfahrenheit aus, um sie durch diesen ungerechten Vertrag zu binden, wissend, dass das Ende darin bestehen wird, dass Sie ihr ein wenig Geld vorschießen und sie in Ihre Gewalt bringen und sie dann dorthin zu den Hutches schicken, wo alle Der Geist, die Originalität und das Genie werden aus ihrer Arbeit verbannt, und sie wird eine Hutmacherin werden wie die anderen – denn Meesons Werk ist ein rein kommerzielles Unterfangen, wissen Sie, und Meesons Publikum mag Genies nicht, sie mögen es Ihre Literatur ist langweilig und heilig! – und es ist eine höllische Schande! Das ist es, Onkel!" und der junge Mann, dessen blaue Augen inzwischen Feuer sprühten, denn er hatte sich beim Gehen aufgeregt, ließ seine Faust mit einem Knall auf den Schreibtisch fallen, um seine Worte zu betonen .

"Hast du gemacht?" sagte sein Onkel.

„Ja, das habe ich getan; und ich hoffe, dass ich es klar ausgedrückt habe."

"Sehr gut; Und jetzt darf ich Sie fragen, ob Ihre Gefühle, falls Sie jemals die Leitung dieses Geschäfts übernehmen würden, das System, nach dem Sie vorgehen würden, genau widerspiegeln?"

„ Natürlich tun sie das. Ich werde für niemanden Betrüger werden."

"Danke schön. Anscheinend haben sie Ihnen in Oxford die Kunst beigebracht, Klartext zu sprechen – obwohl sie Ihnen, wie es scheint, mit einem spöttischen Lächeln, kaum etwas anderes beigebracht haben. Nun, jetzt bin ich an der Reihe zu sprechen; Und ich sage dir, was es ist, junger Mann: Entweder wirst du mich sofort um Verzeihung für das bitten, was du gesagt hast, oder du wirst Meeson's für immer verlassen."

„Ich bitte Sie nicht um Verzeihung, wenn Sie die Wahrheit sagen", sagte Eustace hitzig. „Tatsache ist, dass man hier nie die Wahrheit hört; All diese armen Teufel kriechen und kriechen um dich herum und wagen es nicht , ihre Seelen ihr Eigen zu nennen. Ich werde teuflisch froh sein, diesen Ort zu verlassen, das kann ich Ihnen sagen. Dieses ganze Geplänkel macht mich krank. Der Ort stinkt und stinkt nach scharfem Training und Geldverdienen – Geldverdienen mit fairen Mitteln oder mit schlechten Mitteln."

Der ältere Mann hatte bis jetzt jedenfalls dem äußeren Anschein nach seine Beherrschung bewahrt; Aber diese letzte Blüte kraftvollen Englisches war völlig zu viel für jemanden, den der Besitz von so viel Geld viele Jahre lang davor bewahrt hatte, unangenehme Wahrheiten grob zu hören. Das Gesicht des Mannes wuchs wie das eines Teufels, seine dicken Augenbrauen zogen sich zusammen und seine blassen Lippen zitterten vor Wut. Ein paar Sekunden lang konnte er nicht sprechen, so groß war seine Aufregung. Als er es schließlich tat, war seine Stimme so belegt und voller Wut wie ein dichter Nebel vor Regen.

„Du frecher junger Schlingel!" Er begann: „Du undankbares Findelkind! Glaubst du etwa, dass ich dich, als mein Bruder dich dem Hungertod überlassen hat – was alles war, wozu du fähig warst – aus der Gosse geholt habe, weil du die Unverschämtheit hattest, zu mir zu kommen und mir zu sagen, wie ich mein Geschäft führen soll? Nun, junger Mann, ich sage Ihnen einfach, was es ist. Sie können frei sein und Ihr eigenes Unternehmen nach den von Ihnen gewählten Grundsätzen führen. Verlassen Sie Meeson's, Sir. und wage es nie wieder, hier deine Nase zu zeigen, sonst gebe ich den Trägern den Befehl, dich vom Gelände zu drängen! Und das ist noch nicht alles. Ich bin mit dir fertig, verlange von mir nie wieder einen Sixpence! Ich werde dich nicht länger unterstützen, das kann ich dir sagen. Und wissen Sie außerdem, was ich jetzt tun werde? Ich gehe zum alten Todd – das ist mein Anwalt – und ich werde ihm sagen, er solle ein neues Testament machen und ihm jeden Penner hinterlassen – und das sind nicht viel weniger als zwei Millionen , so oder so – Addison und Roscoe. Sie wollen es nicht, aber das spielt keine Rolle. Du sollst es nicht haben – nein, keinen Heller davon; und ich werde nicht zulassen, dass so ein Haufen in Wohltätigkeitsorganisationen und Missmanagement verschwendet wird . Also, mein feiner junger Herr, gehen Sie einfach mal weg und schauen Sie, ob Sie mit Ihren neuen Geschäftsprinzipien Ihren Lebensunterhalt bestreiten können.

„In Ordnung, Onkel; Ich gehe", sagte der junge Mann leise. „Ich verstehe durchaus, was unser Streit für mich bedeutet, und um ehrlich zu sein, es tut mir nicht leid. Ich hatte nie den Wunsch, von Ihnen abhängig zu sein oder etwas mit einem Geschäft zu tun zu haben, das so geführt wird wie das von Meeson. Meine Mutter hat mir 100 Dollar pro Jahr hinterlassen, und mit Hilfe davon und meiner Ausbildung hoffe ich, meinen Lebensunterhalt zu verdienen. Trotzdem möchte ich mich nicht im Zorn von dir trennen, weil du manchmal sehr nett zu mir warst und, wie du mich erinnerst, mich aus der Gosse geholt hast, als ich Waise war oder nicht weit davon entfernt. Deshalb hoffe ich, dass Sie mir die Hand geben, bevor ich gehe."

"Ah!" knurrte sein Onkel; „Du willst dich jetzt melden, oder? Aber das geht nicht. Es kann losgehen! Und denken Sie daran, dass Sie keinen Fuß in die Pompadour Hall setzen", Mr. Meesons Sitz, „es sei denn, Sie wollen Ihre Kleidung holen. Komm, schneid!"

„Sie verstehen mich falsch", sagte Eustace mit einem Hauch angeborener Würde, der ihm sehr gut stand. „Wahrscheinlich werden wir uns nicht wiedersehen, und ich wollte nicht in Wut verfallen, das war alles. Guten Morgen." Und er verneigte sich und verließ das Büro.

„Verwirr ihn!" murmelte sein Onkel, als sich die Tür schloss, „er ist ein mutiger Kerl – er hat Mut bewiesen." Aber ich werde auch Mut zeigen. Meeson ist ein Mann, der sein Wort hält. Ihn mit einem Schilling abschneiden? nicht ich; schneide ihn mit gar nichts ab. Und doch, verdammt, ich mag den Jungen. Nun, ich bin mit ihm fertig, dank dieser Schlampe von einem Smithers-Mädchen. Vielleicht ist er süß zu ihr? dann können sie gemeinsam verhungern und an ihnen gehängt werden! Sie sollte mir besser aus dem Weg gehen, denn das wird sie bereuen, so sicher mein Name Jonathan Meeson ist. Ich werde dafür sorgen, dass sie sich an den

Buchstaben dieser Vereinbarung hält, und wenn sie versucht, ein Buch innerhalb oder außerhalb dieses Landes zu veröffentlichen, werde ich sie vernichten – ja, ich werde sie vernichten, wenn es mich fünf kosten würde Tausend, um es zu tun!" und mit einem Knurren ließ er seine Faust schwer auf den Tisch vor sich fallen.

Dann stand er auf, legte die Vereinbarung der armen Augusta sorgfältig in den Safe zurück, den er mit einem heftigen Knall verschloss, und machte sich daran, die verschiedenen Abteilungen seines riesigen Etablissements zu besichtigen und dort so viel Heu zu machen, wie man es sich in der Antike noch nie erträumt hatte Hallen von Meeson.

Bis heute reden die Angestellten des großen Hauses mit angehaltenem Atem von diesem schrecklichen Tag – denn wie der blutige Hector durch die Griechen tobte, tobte auch der große Meeson durch seine hundert Abteilungen. Im allerersten Büro erwischte er einen unglücklichen Angestellten, der Sardinensandwiches aß. Ohne einen Moment zu zögern nahm er die Sandwiches und warf sie durch das Fenster.

„Glaubst du, ich bezahle dich dafür, dass du hierher kommst und deine dreckigen Sandwiches isst?" fragte er wütend. „So, jetzt können Sie gehen und nach ihnen suchen; und wir sehen uns hier: Sie brauchen sich nicht die Mühe zu machen, zurückzukommen, Sie müßiger, wertloser Kerl. Es kann losgehen! Und denken Sie daran, dass Sie mir keinen Charakter schicken müssen. Na dann – schnell!"

Der Unglückliche machte sich mit schwachen Protesten auf den Weg, und Meeson setzte seinen verheerenden Kurs fort, nachdem er die anderen Angestellten böse anstarrte und sie gewarnt hatte, dass sie ihm bald folgen würden, wenn sie nicht aufpassten – sehr vorsichtig.

Plötzlich traf er einen Redakteur, Nr. 7, der ihm eine Vereinbarung zur Unterzeichnung brachte. Er schnappte es sich und blätterte darin.

„Was meinst du damit, mir so etwas zu bringen?" er sagte: „Es ist alles falsch."

„Es ist genau das, was Sie mir gestern diktiert haben, Sir", sagte der Herausgeber empört.

„Was, willst du mir widersprechen?" brüllte Meeson. „Sehen Sie hier Nr. 7, Sie und ich hatten den besseren Teil. Nun, keine Worte: Ihr Gehalt wird Ihnen bis zum Ende des Monats ausgezahlt, und wenn Sie eine Klage wegen ungerechtfertigter Entlassung einreichen möchten, dann bin ich Ihr Mann. Guten Morgen, Nr. 7; Guten Morgen."

Als nächstes überquerte er einen Hof, wo er, indem er heimlich um die Ecke schlüpfte, auf einen fröhlichen kleinen Laufburschen stieß, der ein einsames Murmelspiel vergnügte.

Whack stieß mit seinem Stock über den Hosenboden des Laufburschen, und eine Minute später war er dem Redakteur und dem Sandwich verschlingenden Angestellten gefolgt.

Und so ging das lustige Spiel noch eine halbe Stunde oder länger weiter, bis Mr. Meeson schließlich am liebsten mit seiner Beunruhigung aufhören wollte, da er zu erschöpft war, um seinen zerstörerischen Kurs fortzusetzen. Aber am nächsten Morgen fand im großen Verlag Werbung statt; Elf offene Stellen mussten besetzt werden.

Ein paar Gläser braunen Sherry und ein paar Sandwiches, die er in einem benachbarten Restaurant hastig verschlang, machten ihn jedoch schnell wieder fit; und sprang in ein Taxi und fuhr in Eile zu seinen Anwälten, den Herren Todd und James.

„Ist Mr. Todd da?" sagte er zu dem geschäftsführenden Angestellten, der vortrat und sich unterwürfig vor dem reichsten Mann in Birmingham verneigte.

"Herr. „Todd wird in ein paar Minuten aus dem Kampf entlassen, Sir", sagte er. „Darf ich Ihnen die *Times anbieten* ?"

„Verdammte *Zeiten* !" war die höfliche Antwort; „Ich komme nicht hierher, um Zeitungen zu lesen. Sagen Sie Mr. Todd, dass ich ihn sofort sehen muss, sonst gehe ich woanders hin."

„Ich habe große Angst, Sir", begann der Geschäftsführer.

Mr. Meeson sprang auf und schnappte sich seinen Hut. „Nun, was soll es sein?" er sagte.

„Oh, sicherlich, Sir; „Bitte nehmen Sie Platz", antwortete der Manager in großer Besorgnis – Meesons Geschäft war nicht leichtfertig zu verlieren. „Ich werde Mr. Todd sofort sehen", und er verschwand.

Fast zeitgleich mit seiner Abreise wurde eine alte Dame kurzerhand aus einem inneren Raum gezerrt. Sie klammerte sich schwach an eine Tasche voller Papiere und verkündete lautstark, dass ihr Kopf sich immer wieder drehte. Die arme alte Seele änderte gerade zum achtzehnten Mal ihr Testament zugunsten einer brandneuen Wohltätigkeitsorganisation, die vom Königshaus wärmstens empfohlen wurde; und plötzlich aus der ehrwürdigen Gegenwart ihres Anwalts in die äußere Dunkelheit des Büros des Gerichtsschreibers geschossen zu werden, war wirklich zu viel für sie.

Eine Minute später wurde Mr. Meeson von Mr. Todd persönlich herzlich, ja sogar enthusiastisch begrüßt. Mr. Todd war ein nervös aussehender, schreckhafter kleiner Mann, der stoßweise und schwallartig sprach, so dass man an einen Feuerwehrschlauch erinnerte, durch den zeitweise Wasser gepumpt wurde.

„Wie geht es Ihnen, mein lieber Herr? Ich freue mich, dieses Vergnügen zu haben", begann er mit einem plötzlichen Schwall und versiegte dann plötzlich, als er den bedrohlichen Ausdruck auf der Stirn des großen Mannes bemerkte. „Ich bin sicher, es tut mir sehr leid, dass Sie warten mussten, mein lieber Herr, aber ich war im Moment mit einem hervorragenden und äußerst christlichen Erblasser verlobt." –

Hier zuckte er plötzlich zusammen und trocknete wieder aus, denn Mr. Meeson rief ohne die geringste Vorwarnung: „Verfluchen Sie Ihren christlichen Erblasser!" Und schau mal, Todd, du siehst einfach, dass es nicht wieder vorkommt. Ich bin auch ein christlicher Erblasser; und Christen meiner Art sind es nicht gewohnt, wie Büroangestellte oder Autoren herumzustehen. Pass auf, dass das nicht noch einmal passiert, Todd."

„Ich bin mir sicher, dass ich sehr traurig bin. Umstände"-

„Oh, egal – ich will mein Testament."

„Will – wird – Verzeihen Sie mir – ein bisschen verwirrt, das ist alles. Deine Art ist so voll von der herzlichen Lebenskraft des alten Mittelalters " –

Hier blieb er plötzlich stehen als sonst, denn Mr. Meeson fixierte ihn mit seinem wilden Blick und stürzte sich dann aus dem Zimmer, um nach dem fraglichen Dokument zu suchen.

„Kleiner Idiot!" murmelte Meeson; „Ich werde ihn auch entlassen, wenn er nicht vorsichtiger ist. Von Jove! Warum sollte ich keinen eigenen Anwalt haben? Eine scharfe Hand mit beschädigtem Charakter könnte ich für etwa 300 Pfund im Jahr bekommen, und dem alten Todd zahle ich ganze 2.000 Pfund. Es gibt einen freien Platz in den Hutches, den ich in ein Büro umwandeln könnte. Hängen Sie mich, wenn ich es nicht tue. Ich werde diese kleine zwitschernde Heuschrecke zu einem bestimmten Zweck springen lassen, das verspreche ich", und er lachte über die Idee.

In diesem Moment kam Mr. Todd mit dem Testament zurück, und bevor er irgendwelche Erklärungen abgeben konnte, unterbrach ihn sein Arbeitgeber mit der scharfen Anweisung, den Kern des Testaments zu lesen.

Dies tat der Anwalt. Es war sehr kurz und vermachte, mit Ausnahme einiger Vermächtnisse, die sich insgesamt auf etwa zwanzigtausend Pfund beliefen, das gesamte riesige Vermögen und Vermögen des Erblassers, einschließlich seiner (bei weitem größten) Beteiligung an dem großen Verlagshaus und seinem Palast mit den Gemälden und anderen wertvollen Inhalten, bekannt als Pompadour Hall, an seinen Neffen Eustace H. Meeson.

„Sehr gut", sagte er, als die Lesung beendet war; „Jetzt gib es mir."

Mr. Todd gehorchte und reichte das Dokument seinem Gönner, der es mit seinen starken Fingern absichtlich in Stücke riss und es dann mit seinen großen weißen Zähnen zerriss. Als das erledigt war, mischte er die kleinen Stücke zusammen, warf sie auf den Boden und stampfte mit einer bösartigen Miene darauf herum, die den ruckartigen kleinen Mr. Todd fast erschreckte.

„Nun denn", sagte er grimmig, „die alte Liebe hat ein Ende; Also lasst uns mit dem Neuen weitermachen. Nimm deine Feder und erhalte meine Anweisungen für mein Testament."

Mr. Todd tat, was ihm geboten wurde.

„Ich überlasse mein gesamtes Eigentum, sowohl real als auch privat, zu gleichen Teilen zwischen meinen beiden Partnern Alfred Tom Addison und Cecil Spooner Roscoe. Das ist kurz und bündig und bedeutet auf die eine oder andere Weise ein paar Millionen."

"Du lieber Himmel! Sir", stieß Mr. Todd hervor. „Warum, willst du deinen Neffen – und die anderen Vermächtnisnehmer – ganz ausschließen?" fügte er nachträglich hinzu.

„ Natürlich tue ich das; das heißt, was meinen Neffen betrifft. Die Vermächtnisnehmer können wie bisher bestehen bleiben."

„ Nun, alles, was ich zu sagen habe", fuhr der kleine Mann fort, erstaunt und ehrlich, „ist, dass es das Schändlichste ist, von dem ich je gehört habe!"

„In der Tat, Mr. Todd, oder? Nun, darf ich Sie fragen: Verlasse ich dieses Anwesen oder Sie? Machen Sie sich jedoch nicht die Mühe, darauf zu antworten, sondern nehmen Sie einfach teil. Entweder erstellen Sie das Testament sofort, während ich warte, oder Sie verabschieden sich von etwa 2.000 Pfund pro Jahr, denn das ist meiner Meinung nach Meesons Geschäft wert. Jetzt triffst du deine Wahl."

Herr Todd hat seine Wahl getroffen. In weniger als einer Stunde war das Testament, das sehr kurz war, erstellt und vertieft.

„Nun denn", sagte Meeson und wandte sich an Mr. Todd und den Verwaltungsangestellten, während er die Feder zwischen seinen Fingern nahm, um zu unterschreiben, „denken Sie beide daran , dass ich in dem Moment, in dem ich dieses Testament ausführe, bei klarem Verstand bin?" , Gedächtnis und Verständnis. Da bist du ja; Jetzt seid ihr zwei Zeugen ."

Es war Nacht, und King Capital in Gestalt von Mr. Meeson saß allein beim Abendessen in seinem palastartigen Speisesaal in Pompadour. Das Abendessen war beendet, der gepuderte Lakai hatte sich mit stattlichem Schritt davongemacht, und der Oberbutler stellte gerade die Dekanter mit farbenprächtigem Wein vor den einsamen Herrn aller Anwesenden. Das Abendessen war ein melancholischer Fehlschlag gewesen. Ein Gericht nach dem anderen, dessen Kosten ein armes Kind einen Monat lang ernährt hätte, war heraufgebracht und dem Herrn übergeben worden, nur um bemängelt und weggeschickt zu werden. An diesem Abend hatte Herr Meeson keinen Appetit.

„Johnson", sagte er zum Butler, als er sicher war, dass der Lakai ihn nicht hören konnte, „war Mr. Eustace hier?"

"Jawohl."

„Ist er weg?"

"Jawohl. Er kam, um seine Sachen zu holen, und fuhr dann mit einem Taxi davon."

"Wohin?"

„Ich weiß es nicht, Sir. Er sagte dem Mann, er solle nach Birmingham fahren."

„Hat er eine Nachricht hinterlassen?"

„Ja, Sir, er hat mir gesagt, dass Sie sich keine Sorgen mehr um ihn machen sollten; aber dass es ihm leid tat, dass du dich im Zorn von ihm getrennt hast."

„Warum hast du mir diese Nachricht nicht schon früher gegeben?"

„Weil Mr. Eustace sagte, ich solle es nicht geben, es sei denn, Sie fragen nach ihm."

"Sehr gut. Johnson!"

"Jawohl."

„Sie werden befehlen, dass Mr. Eustaces Name in diesem Haus nicht noch einmal erwähnt wird. Jeder Bedienstete, der Mr. Eustaces Namen erwähnt, wird entlassen."

"Sehr gut, Herr"; und Johnson ging.

Mr. Meeson blickte sich um. Er betrachtete die lange Reihe aus Glas und Silber, die makellosen Tischtücher und die kostbaren Blumen. Er blickte auf die Wände, an denen Kunstwerke hingen , die, was auch immer sie sonst sein mochten, zumindest teuer waren; an den Spiegeln und den sanften

Wachslichtern; an den Kaminsimsen aus Marmor und den hellen, warmen Feuern (denn es war November); an der edlen Tapete und dem weichen, tief gefärbten Teppich; und dachte darüber nach, dass sie alle ihm gehörten. Und dann seufzte er und sein grobes , schweres Gesicht versank und wurde traurig. Welchen Nutzen hatte ihm dieser letzte Luxus? Er hatte niemanden, dem er es überlassen konnte, und ehrlich gesagt bereitete es ihm nur wenig Freude. Sein Lebensvergnügen beruhte auf dem Geldverdienen und nicht darauf, es auszugeben. Die einzigen Zeiten, in denen er wirklich glücklich war, waren, wenn er in seinem Kontorhaus die Geschäfte seiner riesigen Niederlassung leitete und seine enormen Ansammlungen Souverän nach Souverän aufstockte. Das war vierzig Jahre lang seine einzige Freude gewesen, und es war immer noch seine Freude.

Und dann dachte er an seinen Neffen, den einzigen Sohn seines Bruders, den er einst geliebt hatte, bevor er sich in die Veröffentlichung von Büchern und das Geldverdienen vertiefte, und seufzte. Er hatte sich auf seine eigene grobe Weise an den Jungen gebunden, und es war ein Schlag für ihn, sich von ihm zu lösen. Aber Eustace hatte sich ihm widersetzt, und – was noch schlimmer war – er hatte ihm die Wahrheit gesagt, die ausgerechnet er nicht ertragen konnte. Er hatte gesagt, dass sein Handelssystem unehrlich sei, dass er mehr nahm, als ihm zusteht, und das stimmte. Er wusste es; aber er konnte es nicht ertragen, dass es ihm gesagt wurde und dass dadurch sein ganzes Leben in Misskredit gebracht und sogar sein angesammeltes Gold befleckt und als unrechtmäßig erworben abgestempelt werden sollte; am allerwenigsten konnte er es von seinen Abhängigen ertragen. Er war nicht durch und durch ein schlechter Mann; niemand ist; Er war nur ein grober , vulgärer Handwerker, verhärtet und befleckt durch eine lange Karriere des scharfsinnigen Handelns. Im Grunde hatte er die gleichen Gefühle wie andere Männer, konnte es aber nicht ertragen, bloßgestellt zu werden oder gar Widerspruch einzugehen; deshalb hatte er sich gerächt. Und doch, als er dort in einsamer Herrlichkeit saß, wurde ihm klar, dass Rache kein Glück bringt, und er konnte es sogar in seinem Herzen finden, die unerschütterliche Ehrlichkeit zu beneiden, die sich ihm auf Kosten seines eigenen Untergangs widersetzt hatte.

Nicht, dass er vorhatte, nachzugeben oder seine Entschlossenheit zu ändern. Herr Meeson gab nie nach und änderte nie seine Meinung. Hätte er das getan, wäre er in diesem Moment nicht der Herr über zwei Millionen Geld gewesen .

KAPITEL III.
AUGUSTAS KLEINE SCHWESTER.

Als Augusta Meeson verließ, befand sie sich in einem sehr traurigen Gemütszustand, und um dies zu erklären, müssen wir ein oder zwei Worte über die Vorgeschichte dieser jungen Dame sagen. Ihr Vater war Geistlicher gewesen und wie die meisten Geistlichen nicht mit den guten Dingen dieser Welt überlastet. Als Mr. Smithers – oder besser gesagt Rev. James Smithers – starb, hinterließ er eine Witwe und zwei Kinder – Augusta, vierzehn Jahre alt, und Jeannie, zwei Jahre alt. Es gab zwei andere, beide Jungen, die zwischen Augusta und Jeannie zur Welt gekommen waren, aber beide waren ihrem Vater in das Land der Schatten vorausgegangen. Frau Smithers hatte zu ihrem Glück einen lebenslangen Anteil von 7.000 Pfund, der ihr, gut angelegt, 350 Pfund pro Jahr einbrachte: und um dieses kleine Einkommen auf das bestmögliche Konto zu bringen und zu spenden Um ihren beiden Mädchen die unter den gegebenen Umständen bestmöglichen Bildungschancen zu ermöglichen, zog sie nach dem Tod ihres Mannes aus dem Dorf, in dem er viele Jahre Pfarrer gewesen war, in die Stadt Birmingham. Hier lebte sie etwa sieben Jahre lang völlig zurückgezogen und starb dann plötzlich. Die beiden Mädchen, damals neunzehn bzw. acht Jahre alt, mussten ihren Verlust betrauern und sich, obwohl sie keine Freunde hatten, in der harten Welt durchkämpfen.

Mrs. Smithers war eine rettende Frau gewesen, und bei ihrem Tod stellte sich heraus, dass den beiden Mädchen nach der Begleichung aller Schulden noch ein Betrag von 600 Pfund zum Leben übrig blieb, und sonst nichts; denn das Vermögen ihrer Mutter starb mit ihr. Nun wird es offensichtlich sein, dass die Zinsen aus sechshundert Pfund nicht ausreichten, um zwei junge Leute zu ernähren, und Augusta daher gezwungen war, vom Kapital zu leben. Schon in jungen Jahren zeigte sie (Augusta) jedoch eine starke literarische Neigung und veröffentlichte kurz nach dem Tod ihrer Mutter auf eigene Kosten ihr erstes Buch. Es war ein absoluter Fehlschlag und kostete sie zweiundfünfzig Pfund, den Restbetrag der Gewinn- und Verlustrechnung. Nach einer Weile erholte sie sich jedoch von diesem Schlag und schrieb „Jemimas Gelübde“, das von Meesons Werk aufgegriffen wurde; und, so seltsam es auch erscheinen mag, bewies den Erfolg des Jahres. Der Leser ist bereits mit der Art der Vereinbarung vertraut, die sie mit Meeson einging, und es wird ihn daher nicht überraschen, zu erfahren, dass es Augusta trotz ihres Namens und Ruhms strengstens untersagt war, ihre Früchte zu ernten Erfolg. Sie konnte nur bei Meesons veröffentlichen , und zwar zu einem festen Lohn von sieben Prozent des angegebenen Preises ihrer Arbeit. Nun waren seit dem Tod von Mrs. Smithers etwas mehr als drei Jahre vergangen, und es wird daher offensichtlich sein, dass von den sechshundert Pfund, die sie zurückgelassen hatte, nicht mehr viel übrig war. Die beiden Mädchen hatten tatsächlich ziemlich sparsam in ein paar kleinen Zimmern in einer Seitenstraße gelebt; Ihre Ausgaben waren jedoch durch die schwere Lungenerkrankung des kleinen Mädchens Jeannie, jetzt ein Kind zwischen zwölf und dreizehn Jahren, enorm gestiegen. An diesem Morgen hatte Augusta den Arzt aufgesucht und wurde in den Staub geschmettert von der Äußerung seiner Überzeugung, dass sie das nicht überleben würde, wenn ihre kleine Schwester nicht für einen Zeitraum von mindestens einem Jahr in ein wärmeres Klima gebracht würde Winter und *könnte* jeden Moment sterben.

Bringen Sie Jeannie in ein wärmeres Klima! Er hätte Augusta genauso gut sagen können, sie solle sie zum Mond bringen. Leider hatte sie nicht das Geld und wusste nicht, an wen sie sich wenden sollte, um es zu bekommen! Oh! Leser, bete zum Himmel, dass es dir nie widerfahren möge, deine liebste Geliebte sterben zu sehen, weil ihr ein paar hundert Pfund fehlen, um ihr Leben zu retten!

In dieser schrecklichen Notlage hatte sie – von seelischen Qualen dazu getrieben – versucht, etwas zu bekommen, das über ihr strenges und gesetzliches Recht hinausging, aus Meesons Buch – Meesons Buch, das Hunderte und Aberhunderte aus ihrem Buch gemacht und ihr fünfzig Pfund gezahlt hatte. Wir wissen, wie es ihr bei diesem Versuch ergangen ist. Beim Verlassen ihres Büros fiel Augusta ihr Bankier ein. Vielleicht wäre er bereit, etwas voranzutreiben. Es war eine schreckliche Aufgabe, aber sie beschloss, sie zu übernehmen; Also ging sie zur Bank und bat darum, den Manager zu sehen. Er war draußen, würde aber um drei Uhr wieder da sein. Sie ging zu einem Laden in der Nähe, holte sich ein Brötchen und ein Glas Milch und wartete, bis sie sich schämte, noch länger zu warten, und dann ging sie bis drei Uhr durch die Straßen. Pünktlich zur vollen Stunde kehrte sie zurück und wurde in das Privatzimmer des Managers geführt, wo ein trockener, unsympathisch aussehender kleiner Mann vor einem großen Buch saß. Es war nicht derselbe Mann, den Augusta zuvor getroffen hatte, und ihr Herz sank entsprechend.

Was folgte, muss hier nicht wiederholt werden. Der Manager hörte sich ihre stockende Erzählung mit ein paar stereotypen Sympathiebekundungen an, und als sie damit fertig war, „bedauerte" sie, dass spekulative Kredite im Widerspruch zu den Gepflogenheiten der Bank stünden, und verabschiedete sie höflich.

Es war fast vier Uhr an einem feuchten, nieseligen Nachmittag – einem Novembernachmittag –, der wie lebendiges Elend über dem schwarzen Matsch der Straßen von Birmingham hing und allein ausgereicht hätte, um den unbeschwertesten und glücklichsten Sterblichen ins Sterben zu bringen

Tore der Verzweiflung, als Augusta, nass, müde und fast weinend, endlich die Tür ihres kleinen Wohnzimmers betrat. Sie trat sehr leise ein, denn die Magd war ihr im Flur begegnet und hatte ihr gesagt, dass Miss Jeannie schlief. Während des Abendessens hatte sie sehr stark gehustet, aber jetzt schlief sie.

Im Kamin brannte ein Feuer, ein kleines, denn die Kohle wurde durch zwei große Schamottsteine gespart , und auf einem Tisch (Augustas Schreibtisch) am anderen Ende des Raumes stand eine Petroleumlampe wurde leiser. Vorn, aber etwas abseits vom Feuer, stand ein Sofa, das mit rotem Rips bedeckt war, und auf dem Sofa lag eine kleine blonde Gestalt, so dünn und zerbrechlich, dass sie wie der Geist oder die Umrisse eines Wesens aussah Mädchen, und nicht selbst ein Mädchen. Es war Jeannie, ihre kranke Schwester, und sie schlief. Augusta schlich sich leise an sie heran, um sie anzusehen. Es war ein süßes kleines Gesicht, auf das ihr Blick fiel, obwohl es so erschreckend dünn war, mit langen, geschwungenen Wimpern, zarten Nasenlöchern und einem bogenförmigen Mund. Alle Linien und Rillen, die der Meißel des Schmerzes so gut zu schnitzen weiß, waren jetzt geglättet, und an ihrer Stelle lag der Schatten eines Lächelns.

Augusta sah sie an und ballte die Fäuste, während sich ihr ein Kloß im Hals bildete und ihre grauen Augen sich mit Tränen füllten. Wie konnte sie das Geld bekommen, um sich zu retten? Im Jahr zuvor hatte ein reicher Mann, ein Mann, der ihr verabscheuungswürdig war, sie heiraten wollen, und sie wollte ihm nichts zu sagen haben. Er war ins Ausland gegangen, sonst wäre sie zu ihm zurückgekehrt und hätte ihn geheiratet – zu einem Preis. Heirate ihn? Ja, sie würde ihn heiraten: Sie würde alles tun, um Geld zu bekommen, um ihre Schwester wegzunehmen! Was kümmerte sie sich, als ihr Liebling starb – aus Mangel an zweihundert Pfund!

In diesem Moment wachte Jeannie auf und streckte ihr die Arme entgegen.

„ Endlich bist du also zurück, Liebes", sagte sie mit ihrer süßen Kinderstimme. „Ohne dich war es so einsam. Wie nass du bist! Zieh sofort deine Jacke aus, Gussie, sonst wirst du bald so krank sein wie ..." – und hier brach sie in einen schrecklichen Hustenanfall aus, der ihren zarten Körper zu erschüttern schien wie der Wind ein Schilfrohr.

Ihre Schwester drehte sich um und gehorchte, dann kam sie, setzte sich ans Sofa und nahm die dünne kleine Hand in ihre.

„Nun, Gussie, und wie bist du mit dem Druckerteufel zurechtgekommen" (das war ihr unhöflicher Name für den großen Meeson); „Wird er dir noch mehr Geld geben?"

„Nein, Liebes; Wir haben uns gestritten , das war alles, und ich bin weggegangen."

„Dann nehme ich an, dass wir nicht ins Ausland gehen können?"

Augusta war zu bewegt, um zu antworten; sie schüttelte nur den Kopf. Das Kind vergrub ihr Gesicht im Kissen und schluchzte ein oder zwei Mal. Dann schwieg sie und hob es wieder hoch. „Gussie, Liebling", sagte sie, „sei nicht böse, aber ich möchte mit dir sprechen. Hör zu, mein süßer Gussie, mein Engel. Oh, Gussie, du weißt nicht, wie ich dich liebe! Es nützt alles nichts, es ist sinnlos, dagegen anzukämpfen, ich muss früher oder später sterben; Obwohl ich erst zwölf bin und Sie mich für ein solches Kind halten, bin ich alt genug, um das zu verstehen. Ich glaube", fügte sie hinzu, nachdem sie eine Hustenpause eingelegt hatte, „dieser Schmerz macht einen alt: Ich komme mir vor, als wäre ich fünfzig." Nun, wie Sie sehen, kann ich den Kampf dagegen genauso gut aufgeben und sofort sterben. Ich bin nur eine Last und Sorge für dich – ich könnte genauso gut sofort sterben und schlafen gehen."

„Nicht, Jeannie! nicht!" sagte ihre Schwester mit einer Art Schrei; "du bringst mich um!"

Jeannie legte ihre heiße Hand auf Augustas Arm. „Versuch, mir zuzuhören, Liebes", sagte sie, „auch wenn es wehtut, weil ich so gerne etwas sagen möchte." Warum solltest du solche Angst um mich haben? Kann es einen Ort geben, an den ich gehen kann, der schlimmer ist als dieser? Kann ich irgendwo mehr Schmerzen haben oder mehr verletzt sein, wenn ich dich weinen sehe? Denken Sie daran, wie elend das alles war. Seit vielen Jahren gibt es in unserem Leben nur eine schöne Sache, und das war Ihr Buch. Selbst wenn ich mich am schlimmsten fühle – wenn meine Brust schmerzt, wissen Sie –, werde ich ziemlich glücklich, wenn ich daran denke, was die Zeitungen über Sie geschrieben haben: die *Times* und der *Saturday Review* und der *Spectator* und die anderen. Sie sagten, dass Sie ein Genie seien – wahres Genie, wie Sie sich erinnern, und dass sie damit rechneten, Sie eines Tages an der Spitze der damaligen Literatur oder zumindest in deren Nähe zu sehen. Der Druckerteufel kann das nicht wegnehmen, Gussie. Er kann das Geld nehmen; aber er kann nicht sagen, dass er das Buch geschrieben hat; „Aber ich habe keinen Zweifel, dass er es tun würde, wenn er könnte", fügte sie mit einem Anflug kindlicher Bosheit und Lebhaftigkeit hinzu. Und dann waren da noch diese Briefe der großen Autoren aus London; ja, ich denke auch oft an sie. Nun, liebstes altes Mädchen, das Beste daran ist, dass ich weiß, dass alles wahr ist. Ich *weiß*, ich kann dir nicht sagen wie, dass du trotz aller Meesons in der Schöpfung eine großartige Frau sein wirst; Denn irgendwie wirst du seiner Macht entkommen, und wenn du es nicht tust, sind fünf Jahre nicht das ganze Leben – zumindest nicht, wenn Menschen ein Leben haben. Im schlimmsten Fall kann er nur das ganze Geld nehmen. Und wenn man dann groß und reich und berühmt und schöner als je zuvor ist und die Leute sich umdrehen, wenn man den Raum betritt, so wie wir es in der Schule getan haben, als der Missionar zum Vortrag kam, dann weiß ich, dass Sie das tun werden Denken Sie an mich (denn Sie werden mich nicht vergessen, wie es manche Schwestern tun), und daran, wie ich Ihnen vor vielen Jahren, vor so langer Zeit, dass die Zeit ganz kurz erscheint, wenn Sie darüber nachdenken, gesagt habe, dass es so gerecht sein würde bevor ich starb."

Hier brach das Mädchen, das mit einer seltsamen, sicheren Miene und einer für ein so junges Mädchen außergewöhnlichen Ernsthaftigkeit und Besonnenheit gesprochen hatte, plötzlich ab und hustete. Ihre Schwester warf sich neben ihr auf die Knie, umarmte sie und flehte sie mit gebrochenem Akzent an, nicht vom Sterben zu sprechen. Jeannie zog Augustas goldenen Kopf auf ihre Brust und streichelte ihn.

„Sehr gut, Gussie, ich werde nichts mehr dazu sagen", sagte sie; „Aber es nützt nichts, die Wahrheit zu verbergen, Liebes. Ich habe es satt, dagegen anzukämpfen; es ist nicht gut – überhaupt nichts. Jedenfalls haben wir uns sehr geliebt, mein Lieber; und vielleicht – irgendwo anders – können wir es wieder tun." – Und das tapfere kleine Herz brach erneut zusammen, und überwältigt von der Vorahnung der bevorstehenden Trennung, schluchzten beide bitterlich auf dem Sofa. Plötzlich klopfte es an der Tür, Augusta sprang auf und drehte sich um, um ihre Tränen zu verbergen. Es war das Dienstmädchen, das den Tee brachte; und als sie hereinstolperte, drängte sich ein Gefühl der Ironie der Dinge in Augustas Seele. Hier wurden sie in die schrecklichste Trauer gestürzt und weinten über das unvermeidliche Herannahen dieses kalten Endes, und dennoch muss der Schein gewahrt bleiben, selbst vor einer Magd von allem . Die Gesellschaft kann, selbst wenn sie durch eine Dienstmagd repräsentiert wird, das Eindringen von häuslichem oder anderem Kummer nicht beseitigen, und in unserem Herzen wissen wir es und handeln entsprechend. In der Tat müssen wir schon weit fortgeschritten sein, bevor wir den Versuch, den Schein zu wahren, aufgeben.

Augusta trank ein wenig Tee und aß ein kleines Stück Butterbrot. Wie im Fall von Mr. Meeson hatten die Ereignisse des Tages ihren Appetit nicht gerade angeregt. Jeannie trank ein wenig Milch, aß aber nichts. Als dieses Formular durchgegangen war und die Magd noch einmal aufgetaucht war und den Tisch abgeräumt hatte, sprach Jeannie erneut.

„Gus", sagte sie, „ich möchte, dass du mich ins Bett bringst und dann kommst und mir aus ‚Jemimas Gelübde' vorliest – wo die arme Jemima stirbt, wissen Sie? Es ist das Schönste an dem Buch und ich möchte es noch einmal hören."

Ihre Schwester tat, was sie wollte, und indem sie „Jemimas Gelübde", Jeannies *eigenes* Exemplar, wie es genannt wurde, als erstes, das ins Haus kam, aufnahm, öffnete sie es an der Stelle, um die Jeannie gebeten hatte, und las es laut vor, wobei sie es behielt ihre Stimme so ruhig sie konnte. Tatsächlich war die Szene selbst jedoch ebenso eindringlich wie erbärmlich und völlig ausreichend, um etwaige unziemliche Gefühlsbekundungen seitens des Lesers zu erklären. Sie kämpfte sich jedoch durch, bis der letzte Satz erreicht war. Es lautete so: „Und so streckte Jemima ihre Hand nach ihm aus und sagte ‚Auf Wiedersehen‘." Und als sie wusste, dass sie nun ihr Versprechen gehalten hatte, und glücklich darüber war, dass sie es getan hatte, schlief sie ein."

"Ah!" murmelte das blauäugige Kind, das zuhörte. „Ich wünschte, ich wäre so gut wie Jemima. Aber obwohl ich kein Gelübde zu halten habe, kann ich „Auf Wiedersehen" sagen und schlafen gehen."

Augusta gab keine Antwort und plötzlich schlief Jeannie ein. Ihre Schwester sah sie voller Zuneigung an. „Sie gibt auf", sagte sie zu sich selbst, „und wenn sie aufgibt, wird sie sterben." Ich weiß es, es liegt daran, dass wir nicht weggehen. Wie kann ich an das Geld kommen, jetzt, wo dieser schreckliche Mann weg ist? Wie kann ich es bekommen?" und sie vergrub ihren Kopf in ihrer Hand und dachte nach. Plötzlich kam ihr eine Idee: Sie könnte zu Meeson zurückkehren, ihre Worte fressen und ihm das Urheberrecht an ihrem neuen Buch für 100 Pfund verkaufen, wie es die Vereinbarung vorsah. Das würde jedoch nicht ausreichen; denn das Reisen mit einem Behinderten ist teuer; aber sie könnte ihm anbieten, sich für einige Jahre als zahme Autorin zu engagieren, wie diejenigen, die in den Hutches arbeiteten. Sie war sich sicher, dass er sich freuen würde, sie zu bekommen, wenn er es nur zu seinem eigenen Preis tun könnte. Es wäre Sklaverei, schlimmer als jede Zwangsarbeit, und selbst jetzt noch schaudert sie bei der Vorstellung, ihre großen Fähigkeiten für die Notwendigkeiten einer solchen Arbeit zu prostituieren, aus der Meeson zu Tausenden gemacht hat — Arbeit, aus der jeder Funke Originalität ins Nichts gestempelt wurde. als wäre es das Malzeichen des Tieres. Ja, es wäre schrecklich — es würde ihr das Herz brechen; Aber sie war bereit, ihr das Herz zu brechen und ihr Genie um Längen zu verlieren, wenn sie nur zweihundert Pfund auftreiben könnte, um Jeannie nach Südfrankreich zu bringen. Mr. Meeson würde zweifellos ein hartes Geschäft machen — das härteste, was er konnte; aber dennoch, wenn sie bereit wäre, sich für eine genügende Anzahl von Jahren zu einem ausreichend niedrigen Gehalt zu binden, würde er ihr wahrscheinlich hundert Pfund vorschießen, zusätzlich zu den hundert für das Urheberrecht an dem neuen Buch.

Und nachdem sie sich zu dem Opfer entschlossen hatte, ging sie zu Bett und schlief, erschöpft vom Elend, ein. Und während sie schlief, stand eine Präsenz, die sie nicht sehen konnte, neben ihrem Bett, und eine Stimme, die sie nicht hören konnte, rief durch die Dunkelheit. Ein anderer Sterblicher hatte sich zu Füßen dieses unbekannten Gottes gebeugt, den die Menschen Tod nennen, und wurde auf seinen rauschenden Schwingen in die Weiten des Hid getragen. Ein weiterer menschlicher Gegenstand lag still und steif da, ein weiteres Konto wurde für gut oder böse geschlossen, das Echo eines weiteren Schrittes war für immer von der Erde verschwunden . Die alte Millionentragödie, an der alle teilnehmen müssen, hatte sich bis zu ihrer letzten und schrecklichsten Szene noch einmal wiederholt. Ja; Die düstere Farce spielte sich ab und die kleine Schauspielerin Jeannie war weiß im Tod!

Gerade im Morgengrauen träumte Augusta, dass jemand mit kaltem Atem ihr ins Gesicht atmete, wachte erschrocken auf und lauschte. Jeannies Bett befand sich auf der anderen Seite des Zimmers, und sie konnte ihre Bewegungen im Allgemeinen deutlich hören, da das kranke Kind ein unruhiger Schläfer war. Aber jetzt konnte sie nichts hören, nicht einmal das schwache Zittern des Atems ihrer Schwester. Die Stille war absolut und entsetzlich; es traf ihren Sinn spürbar, als die Dunkelheit ihre Augäpfel erfasste und sie mit einem tauben, unvernünftigen Entsetzen erfüllte. Sie schlüpfte aus dem Bett und zündete ein Streichholz an. Ein paar Sekunden später stand sie neben Jeannies weißem Bettchen und wartete darauf, dass der Docht der Kerze verglühte. Jetzt wurde es heller. Jeannie lag auf der Seite, ihr weißes Gesicht ruhte auf ihrem weißen Arm. Ihre Augen waren weit geöffnet; aber als Augusta die Kerze in ihre Nähe hielt, schloss sie sie nicht und zuckte nicht zusammen. Auch ihre Hand – oh Himmel! die Finger waren fast kalt.

Dann begriff Augusta, hob vor Schmerzen die Arme und schrie, bis das ganze Haus klingelte.

KAPITEL IV.
AUGUSTAS ENTSCHEIDUNG.

Am zweiten Tag nach dem Tod der armen kleinen Jeannie Smithers schlenderte Mr. Eustace Meeson mit den Händen in den Taschen und einem Ausdruck der Unentschlossenheit auf seinem ausgesprochen angenehmen und Gentleman-Gesicht durch Birmingham. Eustace Meeson war von der außergewöhnlichen Schicksalswende, die er kürzlich erlebt hatte, nicht besonders niedergeschlagen. Er war ein junger Herr von fröhlicher Natur; und außerdem war es ihm nicht so wichtig. Er befand sich in einem gesegneten Zustand des Zölibats und hatte weder Frau noch Kinder, die von ihm abhängig waren, und er wusste, dass es auf die eine oder andere Weise schwierig werden würde, wenn er mit Hilfe der hundert, die er im Jahr hatte, selbst er schaffte es mit seiner Bildung nicht, seinen Lebensunterhalt auf Biegen und Brechen zu bestreiten. Es war also nicht der Verlust der Gesellschaft seines angesehenen Onkels oder die Aussicht auf zwei Millionen Geld, die ihn beunruhigten. Tatsächlich hatte er, nachdem er einmal seine Habseligkeiten und Habseligkeiten aus Pompadour Hall geräumt und sie in einem Zimmer in einem Hotel untergebracht hatte, nicht viel darüber nachgedacht. Aber er hatte viel über Augusta Smithers' graue Augen nachgedacht und, um einen Einblick in ihren Charakter zu bekommen, sofort in ein Exemplar von „Jemimas Gelübde" investiert und dadurch, etwas gegen seinen Willen, die Gewinne in die Höhe getrieben von Meeson in Höhe von mehreren Schilling. Nun war „Jemima's Vow", obwohl einfach und heimelig, ein äußerst eindrucksvolles und kraftvolles Buch, das den Ruf, den es erlangt hatte, voll und ganz verdiente, und es berührte Eustace – der sich in so sehr von den meisten jungen Männern seiner Zeit unterschied, dass er Er kannte wirklich den Unterschied zwischen guter und schlechter Arbeit – viel stärker, als er es gerne angenommen hätte. Tatsächlich begann Mr. Eustace Meeson am Ende der Geschichte, zwischen der Schönheit von Augustas Seiten, der Erinnerung an Augustas Augen und dem Wissen um Augustas Unrecht, das Gefühl zu haben, er hätte sich verliebt. Dementsprechend ging er spazieren, und als er einen Angestellten traf, den er im Meeson-Haus gekannt hatte – einer von denen, die am selben Tag wie er entlassen worden waren –, erkundigte er sich bei ihm nach der Adresse von Miss Smithers und begann darüber nachzudenken, ob dies der Fall sei oder nein, er sollte sie anrufen. Unfähig, sich zu entscheiden, ging er weiter, bis er die ruhige Straße erreichte, in der Augusta wohnte, und als er plötzlich das Haus sah, von dem ihm der Angestellte erzählt hatte, gab er der Versuchung nach und klingelte.

Die Tür wurde von der Magd geöffnet, die ihn ein wenig neugierig ansah, aber sagte, dass Miss Smithers da sei, und ihn dann zu einer Tür führte, die halb offen stand, und ihn dort freundlich und angenehm zurückließ Mode, die Dienstmädchen haben. Eustace war verblüfft und als er durch die Tür blickte, um zu sehen, ob jemand im Zimmer war, entdeckte er Augusta selbst, in einen dunklen Stoff gekleidet, auf einem Stuhl sitzend, die Hände im Schoß gefaltet, ihr blasses Gesicht wie ein Stein, und sie Augen strahlen ins Leere. Er hielt inne und fragte sich, was los sein könnte, und dabei rutschte ihm sein Regenschirm aus der Hand und machte ein Geräusch, das ihn dazu zwang, sich zu erklären.

Augusta erhob sich, als er näher kam, und sah ihn verwirrt an, als versuche sie, sich an seinen Namen zu erinnern oder daran, wo sie ihn getroffen hatte.

„Ich bitte um Verzeihung“, stammelte er, „ich muss mich vorstellen, da das Mädchen mich verlassen hat – ich bin Eustace Meeson.“

Augustas Gesicht verhärtete sich bei dem Namen. „Wenn Sie von den Herren Meeson und Co. zu mir gekommen sind“, sagte sie schnell und brach dann ab, als wäre ihr eine neue Idee gekommen.

„In der Tat nein“, sagte Eustace. „Ich habe jetzt nichts mehr mit den Herren Meeson gemeinsam, außer meinem Namen, und ich bin nur gekommen, um Ihnen zu sagen, wie leid es mir tat, dass mein Onkel Sie so behandelt hat. Erinnerst du dich, dass ich im Büro war?“

„Ja“, sagte sie mit einem Anflug von Erröten, „ich erinnere mich, dass du sehr nett warst.“

„Nun, wissen Sie“, fuhr er fort, „ich hatte danach einen heftigen Streit mit meinem Onkel, der damit endete, dass er mich mit Sack und Pack aus dem Haus schickte und mir mitteilte, dass er mir den Weg abschneiden würde mit einem Schilling, was er wahrscheinlich inzwischen getan hat“, fügte er nachdenklich hinzu.

„Verstehe ich Sie, Mr. Meeson, so, dass Sie sich mit Ihrem Onkel über mich und meine Bücher gestritten haben?“

"Ja; das ist so“, sagte er.

„Das war sehr ritterlich von dir“, antwortete sie und sah ihn mit neugeborener Neugier an. Augusta war es nicht gewohnt, fahrende Ritter zu finden, die bereit waren, unter solchen Kosten eine Lanze in ihrer Sache zu brechen. Am allerwenigsten war sie darauf vorbereitet, diesen Ritter zu finden, der das verhasste Wappen von Meeson trug – falls Meeson tatsächlich ein Wappen hatte.

„Ich sollte mich entschuldigen “, fuhr sie nach einer unangenehmen Pause fort, „dass ich im Büro so eine Szene gemacht habe, aber ich wollte unbedingt Geld und es war so schwer, abgelehnt zu werden." Aber das spielt jetzt keine Rolle. Es ist alles erledigt."

Ihre Stimme hatte einen dumpfen, hoffnungslosen Klang, der seine Neugier weckte. Wofür hätte sie das Geld haben wollen, und warum wollte sie es nicht mehr?

„Es tut mir leid", sagte er. „Wirst du mir sagen, wofür du es so sehr wolltest?"

Sie sah ihn an und sagte dann, eher einem Impuls als einer Überlegung folgend, mit leiser Stimme:

„Wenn du magst, zeige ich es dir."

Er verbeugte sich und fragte sich, was als nächstes kommen würde. Augusta erhob sich von ihrem Stuhl, ging voran zu einer Tür, die sich aus dem Wohnzimmer öffnete, drehte sanft die Klinke und trat ein. Eustace folgte ihr. Das Zimmer war ein kleines Schlafzimmer, dessen verblasste Kattunjalousie heruntergelassen worden war; Wie es jedoch geschah, prasselte das Sonnenlicht, so wie es war, voll auf die Jalousie und drang in gelben Streifen hindurch. Sie fielen auf die Möbel des kahlen kleinen Zimmers, sie fielen auf das eiserne Bettgestell und auf etwas, das darauf lag, was er zunächst nicht bemerkte, weil es mit einem Laken bedeckt war.

Augusta ging zum Bett und hob sanft das Laken hoch, wodurch das süße Gesicht der kleinen Jeannie in ihrem Sarg zum Vorschein kam, das ringsum von goldenen Haaren gesäumt war.

Eustace stieß einen Ausruf aus und fuhr heftig zurück. Auf einen solchen Anblick war er nicht vorbereitet; Tatsächlich war es der erste Anblick dieser Art, den er je gesehen hatte, und es schockierte ihn unbeschreiblich. Augusta, die selbst mit der Gesellschaft dieses wunderschönen, tonkalten Schreckens vertraut war, hatte vergessen, dass es nicht die klügste oder freundlichste Sache ist, die Lebenden plötzlich und ohne Vorwarnung in die Gegenwart der Toten zu bringen. Denn für die Lebenden, insbesondere für die Jugend, ist der Anblick des Todes schrecklich. Es ist ein furchteinflößender Kommentar zu ihrer Gesundheit und Stärke. Jugend und Stärke sind fröhlich; Aber wer kann mit diesem toten Ding in der oberen Kammer fröhlich sein? Nimm es weg! stößt es unter die Erde! es ist eine Beleidigung für uns; es erinnert uns daran, dass auch wir wie andere sterben. Welches Geschäft hat seine Blässe, um sich vor unseren geröteten Wangen zu zeigen?

„Ich bitte um Verzeihung", flüsterte Augusta und begriff blitzschnell etwas von all dem, „ich habe es vergessen, du weißt es nicht – du musst schockiert sein – vergib mir!"

"Wer ist es?" sagte er und rang nach Luft, um wieder zu Atem zu kommen.

„Meine Schwester", antwortete sie. „Um ihr Leben zu retten, wollte ich das Geld. Als ich ihr sagte, dass ich es nicht bekommen könne, gab sie auf und starb. Dein Onkel hat sie getötet. Kommen."

Zutiefst schockiert folgte er ihr zurück ins Wohnzimmer und entschuldigte sich dann – sobald er sich wieder gefasst hatte – dafür, dass er sich ihr in einer so trostlosen Stunde aufgedrängt hatte.

„Ich freue mich, Sie zu sehen", sagte sie einfach, „ich habe niemanden gesehen, außer einmal den Arzt und zweimal den Bestatter." Es ist schrecklich, stundenlang allein vor dem Unwiederbringlichen zu sitzen. Wenn ich nicht so dumm gewesen wäre, diese Vereinbarung mit den Herren Meeson einzugehen, hätte ich das Geld problemlos durch den Verkauf meines neuen Buches bekommen können; und ich hätte Jeannie ins Ausland mitnehmen können, und ich glaube, dass sie überlebt hätte – zumindest habe ich es gehofft. Aber jetzt ist es vorbei und es ist nichts mehr zu ändern."

„Ich wünschte, ich hätte es gewusst", sagte Eustace, „ich hätte dir das Geld leihen können." Ich wiege hundertfünfzig Pfund."

„Du bist sehr gut", antwortete sie sanft, „aber es nützt nichts, jetzt darüber zu reden, es ist vorbei."

Dann stand Eustace auf und ging weg; und erst als er sich auf der Straße befand, fiel ihm ein, dass er Augusta nie nach ihren Plänen gefragt hatte. Tatsächlich hatte der Anblick der armen Jeannie alles andere aus seinem Kopf verbannt. Er tröstete sich jedoch mit dem Gedanken, dass er eine Woche oder zehn Tage nach der Beerdigung noch einmal anrufen könnte.

Zwei Tage später folgte Augusta den Überresten ihrer geliebten Schwester zu ihrer letzten Ruhestätte, kam dann zu Fuß nach Hause (denn sie war die einzige Trauernde), saß in ihrem schwarzen Kleid vor dem kleinen Feuer und dachte über ihre Lage nach . Was sollte sie tun? Sie konnte nicht in diesen Räumen bleiben. Jedes Mal, wenn ihr Blick auf das leere Sofa gegenüber fiel, das vom gewohnten Gewicht der armen Jeannie gezeichnet war, tat ihr das Herz weh. Wohin sollte sie gehen und was sollte sie tun? Vielleicht bekam sie eine Anstellung als Schriftstellerin, aber dann starrte ihr die Vereinbarung mit den Herren Meeson ins Gesicht. Diese Vereinbarung wurde sehr weitreichend getroffen. Es verpflichtete sie, alle literarischen Arbeiten jeglicher Art, die in den nächsten fünf Jahren aus ihrer Feder stammen könnten, den Herren Meeson zum festen Satz von sieben Prozent des veröffentlichten Preises anzubieten. Offensichtlich, wie es ihr schien, wenn auch vielleicht fälschlicherweise, könnte diese Klausel sogar auf einen Zeitungsartikel ausgedehnt werden, und sie kannte die bösartige Natur von Mr. Meeson gut genug, um ganz sicher zu sein, dass dies, wenn möglich, getan werden würde. Es stimmte zwar, dass sie es vielleicht schaffen würde, mit ihrer Arbeit ihren Lebensunterhalt zu bestreiten, selbst bei dem dürftigen Lohn von sieben Prozent, aber Augusta war eine temperamentvolle Person und beschloss, dass sie lieber verhungern würde, als dass Meeson wieder riesige Gewinne machen würde ihrer Arbeit . Da ihr dieser Weg verschlossen war, wandte sie ihre Gedanken woanders ab; aber wohin sie auch schaute, die Aussicht war ebenso düster.

Augustas bemerkenswerter literarischer Erfolg hatte ihr keinen großen praktischen Nutzen gebracht, denn in diesem Land bedeutet literarischer Erfolg nicht so viel wie in einigen anderen. Tatsächlich hegt der durchschnittliche Brite im Grunde eine beträchtliche Verachtung, wenn nicht für die Literatur, so doch für diejenigen, die sie produzieren. Seiner Meinung nach ist Literatur mit der Idee von Dachstuben und extremer Armut verbunden; und weil er daher den nationalen Respekt vor dem Geld hat, verachtet er es insgeheim, wenn nicht sogar öffentlich. Einen Baum erkennt man an seinen Früchten, sagt er. Wenn ein Mann in der Anwaltskammer Erfolg hat, verdient er Tausende und Abertausende im Jahr und wird in die höchsten Ämter des Staates befördert. Wenn ein Mann in der Kunst erfolgreich ist, wird er für seine „komischsten" Porträts ein bis zweitausend Pfund pro Person erhalten. Aber Ihre Literaten – von einigen glücklichen Ausnahmen abgesehen, verdienen die Besten von ihnen kaum ihren Lebensunterhalt. Was kann Literatur wert sein, wenn man damit kein Vermögen verdienen kann? So argumentiert der Brite – zweifellos mit einem Teil seines gesunden Menschenverstandes. Nicht, dass er keinen Respekt vor dem Genie hätte. Alle Menschen verneigen sich vor dem wahren Genie, auch wenn sie es fürchten und beneiden. Aber er hält viel mehr von toten Genies als von lebenden Genies. Wie auch immer dies sein mag, daran besteht kein Zweifel, und zwar aus irgendeinem Grund – wie zum Beispiel der plötzlichen Entdeckung des großen und hochzivilisierten amerikanischen Volkes, dass das siebte Gebot wahrscheinlich unter anderem für Autoren gelten sollte In der Welt – die finanziellen Belohnungen literarischer Arbeit sollten stärker auf eine Gleichstellung mit denen anderer Berufe gesetzt werden – wird die Literatur – als Beruf – in der öffentlichen Wertschätzung um viele Stufen steigen. Wenn sich heute ein Mitglied einer Familie dem hohen und ehrenvollen Beruf des Briefschreibens verschrieben hat (denn sicherlich ist es beides), neigen seine Freunde und Verwandten dazu, schüchtern und zurückhaltend, um nicht zu sagen entschuldigend, über ihn zu sprechen. Weg; Genauso wie sie es getan hätten, hätte er eine andere Art des Buchmachens als Lebensunterhalt übernommen.

So kam es, dass Augusta trotz ihres Erfolgs keinen Ort hatte, an den sie sich in ihren Schwierigkeiten wenden konnte. Sie hatte absolut keine literarische Verbindung. Niemand hatte sie wegen ihres Buches aufgesucht und aufgesucht. Ein oder zwei Autoren in London und ein paar unbekannte

Leute aus verschiedenen Teilen des Landes und dem Ausland hatten ihr geschrieben – das war alles. Hätte sie in der Stadt gelebt, wäre es vielleicht anders gewesen; aber zu ihrem Unglück tat sie es nicht.

Je mehr sie nachdachte, desto unklarer wurde ihr Weg; bis sie endlich eine Inspiration bekam. Warum England nicht ganz verlassen? Sie hatte nichts, was sie hier hielt. Sie hatte einen Cousin – einen Geistlichen – in Neuseeland, den sie nie gesehen hatte, der aber „Jemimas Gelübde" gelesen und ihr darüber einen freundlichen Brief geschrieben hatte. Das war das einzig Schöne am Bücherschreiben; Man hat überall auf der Welt Freunde gefunden. Sicherlich würde er sie für eine Weile bei sich aufnehmen und ihr ermöglichen, ihren Lebensunterhalt zu verdienen, ohne dass Meeson sie belästigen würde? Warum sollte sie nicht gehen? Sie hatte noch zwanzig Pfund übrig, und die Möbel (darunter ein teurer Invalidenstuhl) und die Bücher würden weitere etwa dreißig Pfund einbringen – genug, um eine Fahrt in der zweiten Klasse zu bezahlen und ein paar Pfund in der Tasche zu lassen. Im schlimmsten Fall würde es eine Veränderung bedeuten, und sie konnte dort nicht mehr durchmachen als hier, also setzte sie sich noch am selben Abend hin und schrieb an ihren Cousin, einen Geistlichen.

KAPITEL V.
Das RMS-Känguru.

Es war an einem Dienstagabend, als ein mächtiges Schiff majestätisch aus der Mündung der Themse dampfte und seinen imposanten Kurs direkt auf den Ball der untergehenden Sonne richtete. Die meisten Menschen werden sich daran erinnern, Beschreibungen des Dampfschiffs Kangaroo gelesen zu haben und über die Kraft seiner Motoren, die Schönheit seiner Ausstattung und die außergewöhnliche Geschwindigkeit – etwa achtzehn Knoten –, die es bei seinen Versuchen mit einem ungewöhnlich geringen Kohleverbrauch erreichte, erstaunt zu sein . Für diejenigen, die es noch nicht getan haben, sei jedoch gesagt, dass das Känguru, „das kleine Känguru", wie es von den Seeleuten ironischerweise genannt wurde, die allerneueste Entwicklung der Wissenschaft des modernen Schiffbaus war. Alles an ihr, vom elektrischen Licht und den Heizkesseln bis hinauf, war auf ein neues und patentiertes System angewiesen.

Sie maß vom Bug bis zum Heck vierhundert Fuß und mehr, und in diesem Raum herrschte viel Gedränge und aller Luxus eines Palastes und alle Annehmlichkeiten eines amerikanischen Hotels. Sie war wunderschön und wunderbar anzusehen; Als sie mit ihren Laderäumen voller kostbarer Waren und ihren Decks voller lebender Fracht von etwa tausend Menschen langsam aufs Meer hinausdampfte, als ob sie das Land, in dem sie geboren wurde, nur ungern verlassen wollte. Aber plötzlich schien sie ihre Kräfte zu sammeln und sich der Tausenden und Abertausenden Meilen weiten, tosenden Wassers bewusst zu werden, das sich zwischen ihr und dem fernen Hafen erstreckte , wo ihr mächtiges Herz aufhören sollte zu schlagen und für eine Weile ruhen sollte . Immer schneller raste sie dahin und wehrte das aufgewühlte Wasser von ihren schnellen Seiten ab. Sie lief jetzt unter voller Dampfkraft, und die Küstenlinie Englands wurde im schwachen, schwachen Licht schwach und tief, bis sie schließlich fast aus dem Blick eines großen, schlanken Mädchens verschwand, das vornüberstand und sich festklammerte zum Steuerbordschanznetz und blickte mit tiefgrauen Augen über die Wasserwüste. Plötzlich konnte Augusta, denn sie war es, das Ufer nicht mehr sehen und drehte sich um, um die anderen Passagiere zu beobachten und nachzudenken. Sie war im Herzen traurig, das arme Mädchen, und fühlte, was sie war – eine sehr hilflose Person auf dem Meer des Lebens. Nicht, dass sie angesichts der verschwundenen Küstenlinie viel zu bereuen hätte. Ein kleines Grab mit einem weißen Kreuz darüber – das war alles. Sie hatte keine Freunde hinterlassen, die um sie weinten, keine. Aber noch während sie darüber nachdachte, kam ihr eine Erinnerung an Eustace Meesons angenehmes, hübsches Gesicht und seine freundlichen Worte in den Sinn, und mit ihr überkam sie ein Stich, als sie darüber nachdachte, dass sie den einen oder anderen aller Wahrscheinlichkeit nach nie sehen würde höre den anderen noch einmal. Warum, fragte sie sich, war er nicht gekommen, um sie wiederzusehen? Am liebsten hätte sie ihm „Auf Wiedersehen" gesagt und hätte ihm beinahe eine Nachricht geschickt und ihm mitgeteilt, dass sie gegangen sei. Nach einiger Überlegung hatte sie jedoch beschlossen, dies nicht zu tun; Zum einen kannte sie seine Adresse nicht, und – nun, damit war Schluss.

Hätte sie durch Hellsehen Eustaces Gesicht sehen und seine Worte hören können, hätte sie ihre Entscheidung bereut. Denn gerade als dieses große Schiff auf seinem wilden Weg mitten in die zunehmende Dunkelheit stürzte, stand er an der Tür der Herberge in der kleinen Straße in Birmingham.

"Gegangen!" Er sagte. „Miss Smithers ist nach Neuseeland gegangen! Wie lautet ihre Adresse?"

„Sie hat keine Adresse hinterlassen, Sir", antwortet die schmutzige Dienstmagd grinsend. „Sie ist vor zwei Tagen von hier weggegangen und auf dem Weg zum Schiff in London."

„Wie hieß das Schiff?" fragte er verzweifelt. „Kan – Kon – Meeraal", antwortet das Mädchen triumphierend und schlägt ihm die Tür vor der Nase zu.

Armer Eustace! Er war nach London gegangen, um zu versuchen, eine Anstellung zu finden, und nachdem es ihm nach einigen Schwierigkeiten gelungen war, eine Anstellung als Lektor für Latein, Französisch und Englisch bei einem renommierten Verlag zu bekommen, für ein Gehalt von 180 Pfund im Jahr, er war nach Birmingham zurückgekehrt, nur um Miss Augusta Smithers zu treffen, in die er sich, wenn man die ganze Wahrheit sagen muss, zutiefst, wahrhaftig und heftig verliebt hatte. Tatsächlich war er auf diesem Weg so weit gekommen, dass er beschlossen hatte, alle Fortschritte zu machen, die er konnte, und wenn er glaubte, dass Aussicht auf Erfolg bestand, seine Leidenschaft zu offenbaren. Das war vielleicht etwas verfrüht; aber andererseits neigen die Menschen in diesen Angelegenheiten dazu, voreiliger zu sein, als allgemein angenommen wird. Die menschliche Natur ist sehr schnell darin, Schlussfolgerungen zu ziehen, wenn es um jene seltsame Mischung geht, die wir die Zuneigungen nennen; vielleicht, weil, obwohl der Abschluss nicht ganz erfreulich ist, die Gefühle zumindest am Anfang weitgehend von den Sinnen abhängen.

Schade um den armen jungen Mann! Von London nach Birmingham zu kommen, um seine grauäugige Geliebte zu umwerben, ebenfalls in einem Abteil der dritten Klasse, und sie auf dem Weg nach Neuseeland vorzufinden, wohin ihn die Umstände daran hinderten, ihr zu folgen, ohne ein Wort, eine Zeile oder auch nur eine Adresse zu hinterlassen hinter ihr!

Es war schade. Nun, es gab keine Abhilfe in dieser Angelegenheit; Also ging er zum Bahnhof und stöhnte und fluchte den ganzen Weg zurück nach London.

Augusta an Bord der Kangaroo wusste jedoch nichts von diesem Akt der Hingabe ihres Verehrers; Tatsächlich wusste sie nicht einmal, dass er ihr Bewunderer war. Sie verspürte ein merkwürdiges, sinkendes Gefühl in sich und wollte gerade in ihre Hütte hinuntergehen, die sie mit einer Zofe teilte, ohne zu wissen, ob sie dies auf sentimentale Bedenken zurückführen sollte, die mit ihrer einsamen Abreise aus dem Land ihrer Geburt einhergingen, oder auf andere Bedenken im Zusammenhang mit der ersten Erfahrung des Lebens auf der Meereswelle. Ungefähr in diesem Moment sprach sie jedoch ein stämmiger Quartiermeister mit barscher Stimme an und teilte ihr mit, dass sie besser ein Stück nach hinten gehen und über die Backbordseite schauen sollte, wenn sie das letzte Wort von „Halten Sie Halbion " sehen wollte sie würde das eine oder andere Licht sehen. Daher tat sie dies, mehr um sich selbst zu beweisen, dass sie nicht seekrank war, als aus irgendeinem anderen Grund, und starrte, so weit hinten, wie die Passagiere der zweiten Klasse gehen durften, in die schnellen Lichtblitze. Haus, während sie Sekunde für Sekunde ihre Botschaft über die große Einöde des Meeres sandten.

Als sie dort stand und sich an einer Stütze festhielt, um sich zu stabilisieren, denn das Schiff, so groß es auch war, hatte begonnen, ein wenig ins Rollen zu kommen, bemerkte sie plötzlich die massige Gestalt eines Mannes, der angerannt kam, oder besser gesagt Er taumelte neben ihr gegen das Bollwerk, wo ihm – oder vielmehr ihm – sofort und heftig schlecht wurde. Augusta war nicht unnatürlich, fast entsetzt, dem Beispiel der Gestalt zu folgen, als sie plötzlich ohnmächtig wurde oder aus einem anderen Grund ihren Halt lockerte und in die Speigatte rollte, wo sie schwach fluchend dalag. Augusta gehorchte einem zärtlichen Impuls der Menschlichkeit, eilte vorwärts und streckte die Hand des Beistands aus , und bald darauf kämpfte sich der Mann zwischen ihrer Hilfe und der des Schanzkleides auf die Beine. Während er das tat, näherte sich sein Gesicht dem ihren, und im trüben Licht erkannte sie die fetten, groben Züge von Mr. Meeson, dem Verleger, jetzt bleich vor Kummer. Daran bestand kein Zweifel, es war ihr Feind; der Mann, dessen Verhalten, wie sie glaubte, indirekt den Tod ihrer kleinen Schwester verursacht hatte. Mit einem Ausruf des Ekels und der Bestürzung ließ sie seine Hand los, und als sie das tat, erkannte er , wer sie war.

„Hallo!" sagte er mit einem schwachen und eher schwachen Versuch, seine guten alten, verkrusteten Verlagsmanieren wieder anzunehmen. „Hallo! Miss Jemima – Smithers, meine ich; Was zum Teufel machst du hier?"

„Ich gehe nach Neuseeland, Mr. Meeson", antwortete sie scharf; „Und ich hatte sicherlich nicht damit gerechnet, auf der Reise das Vergnügen Ihrer Gesellschaft zu haben."

„Gehst du nach Neuseeland?", sagte er. Warum, das bin ich auch; Zumindest gehe ich zuerst dorthin und dann nach Australien. Was wollen Sie da tun? Versuchen Sie, unsere kleine Vereinbarung zu umgehen, nicht wahr? Es wird nichts nützen, das sage ich Ihnen deutlich. Wir haben unsere Agenten in Neuseeland und ein Haus in Australien, und wenn Sie versuchen, Meesons dort zu übertrumpfen, wird Meesons es mit Ihnen aufnehmen, Miss Smithers – oh Himmel! Ich habe das Gefühl, als würde ich auseinanderfallen."

„Machen Sie sich keine Sorgen, Mr. Meeson", antwortete sie, „ich werde derzeit keine weiteren Bücher veröffentlichen."

„Das ist schade", sagte er, „denn Ihre Sachen verkaufen sich gut." Jeder Verleger würde darin Geld finden. Ich nehme an, Sie sind zweitklassig, Miss Smithers, also werden wir uns nicht oft sehen; und wenn wir uns treffen sollten, wäre es vielleicht auch gut so, wenn es so aussah, als hätten wir keine Bekanntschaft. Das ist nicht der Fall Suchen Sie nach einem Mann in meiner Position, der Passagiere der zweiten Klasse kennt, insbesondere junge Passagiere, die Romane schreiben."

„Sie brauchen keine Angst zu haben, Mr. Meeson: Ich möchte nicht behaupten, Sie seien bekannt", sagte Augusta.

Zu diesem Zeitpunkt wurde ihr Feind erneut heftig getroffen, und da sie den Anblick und das Geräusch seines sich windenden und ächzenden Geschrei nicht ertragen konnte, floh sie vorwärts; und nachdem sie über diese seltsame und unangenehme Begegnung nachgedacht hatte, ging sie zu ihrer eigenen Koje hinunter, wo sie in klaren Abständen die nächsten drei Tage hilflos und halb dumm blieb. Am vierten Tag jedoch erschien sie völlig erholt und mit ausgezeichnetem Appetit wieder an Deck. Sie frühstückte und setzte sich dann an einen möglichst ruhigen Ort, den sie finden konnte. Sie wollte Mr. Meeson nicht mehr sehen , und sie wollte den Geschichten ihrer Mitbewohnerin, der Zofe, entfliehen. Diese gute Person bestand, wie es ihrer Art entspricht, darauf, ihr eine Reihe von Geschichten zu erzählen, die sich auf die Familienmitglieder bezogen, mit denen sie zusammengelebt hatte, und viele davon reichten aus, um einer respektablen jungen Dame wie Augusta die Ehre zu erweisen positiv am Ende. Zweifellos waren sie für sie als Romanautorin interessant; Aber da sie alle die gleiche Farbe hatten und ihre Tendenz absolut darin bestand, jeglichen Glauben zu zerstören, den sie an Tugend als eine inhärente Eigenschaft einer hochentwickelten Frau oder Ehre als eine Eigenschaft eines Mannes hatte, wurde Augusta dieser *Chroniken bald überdrüssig Skandalaussen* . Sie ging also weiter und saß da und betrachtete die „weißen Pferde", die einander über die Wasserebene jagten, und dachte darüber nach, in welcher Geisteshaltung die Damen sein würden, deren Geschichten sie kürzlich gehört hatte, wenn sie wüssten, dass ihr geheimstes, und in einigen Fällen schändlich und tragisch, Liebesbeziehungen waren das allgemeine Gespräch in einem Dutzend Dienstbotensälen, als sie plötzlich durch das Erscheinen eines prächtigen Beamten mit einem Buch überrascht wurde. Aufgrund der vielen goldenen Spitzen, mit denen seine Uniform geschmückt war, hielt Augusta ihn zunächst für den Hauptmann; aber es stellte sich bald heraus, dass er nur der Oberverwalter war.

„Bitte, Fräulein", sagte er, berührte seinen Hut und hielt ihr das Buch in der Hand hin, „der Kapitän sendet seine Komplimente und möchte wissen, ob Sie die junge Dame sind, die das geschrieben hat."

Augusta warf einen Blick auf das Werk. Es war eine Kopie von „Jemimas Gelübde". Dann antwortete sie, dass sie die Autorin sei, und der Verwalter verschwand.

Später am Morgen kam eine weitere Überraschung. Der prächtige Beamte erschien erneut, berührte seine Mütze und sagte, der Kapitän habe ihn gebeten, ihm mitzuteilen, dass der Befehl gegeben worden sei, ihre Sachen in eine Kabine weiter hinten zu bringen. Zuerst lehnte Augusta dies ab, nicht etwa aus Liebe zur Zofe der Dame, sondern weil sie einen wirklich britischen Einwand dagegen hatte, herumkommandiert zu werden.

„Befehl des Kapitäns, Miss", sagte der Mann und berührte erneut seine Mütze. und sie gab nach.

Sie hatte auch keinen Grund, dies zu bereuen; Denn zu ihrer großen Freude fand sie sich in einer bezaubernden Deckkabine auf der Steuerbordseite des Schiffes wieder, etwas hinter dem Maschinenraum. Offensichtlich handelte es sich um eine Offizierskajüte, denn über dem Kopfende des Bettes hing das Bild einer jungen Dame, die er verehrte, und außerdem einige ordentlich eingerichtete Regale mit Büchern, ein Gestell mit Teleskopen und andere seemannsähnliche Geräte.

„Soll ich diese Hütte für mich allein haben?" fragte Augusta den Verwalter.

"Ja Frau; Das sind die Befehle des Kapitäns. Es ist die Hütte von Mr. Jones. Herr Jones ist der zweite Offizier; aber er hat sich bei Mr. Thomas, dem Ersten Offizier, gemeldet und Ihnen die Kabine überlassen."

„Ich bin sicher, das ist sehr nett von Mr. Jones", murmelte Augusta, die nicht wusste, was sie von dieser glücklichen Wendung halten sollte. Aber die Überraschungen sollten damit nicht enden. Wenige Minuten später, gerade als sie die Kabine verließ, kam ein Herr in Uniform auf sie zu, in dem sie den

Kapitän erkannte. Er wurde von einer hübschen blonden Frau begleitet, die sehr elegant gekleidet war.

"Verzeihung; Miss Smithers, glaube ich?" sagte er mit einer Verbeugung.

"Ja."

„Ich bin Kapitän Alton. Ich hoffe, dass Ihnen Ihre neue Kabine gefällt. Ich möchte Ihnen Lady Holmhurst vorstellen , die Frau von Lord Holmhurst , dem neuseeländischen Gouverneur. Lady Holmhurst , das ist Miss Smithers, über deren Buch Sie so viel gesprochen haben.“

"Oh! „Ich freue mich sehr, Ihre Bekanntschaft zu machen, Miss Smithers“, sagte die große Dame auf eine Weise, die offensichtlich nicht vermutet wurde. „Captain Alton hat versprochen, dass ich beim Abendessen neben Ihnen sitzen werde, und dann können wir uns gut unterhalten. Ich weiß nicht, wann ich von irgendetwas so begeistert war wie von Ihrem Buch. Ich habe es dreimal gelesen. Was halten Sie davon für eine vielbeschäftigte Frau?“

„Ich glaube, da liegt ein Irrtum vor“, sagte Augusta hastig und leicht errötend. „Ich bin ein Passagier zweiter Klasse an Bord dieses Schiffes und kann daher nicht das Vergnügen haben, neben Lady Holmhurst zu sitzen .“

„Oh, das ist in Ordnung, Miss Smithers“, sagte der Kapitän mit einem fröhlichen Lachen. „Du bist mein Gast, und ich werde es nicht leugnen.“

„Wenn wir einmal in unserem Leben ein Genie entdecken, werden wir uns die Gelegenheit nicht entgehen lassen, ihm zu Füßen zu sitzen“, fügte Lady Holmhurst mit einer kleinen Bewegung auf sie zu, die weder ein Knicks noch eine Verbeugung war, sondern eine glückliche Kombination aus beidem . Das Kompliment war, wie Augusta empfand, aufrichtig, so sehr es auch das Maß ihrer geringen Fähigkeiten übertrieb, und wenn man andere Dinge beiseite ließ, war es, da es von einer Frau zur anderen kam, besonders anmutig und überraschend. Sie errötete und verbeugte sich und wusste kaum, was sie sagen sollte, als plötzlich Mr. Meesons rauer Ton, der gerade in einer respektvollen Tonart gestimmt hatte, an ihrem Ohr drang. Mr. Meeson wandte sich an niemand Geringeren als Lord Holmhurst , GCMG. Lord Holmhurst war ein kräftiger, kleiner, dunkler kleiner Mann mit etwas pompösem Auftreten und einem freundlichen Gesicht. Er war ein Kolonialgouverneur ersten Ranges und war sich dieser Tatsache vollkommen bewusst.

Nun ist ein Kolonialgouverneur, auch wenn er zu Hause ein GCMG ist, kein Name, mit dem man sich beschwören kann, und nimmt im Auge der englischen Welt keinen exklusiven Platz ein. Im Umland von South Kensington gibt es viele Kolonialgouverneure in der Gegenwart und

Vergangenheit, deren Anwesenheit keine ungewöhnliche Aufregung hervorruft. Aber wenn einer aus diesem ehrenwerten Korps das Schiff betritt, das ihn zu den Küsten bringen soll, über die er herrschen wird, ändert sich alles. Er legt den Körper des gewöhnlichen, betitelten Individuums ab und legt den Körper der himmlischen Bruderschaft an. Kurz gesagt, aus einem Niemand, der nichts Außergewöhnliches ist, wird er, und das ist völlig richtig, ein großer Mann. Niemand wusste das besser als Lord Holmhurst, und für einen Menschen, der gern solche Dinge beobachtet, könnte nichts merkwürdiger gewesen sein als die kleine, aber allmähliche Steigerung der Wichtigtuerei seines Verhaltens, während das große Schiff sich Tag für Tag weiter von England entfernte und näher an dem Land, in dem er König war. Es stieg Grad für Grad an, wie ein Thermometer, das in die Eingeweide der Erde getragen oder nach und nach ans Sonnenlicht gebracht wird. Derzeit geht das Thermometer allerdings nur aufwärts.

„Ich habe wiederholt, mein Herr", sagte die raue Stimme von Herrn Meeson, „dass das Prinzip eines erblichen Adelsstandes das großartigste Prinzip ist, das unser Land bisher entwickelt hat." Es gibt uns etwas, auf das wir uns freuen können. In einer Generation verdienen wir das Geld; Im nächsten nehmen wir den Titel, den man mit dem Geld kauft. Schauen Sie sich Ihre Lordschaft an. Eure Lordschaft ist jetzt in einer stolzen Position; aber wie ich verstanden habe, war der Vater Ihrer Lordschaft ein Händler wie ich."

„ Hmm! – nun ja, nicht ganz, Mr. Meeson", unterbrach Lord Holmhurst . „Meine Güte, ich frage mich, wer das überaus hübsche Mädchen sein kann, mit dem Lady Holmhurst spricht!"

„Nun, Euer Lordschaft, um es vorzubringen", fuhr der unbarmherzige Meeson fort, der, wie die meisten Leute seines Schlags, eine fast abergläubische Verehrung für die Aristokratie hegte, „ich habe viel Geld verdient, obwohl ich es nicht tue." Denken Sie daran, es Ihrer Lordschaft zu sagen; Was hindert meinen Nachfolger – vorausgesetzt, ich habe einen Nachfolger – daran, dieses Geld auszunutzen und damit in eine ähnliche Position aufzusteigen, wie sie Ihre Lordschaft so würdig innehat?"

„Genau, Herr Meeson. Eine hervorragende Idee für Ihren Nachfolger. Entschuldigen Sie, aber ich sehe, wie Lady Holmhurst mir zuwinkt." Und er floh überstürzt, immer noch gefolgt von Mr. Meeson.

„John, mein Lieber!" sagte Lady Holmhurst , „Ich möchte Ihnen Miss Smithers vorstellen – *die* Miss Smithers, über die wir alle gesprochen haben und deren Buch Sie gelesen haben. Miss Smithers, mein Mann!"

Lord Holmhurst , der, wenn er nicht tief in die Staatsangelegenheiten vertieft war, ein ausgeprägtes Gespür für ein hübsches Mädchen hatte – und welcher Mann, der diesen Namen verdient, hätte das nicht getan? – verneigte sich äußerst höflich und begann, es Augusta in sehr charmanter Weise zu erzählen Wie sehr er sich freute, ihre Bekanntschaft zu machen, als Mr. Meeson am Tatort eintraf und Augusta zum ersten Mal wahrnahm. Er war ziemlich verblüfft darüber, dass sie sich offenbar mit Leuten dieser Art bestens auskannte, und zögerte, darüber nachzudenken, welchen Weg er einschlagen sollte. Daraufhin stellte Lady Holmhurst ihn auf etwas förmliche Weise vor, da sie Mr. Meeson nicht besonders mochte und sein Zögern verkennte. Daraufhin kam Augusta in einem Moment, wie wir es manchmal tun, zu einem Entschluss. Sie würde nichts mehr mit Mr. Meeson zu tun haben – sie würde ihn auf der Stelle abweisen, was auch immer passieren würde.

Als er mit ausgestreckter Hand auf sie zukam, richtete sie sich auf und sagte mit kalter und entschlossener Stimme: „Ich kenne Mr. Meeson bereits, Lady Holmhurst ; und ich möchte nichts mehr mit ihm zu tun haben. Herr Meeson hat sich mir gegenüber nicht gut benommen."

„ Mein Wort", murmelte Lord Holmhurst vor sich hin, „ich wundere mich nicht, dass sie genug von ihm hat. Das ist eine vernünftige junge Frau!"

Lady Holmhurst sah ein wenig erstaunt und ein wenig amüsiert aus. Plötzlich jedoch brach ein Licht über ihr auf.

"Oh! Ich verstehe", sagte sie. „Ich nehme an, dass Herr Meeson ‚Jemimas Gelübde' veröffentlicht hat. Natürlich ist das der Grund. Warum, ich erkläre, dass es die Essensglocke gibt! Kommen Sie mit, Miss Smithers, sonst verlieren wir den Ort, den uns der Kapitän versprochen hat." Und dementsprechend gingen sie und ließen Mr. Meeson, der die beispiellose Natur der Lage noch nicht erkannt hatte, förmlich keuchend auf dem Deck zurück. Und an Bord der Kangaroo gab es keine Angestellten und Redakteure, an denen er seinen Zorn auslassen konnte!

„Und nun, meine liebe Miss Smithers", sagte Lady Holmhurst , als sie nach dem Abendessen zusammen im Mondlicht neben dem Lenkrad saßen, „vielleicht sagen Sie mir, warum Sie Mr. Meeson nicht mögen, der … -so wie ich es persönlich verabscheue. Aber tun Sie es nicht, wenn Sie es nicht wollen, wissen Sie."

Aber Augusta wollte es, und dann und da erzählte sie dem mitfühlenden Ohr ihrer neuen Freundin ihre ganze traurige Geschichte; und das arme Mädchen war froh, eine Vertraute gefunden zu haben, der sie ihre Sorgen mitteilen konnte.

„Nun, auf mein Wort!" sagte Lady Holmhurst , als sie mit Tränen in den Augen der Geschichte vom Tod der armen kleinen Jeannie zugehört hatte, „auf mein Wort, von allen Unmenschen, von denen ich je gehört habe, halte ich Ihren Verleger für den Schlimmsten!" Ich werde ihn schneiden und meinen Mann dazu bringen, ihn ebenfalls zu schneiden. Aber nein, ich habe einen besseren Plan. Er wird diese Vereinbarung zerreißen, so sicher mein Name Bessie Holmhurst ist ; er soll es zerreißen, oder – oder“ – und sie nickte mit einem Ausdruck unendlicher Weisheit mit ihrem kleinen Kopf.

KAPITEL VI.
HERR. TOMBEY GEHT VOR.

Von diesem Tag an war die Reise auf der Kangaroo bis zur letzten schrecklichen Katastrophe für Augusta eine sehr glückliche. Lord und Lady Holmhurst machten viel aus ihr, und alle anderen Passagiere der ersten Klasse folgten ihrem Beispiel, und bald war sie die beliebteste Figur an Bord. Die beiden Exemplare ihres Buches, die sich auf dem Schiff befanden, wurden von Hand zu Hand weitergereicht, bis sie kaum mehr zusammenhielten, und schließlich wurde sie es wirklich leid, von ihren eigenen Kreationen zu hören. Aber das war noch nicht alles; Man wird sich erinnern, dass Augusta eine überaus hübsche Frau war, und so melancholisch die Tatsache auch erscheinen mag, so bleibt es dennoch eine Tatsache, dass eine hübsche Frau in den Augen der meisten Menschen ein interessanteres Objekt ist als ein Mann oder als eine Dame. der nicht „so gebaut" ist. So kam es, dass Augusta trotz ihrer Jugend, ihrer Schönheit, ihres Talents und ihres Unglücks – denn Lady Holmhurst hatte diese Geschichte nicht gerade für sich behalten – plötzlich in die Position einer perfekten Heldin erhoben wurde. Es machte dem armen Mädchen, das an nichts als Kummer, Misshandlung und erdrückende Armut gewöhnt war, fast Angst, sich plötzlich in dieser seltsamen Lage wiederzufinden, in der jeder Mann an Bord dieses großen Schiffes auf Abruf bereitstand. Aber sie war ein Mensch und deshalb hat es ihr natürlich Spaß gemacht. Es *ist* etwas, wenn man stundenlang durch die nasse und melancholische Nacht gewandert ist und plötzlich sieht, wie die schöne Morgendämmerung über uns anbricht und brennt, und weiß, dass das Schlimmste vorbei ist, denn jetzt wird es Licht geben, auf das wir unsere Füße setzen können . Es ist auch etwas für die christlichste Seele, völlig und vollständig über jemanden zu triumphieren, der alles in seiner Macht Stehende getan hat, um Sie zu vernichten und zu zerstören; dessen gierige Gier indirekt die Ursache für den Tod der Person war, die Sie auf der ganzen Welt am meisten geliebt haben. Und sie hat gesiegt. Als sich Mr. Meesons Verhalten ihr gegenüber herumsprach, verschwand die kleine Gesellschaft des Schiffes – die immerhin ein sehr schönes Beispiel aller Gesellschaft im Kleinen war – von diesem publizistischen Prinzen und nicht einmal das Klirren seiner Geldsäcke könnte es zurücklocken. Er, der Große, der praktisch Allmächtige, der Besitzer von zwei Millionen und der harte Herr von Hunderten, für deren Arbeit er kämpfte, war praktisch *erschöpft* . Selbst der Angestellte, der die Chance auf eine Anstellung bei einer neuseeländischen Bank hatte, wollte ihm nichts sagen. Und mehr noch: Er spürte es stärker, als es ein gewöhnlicher Mensch getan hätte. Er, der „Druckerteufel", wie die arme kleine Jeannie ihn immer nannte, er wurde von einer Meute von Leuten, die er dreimal aufkaufen konnte, beleidigt und missachtet, und das alles wegen einer elenden Autorin – einer Autorin, würdest du bitte! Es machte Mr. Meeson sehr wild – ein Zustand, der seinen Höhepunkt erreichte, als Lord Holmhurst, der seit mehreren Tagen eine wachsende Abneigung gegen seine Gesellschaft gezeigt hatte, ihn eines Morgens tatsächlich fast tötete; das heißt, er bemerkte seine ausgestreckte Hand nicht und ging mit einer leichten Verbeugung an ihm vorbei.

„Macht nichts, mein Herr – macht nichts!" murmelte Mr. Meeson nach der sich zurückziehenden Gestalt dieses etwas pompösen, aber liebenswürdigen Adligen. „Wir werden sehen, ob ich nicht mit dir klarkommen kann. Ich bin ein Hund, der in der englischen Presse ein oder zwei Fäden ziehen kann, das bin ich! Diejenigen, die das Geld haben und die Leute unter Kontrolle haben, so dass sie schreiben müssen, was sie ihnen sagen, dürfen von keinem Kolonialgouverneur beschnitten werden, mein Herr!" Und in seiner Wut drohte er dem bewusstlosen Peer förmlich mit der Faust.

„Scheinen ein wenig außer Laune zu sein, Mr. Meeson", sagte eine Stimme neben ihm, deren Besitzer ein großer junger Mann mit harten, aber freundlichen Gesichtszügen und einem großen Schnurrbart war. „Was hat der Gouverneur mit Ihnen gemacht?"

„Tun Sie, Mr. Tombey ? Er hat mich zerschnitten, das ist alles – ich, Meeson! – er hat mich so tot wie Innereien zerschnitten, oder so ähnlich. Ich streckte meine Hand aus und er schaute direkt darüber hinweg und marschierte vorbei."

"Ah!" sagte Herr Tombey , ein wohlhabender neuseeländischer Landbesitzer; „Und warum, glauben Sie, hat er das getan?"

"Warum? Ich sage dir warum. Es dreht sich alles um dieses Mädchen."

„Miss Smithers, meinen Sie?" sagte Tombey , der Große, mit einem seltsamen Aufblitzen seiner tiefliegenden Augen.

„Ja, Miss Smithers. Sie schrieb ein Buch, und ich kaufte das Buch für fünfzig Pfund und fügte eine Klausel hinzu, dass sie mir das Recht geben sollte, fünf Jahre lang alles, was sie schrieb, zu einem Preis zu veröffentlichen – was auf die eine oder andere Weise durchaus üblich war. wenn man es mit einem Idioten zu tun hat, der es nicht besser weiß. Nun ja, dieses Buch verkaufte sich wie ein Lauffeuer; und mit der Zeit kommt die junge Dame zu mir und will mehr Geld, will aus der Hängeklausel in der Vereinbarung herauskommen, will alles, wie ein weiblicher Oliver Twist; und wenn ich sage: „Nein, das tust du nicht", verliert sie die Beherrschung und macht eine Szene. Und es stellte sich heraus, dass sie das Geld dafür brauchte, um eine kranke Schwester, Cousine, Tante oder irgendjemanden aus England herauszuholen; und als sie es nicht konnte und die Verwandte starb, wanderte sie aus und ging und sagte den Leuten an Bord des Schiffes, dass alles meine Schuld sei."

„Und ich nehme an, dass das eine Schlussfolgerung ist, zu der Sie sich nicht hingezogen fühlen, Mr. Meeson?"

„Nein , Tombey , das tue ich nicht. Geschäft ist Geschäft; und wenn ich zufällig von der jungen Frau abgekommen bin , umso besser für mich. Sie sammelt ihre Erfahrungen, das ist alles; Und sie ist nicht die Erste und wird auch nicht die Letzte sein. Aber wenn sie viel mehr über mich sagt, greife ich ihr auf jeden Fall wegen Verleumdung zu."

„Auf der rechtlichen Grundlage, dass die Verleumdung umso größer ist, je größer die Wahrheit, nehme ich an?"

„Verwirr sie!" fuhr Meeson fort, ohne seine Bemerkung zu bemerken und seine dicken Augenbrauen zusammenzuziehen: „Der Ärger, den sie mir bereitet hat, hat kein Ende. Ich habe mich mit meinem Neffen über sie gestritten , und jetzt schleppt sie hier meinen Namen durch den Dreck, und ich wette, dass die Geschichte in ganz Neuseeland und Australien verbreitet wird."

„Ja", sagte Mr. Tombey , „ich glaube, Sie werden feststellen, dass es viel Würgen erfordert; Und jetzt, Herr Meeson, werde ich mit Ihrer Erlaubnis ein Wort sagen und versuchen, ein neues Licht auf eine sehr verwirrende Angelegenheit zu werfen. Es scheint Ihnen nie in den Sinn gekommen zu sein, was für ein echter Schurke Sie sind, deshalb kann ich es Ihnen genauso gut klar sagen. Wenn Sie kein Dieb sind, sind Sie zumindest eine sehr gut gefärbte Nachahmung. Du nimmst das Buch eines Mädchens, machst Hunderte und Aberhunderte daraus und gibst ihr fünfzig. Du fesselst sie, um in den kommenden Jahren erfolgreiche Betrügereien dieser Art zu ermöglichen, und wenn sie dann kommt, um ein paar Pfund von dir zu erbetteln, zeigst du ihr die Tür. Und jetzt wundern Sie sich, Herr Meeson, dass anständige Leute nichts mit Ihnen zu tun haben werden! Nun, ich sage Ihnen, *ich* bin der Meinung, dass die einzige Gesellschaft, für die Sie wirklich geeignet wären, die des Kuhfells ist. Guten Morgen", und der große junge Mann ging davon, sein Schnurrbart kräuselte sich vor Zorn und Verachtung. So hörte der große Mr. Meeson zum zweiten Mal die Wahrheit aus dem Mund von Säuglingen und Säuglingen , und das Schlimmste daran war, dass er Nummer Zwei nicht enterben konnte, wie er Nummer Eins hatte.

Dem Leser wird dies als ein sehr herzliches Eintreten von Herrn Tombey erscheinen , der, als er zum Trost und Segen gerufen wurde, mit so außergewöhnlicher Kraft fluchte . Es mag sogar dem anspruchsvollen Leser auffallen – und natürlich sind alle Leser, oder zumindest fast alle Leser, anspruchsvoll: in der Tat viel zu sehr –, dass es einen Grund dafür gegeben haben muss; und der anspruchsvolle Leser wird Recht haben. Augustas graue Augen waren für Mr. Tombey zu viel gewesen , so wie sie für Eustace Meeson vor ihm zu viel gewesen waren. Seine Leidenschaft war auf die besonders schnelle und kraftvolle Art und Weise entstanden und gereift, wie es Leidenschaften an Bord eines Schiffes tun. Ein Passagierdampfer ist Amors eigene Brutstätte und unterscheidet sich dadurch von einem Segelschiff. Auf dem Segelschiff sind die Vorstufen allerdings die gleichen. Der Samen wurzelt ebenso stark und wächst und blüht mit gleicher Kraft ; Aber hier kommt der melancholische Teil – er verkümmert und zerfällt mit gleicher Geschwindigkeit. Die Reise ist zu lang. Es wird gegenseitig zu viel verraten. Das Eheeisen kann nicht geschlagen werden, solange es heiß ist, und lange bevor die anstrengenden neunzig Tage vorüber sind, ist es wieder kalt und schwarz oder glüht bestenfalls nur mit schwacher Hitze. Doch auf dem Dampfschiff ist dafür keine Zeit, das weiß jeder Reisende . Ich selbst – ich, der Historiker – habe mit eigenen Augen gesehen, wie sich ein Paar zum ersten Mal auf Maderia traf, am Kap heiratete und als Mann und Frau im selben Schiff nach Natal weiterfuhr. Und so geschah es noch am selben Abend, dass sich in der Nähe des Schornsteins des Känguruhs eine rührende und im Großen und Ganzen melancholische Szene abspielte.

Mr. Tombey und Miss Augusta Smithers lehnten gemeinsam über die Schanzkleide und sahen zu, wie der phosphoreszierende Schaum vorbeizog. Mr. Tombey war nervös und unwohl; Miss Smithers fühlt sich sehr wohl und denkt darüber nach, dass der Schnurrbart ihrer Begleiterin durchaus zu einem Bösewicht in einem Roman werden würde.

Mr. Tombey blickte auf den sternenübersäten Himmel, an dem das Kreuz des Südens tief hing, und er blickte auf das phosphoreszierende Meer; aber von keinem kam die Inspiration. Inspiration kommt von innen und nicht von außen. Schließlich unternahm er jedoch einen tapferen und verzweifelten Versuch.

„Miss Smithers“, sagte er mit vor Aufregung zitternder Stimme.

„Ja, Mr. Tombey “, antwortete Augusta ruhig; "Was ist es?"

„Miss Smithers“, fuhr er fort , „ Miss Augusta, ich weiß nicht, was Sie von mir denken werden, aber ich muss Ihnen sagen, ich kann es nicht länger behalten, ich liebe Sie!“

Augusta war ziemlich erschrocken. Mr. Tombey war sehr, sogar ausgesprochen höflich gewesen, und da sie kein Narr war, hatte sie gesehen, dass er sie bewunderte; aber damit hatte sie nie gerechnet, und die Plötzlichkeit, mit der der Schuss abgefeuert wurde, war etwas verwirrend.

„Nun, Mr. Tombey “, sagte sie mit überraschter Stimme, „Sie kennen mich erst seit etwas mehr als zwei Wochen.“

„Ich habe mich in dich verliebt, als ich dich erst eine Stunde kannte“, antwortete er mit offensichtlicher Aufrichtigkeit. "Bitte hör mir zu. Ich weiß, dass ich deiner nicht würdig bin! Aber ich liebe dich so sehr, und ich würde dich zu einem guten Ehemann machen; das würde ich tatsächlich tun, mir geht es gut; obwohl das natürlich nichts ist; Und wenn Ihnen Neuseeland nicht gefällt, würde ich es aufgeben und nach England ziehen, um dort zu leben. Glaubst du, dass du mich mitnehmen kannst? Wenn du nur wüsstest, wie sehr ich dich liebe, dann bin ich sicher, dass du es wüsstest.“

Augusta sammelte ihren Verstand, so gut sie konnte. Der Mann liebte sie offensichtlich; Es gab keinen Zweifel an der Aufrichtigkeit seiner Worte, und sie mochte ihn und er war ein Gentleman. Wenn sie ihn heiratete, wären all ihre Sorgen und Nöte vorbei und sie könnte zufrieden auf seinem starken Arm ruhen. Eine Frau, selbst eine begabte Frau, ist nicht dazu geschaffen, mit eigener Hand gegen die Welt zu kämpfen, und diese Aussicht war verlockend. Doch während sie nachdachte, erhob sich Eustace Meesons hübsches Gesicht vor ihren Augen, und dabei nahm ein leichtes Gefühl der Abneigung gegen den Mann, der sie anflehte, Form und Farbe in ihrer Brust an. Eustace Meeson bedeutete ihr natürlich nichts; zwischen ihnen war weder ein Wort noch ein Zeichen der Zuneigung gewechselt worden; und die Wahrscheinlichkeit war groß, dass sie ihn nie wieder zu Gesicht bekommen würde. Und doch entstand dieses Gesicht zwischen ihr und diesem Mann, der an ihrer Seite flehte. Wahrscheinlich haben viele Frauen eine solche Vision aus der Vergangenheit gesehen und sie ignoriert, nur um zu spät festzustellen, dass das, was beiseite geschoben wurde, nicht unbedingt verborgen ist; denn leider! Diese Gesichter unserer verstorbenen Jugend haben die unheimliche Kunst, sich aus dem Grab unserer Vergesslichkeit zu erheben. Aber Augusta gehörte nicht zu den großen Opportunisten. Weil eine Sache bequem sein könnte, folgte daraus nach den Geboten ihres moralischen Empfindens nicht, dass sie rechtmäßig war. Deshalb war sie eine Frau, die man respektieren musste. Denn eine Frau, die außer in Ausnahmefällen ihren Instinkten Lügen straft, um ihrer Bequemlichkeit oder ihrem Wunsch nach Reichtum und gesellschaftlicher Bequemlichkeit nachzukommen, ist nicht unbedingt eine Frau, die man respektieren muss.

In wenigen Sekunden hatte sie sich entschieden.

„Ich bin Ihnen sehr dankbar, Mr. Tombey “, sagte sie; „Du hast mir eine große Ehre erwiesen , die größte Ehre , die ein Mann einer Frau erweisen kann; aber ich kann dich nicht heiraten.“

"Bist du sicher?" keuchte der unglückliche Tombey , denn seine Hoffnungen waren groß gewesen. „Gibt es für mich keine Hoffnung? Vielleicht ist da noch jemand anderes!“

„Es gibt niemanden sonst, Mr. Tombey ; und leider muss ich sagen, Sie wissen nicht, wie sehr es mich schmerzt, das zu sagen, ich kann mir keine Aussicht darauf machen, dass ich meine Meinung ändern werde."

Er ließ seinen Kopf für eine Minute auf seine Hände sinken und hob ihn dann wieder.

„Sehr gut", sagte er langsam; „Es lässt sich nicht ändern. Ich habe noch nie zuvor eine Frau geliebt und werde es auch nie wieder tun. „Es ist schade" – (mit einem harten, kleinen Lachen) – „dass so viel erstklassige Zuneigung verschwendet wird." Aber da sind Sie; Es ist alles ein wesentlicher Bestandteil der angenehmen Erfahrungen, die unser Leben ausmachen. Auf Wiedersehen, Miss Smithers; Zumindest auf Wiedersehen als Freund!"

„Wir können immer noch Freunde sein", stockte sie.

„Oh nein", antwortete er mit einem weiteren Lachen; „Das ist eine explodierte Vorstellung. Eine Freundschaft dieser Art ist unter keinen Umständen sehr sicher, schon gar nicht unter diesen. Die Beziehung steht im Widerspruch zu den Tatsachen des Lebens, und die Freunde oder einer von ihnen werden entweder in Gleichgültigkeit und Abneigung verfallen oder – etwas Wärmeres. Sie sind eine Romanautorin, Miss Smithers; Vielleicht schreiben Sie eines Tages ein Buch, in dem Sie erklären, warum sich Menschen dort verlieben, wo ihre Zuneigung unerwünscht ist, und welchen Zweck ihre Not möglicherweise erfüllen kann. Und jetzt noch einmal: Auf Wiedersehen!" und er hob ihre Hand an seine Lippen und küsste sie sanft, dann drehte er sich mit einer Verbeugung um und ging.

Aus all dem geht deutlich hervor, dass Mr. Tombey eindeutig ein junger Mann war, der über dem Durchschnitt lag und der Bestrafung sehr gut verkraftete. Augusta schaute ihm nach, seufzte tief und wischte sich sogar eine Träne weg. Dann drehte sie sich um und ging nach achtern, wo Lady Holmhurst saß und die milde Südluft genoss, durch die das große Schiff mit ausgebreiteten Segeln wie ein riesiger weißer Vogel rauschte und mit dem Kapitän plauderte. Als sie herankam, verneigte sich der Kapitän und ging, indem er sagte, dass er sich um etwas kümmern müsse, und eine Minute lang blieben Lady Holmhurst und Augusta allein.

„Na, Augusta?" sagte Lady Holmhurst , denn sie nannte sie jetzt „Augusta". „Und was haben Sie mit diesem jungen Mann gemacht, Mr. Tombey – diesem sehr netten jungen Mann?" fügte sie mit Nachdruck hinzu.

„Ich denke, dass Mr. Tombey vorangegangen ist", sagte Augusta.

Die beiden Frauen sahen einander an, und wie eine Frau verstand jede, was die andere meinte. Lady Holmhurst war in der Tombey- Affäre nicht ganz unschuldig gewesen.

„Lady Holmhurst ", sagte Augusta und packte den Stier bei den Hörnern, „Mr. Tombey hat mit mir gesprochen und" –

„Ihnen einen Vorschlag gemacht", schlug Lady Holmhurst vor und bewunderte das Kreuz des Südens durch ihre Brille. „Sie sagten, er sei vorwärts gegangen, wissen Sie."

„Hat mir einen Antrag gemacht", antwortete Augusta und ignorierte den kleinen Witz. „Ich bedaure", fuhr sie hastig fort, „dass ich Mr. Tombeys Plänen nicht folgen konnte ."

"Ah!" sagte Lady Holmhurst ; „Einige Dinge tun mir leid. Mr. Tombey ist so ein sehr netter junger Mann und so sehr Gentleman. Ich dachte, dass es vielleicht Ihren Ansichten entspricht und Ihre zukünftigen Vereinbarungen vereinfacht hätte. Aber was das betrifft, werde ich mich natürlich darum kümmern können, während Sie in Neuseeland sind. Es versteht sich übrigens, dass Sie für ein paar Monate bei uns im Government House übernachten, bevor Sie sich auf die Suche nach Ihrem Cousin machen."

„Sie sind sehr gut zu mir, Lady Holmhurst ", sagte Augusta mit so etwas wie einem Schluchzen.

„Angenommen, meine Liebe", antwortete die große Dame und legte ihre kleine Hand auf Augustas wunderschönes Haar, „Sie würden die ‚Lady Holmhurst' fallen lassen und mich ‚Bessie' nennen?" Es klingt viel geselliger, wissen Sie, und außerdem; es ist kürzer und verschwendet nicht so viel Atem."

Dann schluchzte Augusta laut, denn ihre Nerven waren erschüttert: „Du weißt nicht, was deine Freundlichkeit für mich bedeutet", sagte sie; „Ich hatte noch nie einen Freund und seit dem Tod meines Schatzes bin ich so einsam!"

Kapitel VII.
DIE KATASTROPHE.

Und so redeten diese beiden schönen Frauen und schmiedeten Pläne für die Zukunft, als ob alles für immer Bestand hätte und alle Pläne dazu bestimmt wären, verwirklicht zu werden. Doch noch während sie redeten, sprach irgendwo oben im Himmel die Stimme, die die Welt regiert, ein Wort, und der Bote des Schicksals eilte herbei, um seinen Befehl zu erfüllen. An Bord des großen Schiffes gab es Musik und Gelächter und die süßen Stimmen singender Frauen; aber darüber hing ein Schleier des Untergangs. Nicht das schüchternste Herz träumte von einer Gefahr. Welche Gefahr könnte an Bord dieses großen Schiffes lauern, das mit der Leichtigkeit und Zuversicht einer Schwalbe über die Wellen raste? Es gab nichts zu befürchten. Eine erfolgreiche Reise neigte sich dem Ende zu, und Mütter legten ihre Kinder mit einem so sicheren Herzen in den Schlaf, als befänden sie sich auf festem englischen Boden. Oh! Sicherlich flehte ein sanfter Geist für ihn, als seine überfließende Last an Kummer und schrecklichem Elend dem Menschen zugemessen wurde – dass er der Geschichte keine Voraussicht hinzufügen sollte, dass er eines Tages nicht das fallende Messer sehen oder das Wasser plätschern hören sollte soll man ihn beerdigen? Oder wurde es zurückgehalten, weil der Mensch, der über Wissen verfügt, ohne Grund Mensch sein würde? – denn der Schrecken würde ihn wahnsinnig machen, und er würde seinen Ängsten ein Ende bereiten, indem er ihre Erfüllung beschleunigte! Zumindest sind wir blind für die Zukunft und lasst uns dafür dankbar sein.

Bald darauf stand Lady Holmhurst von ihrem Stuhl auf und sagte, dass sie zu Bett gehen würde, aber dass sie zunächst Dick, ihren kleinen Jungen, küssen müsse, der mit seiner Amme in einer anderen Hütte schlief. Augusta stand auf und ging mit ihr, und beide küssten das schlafende Kind, einen hübschen fünfjährigen Jungen, und dann küssten sie einander und trennten sich für die Nacht.

Einige Stunden später wachte Augusta auf und fühlte sich sehr unruhig. Eine Stunde oder länger lag sie da und dachte an Mr. Tombey und viele andere Dinge und lauschte dem schnellen „Runden, Runden" des Wassers, das an den Seiten des Schiffes vorbeiglitt, und dem gelegentlichen Trampeln der Wache, als sie frisch wurden Segel. Schließlich wurde ihr das Gefühl der Unruhe zu viel, und sie stand auf und zog sich teilweise, ganz teilweise an – denn in der Düsternis konnte sie nur ihre Flanellweste und ihren Unterrock finden –, drehte ihr langes Haar zu einer Locke um den Kopf und legte es auf auf einem Hut und einem dicken Ulster, der an der Tür hing – denn sie liefen in kühle Breiten – und schlüpfte an Deck hinaus.

Es dämmerte schon, aber die Nacht war noch dunkel. Als Augusta nach oben schaute, konnte sie gerade noch die Umrisse der riesigen, sich aufblähenden Segel erkennen, denn das „Känguru" raste vor dem Westwind mit vollem Dampf voran und war mit jedem Zentimeter seines Segeltuchs darauf eingestellt, die Schraube zu lockern. Die Bewegung, die Frische der Nacht und das wilde, süße Lied des Windes, der durch die Takelage sang, hatten etwas sehr Berauschendes. Augusta wandte ihm ihr Gesicht zu und streckte, da sie allein war, die Arme aus, als wollte sie es auffangen. Die ganze Szene erweckte eine gewisse Größe in ihrem Herzen; etwas, das im Schoß der höheren Rasse der Menschen schlummert und sich nur – und dann nur ganz schwach – regt, wenn die Leidenschaften sie bewegen oder wenn die Natur mit ihren edleren Kindern kommuniziert. Sie hatte das Gefühl, dass sie in diesem Moment schreiben konnte, was sie noch nie zuvor geschrieben hatte. Alle möglichen schönen Ideen, alle möglichen Sehnsüchte nach dieser edlen Ruhe und Reinheit des Denkens und Lebens, nach der wir beten und uns sehnen, die wir aber nicht erreichen dürfen, flossen in ihr Herz. Fast glaubte sie, die Stimme ihrer verlorenen Jeannie hören zu können, die den Sturm herunterrief, und ihre starke Fantasie begann sich vorzustellen, wie sie wie ein Seevogel auf weißen Flügeln hoch über der spitz zulaufenden Spitze des Großmastes schwebte und durch die Dunkelheit in ihre Seele blickte Sie liebte. Dann, durch diese schwachen und unmerklichen Grade, mit denen die Gedanken ineinander übergehen, gelangten ihre Gedanken von Jeannie zu Eustace Meeson. Sie fragte sich, ob er nach ihrer Abreise jemals die Unterkunft in Birmingham besucht hatte? Irgendwie hatte sie das Gefühl, dass er ihr gegenüber nicht ganz gleichgültig war; In seinen Augen lag ein Ausdruck, den sie nicht ganz verstand. Sie wünschte fast, sie hätte ihm eine Nachricht geschickt. Vielleicht würde sie das von Neuseeland aus tun. In diesem Moment wurden ihre Überlegungen durch einen Schritt unterbrochen, und als sie sich umdrehte, stand sie dem Kapitän gegenüber.

„Warum, Miss Smithers!" Er sagte: „Was um alles in der Welt machst du zu dieser Stunde hier? Romanzen erfinden?"

„Ja", antwortete sie lachend und mit vollkommener Wahrheit. „Tatsache ist, dass ich nicht schlafen konnte und deshalb an Deck kam; und es ist sehr angenehm!"

„Ja", sagte der Kapitän, „wenn Sie etwas in Ihre Geschichten einbauen möchten, werden Sie nichts Besseres finden. Das Känguru zeigt ihre Absätze, nicht wahr, Miss Smithers? Das ist das Schöne an ihr, sie kann sowohl segeln als auch dampfen; Und wenn achtern so ein starker Wind weht, müsste es etwas sehr Schnelles sein, das sie fängt. Ich glaube, dass wir seit Mitternacht über siebzehn Knoten pro Stunde gefahren sind. Ich hoffe, bis sieben Uhr auf der Insel Kerguelen zu sein, um meine Chronometer zu korrigieren."

„Was ist die Insel Kerguelen?" fragte Augusta.

"Oh! Es ist ein verlassener Ort, wohin niemand geht, außer ab und zu einen Walfänger, um Wasser zu tanken. Ich glaube, dass die Astronomen vor ein paar Jahren eine Expedition dorthin geschickt haben, um den Venustransit zu beobachten: Aber es war ein Misserfolg, weil das Wetter so neblig war – dort ist es fast immer neblig. Nun, ich muss gehen, Miss Smithers. Gute Nacht; oder besser gesagt: Guten Morgen."

Bevor er die Worte überhaupt ausgesprochen hatte, ertönte ein wilder Ruf nach vorn : „ *Schiff voraus* !" Dann ertönte ein schrecklicher Schrei von einem Dutzend Stimmen – „ *Steuerbord!*" *Hart an Steuerbord, um Himmels willen* .

Mit einem wilden Sprung, wie der Sprung eines plötzlich erschossenen Mannes, verließ der Kapitän die Seite und stürzte auf die Brücke. Im selben Augenblick ertönte die Motorglocke und die Steuerketten begannen heftig auf den Rollen zu ihren Füßen zu klappern, während die Dampfruderanlage ihre Arbeit verrichtete. Dann kam ein weiterer Schrei –

„ *Es ist ein Walfänger! – keine Lichter* !" und als Antwort ein Schreckensschrei von einem großen schwarzen Objekt, das vor uns aufragte. Bevor die Echos verklungen waren, bevor das große Schiff überhaupt auf sein Ruder antworten konnte, gab es einen Krach, wie Augusta noch nie zuvor gehört hatte, und einen widerwärtigen Schock, der sie auf Hände und Knie auf das Deck warf und das Eisen erschütterte Masten, bis sie zitterten, als wären sie Weidenruten, und ließen die riesigen Segel flattern und für einen Moment zurückfliegen. Das große Schiff, das mit seiner schrecklichen Geschwindigkeit von siebzehn Knoten dahinraste, war mit so schrecklicher Energie in das vor ihm liegende Schiff gestürzt, dass es es in zwei Teile schnitt – es in zwei Teile schnitt und über es hinwegfuhr, als wäre es ein Vergnügungsboot!

Ein Schrei nach dem anderen hallte durch die düstere Nacht, und als Augusta sich aufrappelte, spürte sie eine Reihe schrecklicher Stöße, begleitet von einem erdrückenden, knirschenden Geräusch. Es war das Känguru, das direkt über die Überreste des Walfängers fuhr.

In wenigen Sekunden war es geschafft, und als Augusta nach achtern schaute, konnte sie gerade noch etwas Schwarzes erkennen, das für ein oder zwei Sekunden auf dem Wasser zu schwimmen schien und dann in seinen Tiefen verschwand. Es war der zerschmetterte Rumpf des Walfängers.

Dann erklang ein schwaches Murmeln, das sich zunächst zu einem Summen, dann zu einem Brüllen und dann zu einem Lärm steigerte , der den Himmel zerriss und aus jeder Luke und Kabine des großen Schiffes Menschen – Männer, Frauen und ... – emporstieg Kinder – kamen herbeigeeilt und taumelnd, deren Gesichter weiß vor Schrecken waren – weiß wie ihre

Nachtausrüstung. Einige waren völlig nackt, hatten ihr Nachthemd ausgezogen und hatten keine Zeit, etwas anderes anzuziehen; einige hatten Ulster und Mäntel angezogen , andere hatten Decken um sich geworfen oder trugen ihre Kleidung in den Händen. Sie kamen herauf, Hunderte und Aberhunderte von ihnen (denn es waren tausend Seelen an Bord des Kangaroo), die nach achtern strömten wie verängstigte Geister, die aus der Mündung der Hölle flohen, und von ihnen erhob sich ein so abscheulicher Lärm , wie ihn nur wenige je gehört haben.

Augusta klammerte sich an die Netze, um dem Ansturm freien Lauf zu lassen, und versuchte, ihre zerstreuten Sinne zu sammeln und zu verhindern, dass sie sich die schreckliche Ansteckung der Panik ansteckte. Da sie eine mutige und besonnene Frau war, gelang es ihr bald, und als sie wieder klare Sicht hatte, erkannte sie, dass sie und alle an Bord in großer Gefahr schwebten. Es war klar, dass eine so schreckliche Kollision nicht hätte stattfinden können, ohne dass das eigene Schiff verletzt worden wäre. Nichts weniger als ein eisenbewehrter Widder hätte einem solchen Schock standhalten können, wahrscheinlich würden sie in ein paar Minuten zusammenbrechen und alle ertrinken. In ein paar Minuten könnte sie tot sein! Ihr Herz blieb stehen angesichts des Schreckens dieses Gedankens, doch sie erholte sich wieder. Nun, schließlich war das Leben nicht angenehm gewesen; und sie hatte nichts von einer anderen Welt zu befürchten, sie hatte nichts Unrechtes getan. Dann begann sie plötzlich an die anderen zu denken. Wo war Lady Holmhurst ? und wo waren der Junge und die Krankenschwester? Sie folgte einem Impuls, den sie nicht begreifen konnte , und rannte zur Luke des Salons. Es war jetzt ziemlich klar, denn die meisten Leute waren an Deck, und sie fand ohne große Schwierigkeiten den Weg zur Kinderkabine. Darin brannte Licht, und der erste Blick zeigte ihr, dass die Krankenschwester gegangen war; Er war verschwunden und hatte das Kind im Stich gelassen – denn da lag es schlafend, mit einem Lächeln auf seinem kleinen runden Gesicht. Der Schock hatte den Jungen kaum geweckt, und da er nichts von Schiffbrüchen wusste, hatte er einfach die Augen geschlossen und war wieder eingeschlafen.

„Schwanz, Dick!" sagte sie und schüttelte ihn.

Er gähnte, setzte sich auf, warf sich dann wieder hin und sagte: „Dick ist schläfrig."

„Ja, aber Dick muss aufwachen, und Tante" (er nannte sie „Tante") „wird ihn an Deck bringen, um nach Mama zu suchen." Wäre es nicht schön, im Dunkeln an Deck zu gehen?

„Ja", sagte Dick zuversichtlich; Und Augusta nahm ihn auf die Knie und zog ihm so schnell sie konnte die passenden Kleidungsstücke an. An der Kabinentür hing ein warmes kleines Jäckchen, das das Kind trug, wenn es kalt war. Diese zog sie über seine Bluse und sein Flanellhemd, und dann, ganz spontan, nahm sie die beiden Decken von seiner Koje und wickelte sie um ihn. Am Fußende des Schwesternbetts stand eine Schachtel Kekse und etwas Milch. Sie leerte die Kekse in die Taschen ihres Ulsters, und nachdem sie dem Kind so viel Milch gegeben hatte, wie es trinken wollte, schluckte sie den Rest selbst hinunter. Dann befestigte sie einen Schal, der um ihre Schultern lag, nahm das Kind auf und ging mit ihm auf das Deck. An der Spitze des Begleiters traf sie Lord Holmhurst persönlich, der herabeilte, um sich um das Kind zu kümmern.

„Ich habe ihn, Lord Holmhurst ", rief sie; „Die Krankenschwester ist weggelaufen. Wo ist deine Frau?"

„Segne dich", sagte er inbrünstig; "Du bist ein gutes Mädchen. Bessie ist irgendwo hinten: Ich würde sie nicht kommen lassen. Sie versuchen, die Leute von den Booten fernzuhalten – sie sind alle verrückt!"

„Sinken wir?" fragte sie schwach.

„Gott weiß – ah! „Hier ist der Kapitän" und zeigte auf einen Mann, der durch die wahnsinnige, kreischende Menge schnell auf sie zuging, oder besser gesagt, sich seinen Weg drängte. Lord Holmhurst packte ihn am Arm.

„Lass mich gehen", sagte er grob und versuchte, sich loszureißen. "Oh! Sie sind es, Lord Holmhurst .

"Ja; Treten Sie hier für eine Sekunde ein und erzählen Sie uns das Schlimmste. Sag es, Mann, und lass es uns alle wissen!"

„Sehr gut, Lord Holmhurst , das werde ich tun. Wir haben einen etwa fünfhundert Tonnen schweren Walfänger angefahren, der unter reduziertem Segeltuch und ohne Licht unterwegs war. Unser Vorschiff ist direkt in den Ofen eingebaut, wodurch die Platten auf beiden Seiten des Wasserabschnitts ausgebeult und das Vorderschott gelockert werden. Der Zimmermann und seine Kollegen tun ihr Bestes, um es von innen mit Holzbalken abzustützen, aber das Wasser dringt wie ein Mühlgang ein, und ich fürchte, es gibt noch weitere Verletzungen. Alle Pumpen sind in Betrieb, aber es gibt jede Menge Wasser, und wenn das Schott kaputt geht" –

„Wir werden auch gehen", sagte Lord Holmhurst ruhig. „Nun, wir müssen zu den Booten gehen. Ist das alles?"

„Um Himmels Willen, ist das nicht genug!" sagte der Kapitän und blickte auf, so dass das Licht, das auf den Begleiter gerichtet war, sein gespenstisches Gesicht deutlich hervorhob. „Nein, Lord Holmhurst , das ist nicht alles. Die Boote bieten Platz für etwas mehr als dreihundert Personen. An Bord der Kangaroo leben etwa tausend Seelen, davon mehr als dreihundert Frauen und Kinder."

„ Deshalb müssen die Männer ertrinken", sagte Lord Holmhurst ruhig. „Gottes Wille geschehe!"

„Eure Lordschaft wird natürlich einen Platz in den Booten einnehmen?" sagte der Kapitän hastig. „Ich habe ihnen befohlen, sich vorzubereiten, und glücklicherweise bricht der Tag an. Ich verlasse mich darauf, dass Sie den Eigentümern die Angelegenheit erklären, falls Sie entkommen, und meinen Charakter klären. Die Boote müssen Richtung Kerguelen-Land fahren. Es liegt etwa siebzig Meilen östlich."

„Sie müssen Ihre Nachricht jemand anderem überbringen, Kapitän", war die Antwort; „Ich werde bleiben und das Schicksal der anderen Männer teilen."

Holmhurst war jetzt nicht mehr aufgeblasen – all das war verschwunden – und nichts als die einfache, galante Natur des englischen Gentlemans blieb übrig.

„Nein, nein", sagte der Kapitän, als sie nach achtern eilten und sich einen Weg durch die angsterfüllte Menge bahnten. „Haben Sie Ihren Revolver?"

"Ja."

„Dann halten Sie es dann griffbereit; Möglicherweise müssen Sie es sofort nutzen: Sie werden versuchen, die Boote zu überstürzen."

Zu diesem Zeitpunkt brach langsam die graue Morgendämmerung an und warf ein kaltes und gespenstisches Licht auf die schreckliche Szene des Schreckens. Rund um die Boote versammelten sich die Offiziere und ein Teil der Besatzung und taten ihr Bestes, um sie auf das Herablassen vorzubereiten. Tatsächlich war einer bereits entkommen. Darin befand sich Lady Holmhurst , die gegen ihren Willen dorthin geworfen worden war und nach ihrem Kind und Ehemann schrie, und etwa zwanzig Frauen und Kinder sowie ein halbes Dutzend Matrosen und ein Offizier.

Augusta erblickte im schwachen Licht das Gesicht ihrer Freundin. „Bessie! Bessie! Lady Holmhurst !" Sie rief: „Ich habe den Jungen. Es ist alles in Ordnung – ich habe den Jungen!"

Sie hörte es und wedelte wild mit der Hand in ihre Richtung; Und dann gaben die Männer im Boot nach, und in einer Sekunde war es außer Hörweite. In diesem Moment packte eine große Gestalt Augusta am Arm. Sie blickte auf: Es war Mr. Tombey , und sie sah, dass er in der anderen Hand einen Revolver hielt.

"Gott sei Dank!" Er schrie ihr ins Ohr: „Ich habe dich gefunden! Hier entlang – hier entlang, schnell!" Und er zog sie nach hinten, wo zwei Matrosen, die an den Davits standen, die ein kleines Boot trugen, sie auf die Höhe des Schanzkleides herabließen.

„Na dann, Frauen!" schrie ein Beamter, der für den Einsatz verantwortlich war. Einige Männer stürmten los.

„Frauen zuerst! Frauen zuerst!"

„Ich habe es nicht eilig", sagte Augusta und trat mit dem zitternden Kind im Arm vor; und ihre Aktion für ein paar Sekunden hatte eine beruhigende Wirkung, denn die Männer blieben stehen.

"Aufleuchten!" sagte Mr. Tombey und bückte sich, um sie über Bord zu heben, nur um beinahe von einem Mann umgeworfen zu werden, der verzweifelt versuchte, ins Boot zu gelangen. Es war Mr. Meeson, und als Mr. Tombey ihn erkannte , versetzte er ihm einen Schlag, der ihn zurückwirbelte.

„Tausend Pfund für einen Platz!" er brüllte. „Zehntausend Pfund für einen Sitzplatz in einem Boot!" Und noch einmal kletterte er auf die Schanzmauer, zerstampfte dabei ein Kind und wurde erneut zurückgeworfen.

Mr. Tombey nahm Augusta und das Kind in seine starken Arme und setzte sie ins Boot. Dabei küsste er sie auf die Stirn und murmelte: „Gott segne dich, auf Wiedersehen!"

In diesem Augenblick ertönte vorn ein lautes Knallen, und das Heck des Schiffes hob sich merklich. Das Schott hatte nachgegeben, und es ertönte ein solcher Schrei, wie man ihn sicherlich selten zuvor gehört hatte. Für Augustas Ohren schien sich daraus das Wort „ *Untergang* !" zu formen.

Aus den Eingeweiden des Schiffes strömten die Feuerwehrleute herauf, deren geschwärzte, von weißen Schweißstreifen durchzogene Gesichter der in Panik geratenen Menge einen neuen Schrecken einflößten. Achtern kamen sie, begleitet von einer Menge Matrosen und Auswanderern.

„Rastet die Boote", sang eine Stimme mit starkem irischen Akzent, „sonst ertrinken wir sicher!"

Der wahnsinnige Mob verstand den Hinweis und stürmte wie eine Flut auf die Boote zu, wobei er lästerte und kreischte. Einen Augenblick später wurden die Frauen und Kinder, die darauf warteten, zu dem Boot zu gehen, in dem sich Augusta und die beiden Seeleute bereits befanden, beiseite geschoben, und es wurde ein entschlossener Versuch unternommen, es zu beschleunigen, angeführt von einem großen Iren, dem gleichen der gerufen hatte.

Augusta sah, wie Mr. Tombey , Lord Holmhurst , die herbeigekommen waren, und der Offizier ihre Pistolen hoben, die fast gleichzeitig explodierten, und der Ire und ein anderer Mann fielen auf Händen und Knien nach vorne.

„Kümmert euch nicht um die Pistolen, Jungs", rief eine Stimme; „sowohl erschossen als auch ertrinken. In den Booten ist nicht einmal Platz für die Hälfte von uns; Komm schon!" Und es kam zu einem zweiten furchtbaren Ansturm, bei dem die drei Herren feuernd direkt gegen die Netze schossen.

„Bill", begrüßte der Mann, der sich an der vordersten Tackle festhielt, „sinken Sie weg; wir werden gehetzt und überschwemmt werden!"

Bill gehorchte mit Herz und Seele und ließ das Boot unter das Niveau der Oberdecks sinken, gerade als der Mob die Kontrolle übernahm. Fünf Sekunden später hingen sie dicht über dem Wasser, und während sie sich in dieser Position befanden, sprang ein Mann vom Schanzkleid auf das Boot. Er prallte gegen die Ruderboote, rollte ins Wasser und wurde nicht mehr gesehen. Eine Dame, die Frau eines Kolonialrichters, warf ihr Kind weg; Augusta versuchte es zu fangen, verfehlte es jedoch, und der Junge sank und war verloren. Im nächsten Moment hatten sich die beiden Matrosen von der Schiffsseite abgestoßen. Dabei hob sich das Heck der Kangaroo direkt aus dem Wasser, sodass sie unter ihren Rudersteg sehen konnten. In diesem Moment warf sich auch Mr. Meeson, in dem das elementare Prinzip der Selbsterhaltung um jeden Preis stark ausgeprägt war, mit einem Schreckensschrei von der Seite und stürzte mit einem Platschen nur wenige Fuß vom Boot entfernt zu Boden. Er stieg an die Oberfläche, umklammerte das Dollbord und flehte, aufgenommen zu werden.

„Schlag dem alten Kerl um die Finger, Bill", schrie der andere Mann; „Er wird uns verärgern!"

"NEIN; NEIN!" rief Augusta. Das Herz ihrer Frau bewegte sich, als sie ihren alten Feind in einem solchen Fall sah. „Im Boot ist viel Platz."

„Dann warte mal", sagte der angesprochene Mann, dessen Name Johnnie war; „Wenn wir frei sind, holen wir dich rein."

Und der Leser kann sicher sein, dass Mr. Meeson sich ziemlich festhielt, bis die beiden Männer, nachdem sie etwa fünfzig Yards gerudert waren, anhielten und nicht ohne Risiko und Mühe weitergingen – denn es herrschte ein beträchtlicher Seegang –, um Mr. Meeson hochzuheben . Meesons große Form über dem Dollbord des Bootes.

Unterdessen verdoppelten sich die Schrecken an Bord des zum Scheitern verurteilten Schiffes, als es langsam in sein nasses Grab sank. Das Dampf-Nebelhorn ging unaufhörlich voran und brüllte wie tausend wütende Bullen; während hin und wieder eine Rakete durch die neblige Morgenluft schoss. Um die Boote herum tobte ein schrecklicher Krieg. Augusta sah, wie eine große Anzahl Männer in eines der größten Rettungsboote sprangen, das noch an den Davits hing, und offensichtlich diejenigen besiegt hatten, die versuchten, es mit Frauen und Kindern zu füllen. In der nächsten Sekunde senkten sie den hinteren Tackle, aber aus irgendeinem Grund oder Missverständnis nicht den vordersten; mit der Folge, dass das Heck des Bootes einstürzte, während der Bug fixiert blieb, und jede Seele darin, etwa vierzig oder fünfzig Menschen, ins Wasser geschossen wurde. Ein anderes Boot wurde vom Meer umgeworfen, als es auf dem Wasser landete. Ein anderer, voller Frauen und Kinder, schaffte es problemlos ins Wasser, blieb aber mit dem Buggeschirr am Schiff befestigt. Als das Känguru ein paar Minuten später unterging, hatte niemand ein Messer zur Hand, um das Seil zu durchtrennen, und das Boot wurde mit nach unten gezogen, und alle seine Insassen ertranken. Die übrigen Boote, mit Ausnahme des Bootes, in dem sich Lady Holmhurst befand und das vor Beginn des Ansturms entkommen worden war, wurden überhaupt nicht zu Wasser gelassen oder sanken, sobald sie zu Wasser gelassen wurden. Aufgrund des wahnsinnigen Verhaltens der in Panik geratenen Menschenmenge, die wie wilde Tiere um einen Platz darin kämpften, war es unmöglich, sie zu senken. Ein paar Herren und nüchtern denkende Matrosen konnten nichts gegen eine Menge verzweifelter Kreaturen tun, von denen jeder sein eigenes Leben retten wollte, wenn es das Leben aller anderen an Bord kostete.

Und so war es genau zwanzig Minuten nach der Zeit, als das Känguru den Walfänger versenkte (denn obwohl es einige Zeit gedauert hat, diese Ereignisse zu beschreiben, dauerte es nicht lange, bis sie sich vollzogen), als ihre eigene Stunde kam, und mit einigen Ausnahmen insgesamt achtundzwanzig Seelen, auch die Stunde jedes Lebewesens, das in ihr gelebt hatte.

KAPITEL VIII.
KERGUELEN-LAND.

Sobald Mr. Meeson, der durch ihr Eingreifen vor dem Ertrinken gerettet worden war, keuchend am Boden des Bootes lag, ließ Augusta, von einer vorübergehenden Ohnmacht überwältigt, ihren Kopf nach vorne auf das Bündel Decken fallen, in das sie das Kind eingewickelt hatte Sie hatte ihn gerettet, und der, zu verängstigt, um zu sprechen oder zu weinen, mit weit geöffneten und verängstigten Augen um sich blickte. Als sie es wenige Sekunden später hochhob, hatte ein Strahl der aufgehenden Sonne den Nebel durchdrungen und traf das sinkende Schiff mit voller Wucht, als es, das Heck weit aus dem Wasser und den Bug tief darunter, mürrisch hin und her rollte Es schien, als würde es vom Rumpf bis zum Lastwagen in wildes, stürmisches Licht gehüllt, als es im Tiefpunkt der schweren See hin und her segelte .

„Sie geht! – bei George, sie geht!" sagte der Seemann Johnnie; und während er das sagte, richtete sich das mächtige Schiff langsam auf. Langsam – sehr langsam, inmitten der schrecklichen und verzweifelten Schreie der zum Scheitern verurteilten Unglücklichen an Bord hob sie ihr Heck immer höher und senkte ihren Bug immer tiefer. Sie schrien, sie riefen zum Himmel um Hilfe; aber der Himmel beachtete sie nicht, denn die Qual des Menschen kann sein Schicksal nicht abwenden. Nun stand sie eine Zeit lang fast aufrecht auf dem Wasser, aus dem etwa hundert Fuß ihrer gewaltigen Länge wie ein monströses Meeresgewächs herausragten, während Männer wie vom Frost erstarrte Fliegen in Schauern von ihr ins Wasser fielen darunter aufgewühlter Schaum. Dann plötzlich, mit einem schnellen und schrecklichen Ansturm, mit dem zerreißenden Geräusch brechender Spieren, einer lauten Explosion ihrer Kessel und einem erstickten Knall berstender Schotte, stürzte sie in die unermesslichen Tiefen und war für immer nicht mehr zu sehen.

Das Wasser schloss sich über der Stelle, an der sie gewesen war, kochte und schäumte und saugte nach ihrer letzten Reise alles auf, während der Dampf und die gefangene Luft in riesigen, zischenden Strahlen und Blasen aufstiegen, die an der Oberfläche zu Gischt explodierten.

Die Männer stöhnten, das Kind starrte verblüfft und Augusta schrie: „ *Oh! Oh* !" wie einer, der Schmerzen hat.

„Rudere zurück!" Sie keuchte, „rudern Sie zurück und sehen Sie, ob wir nicht einige von ihnen abholen können."

"NEIN! NEIN!" schrie Meeson; „Sie werden das Boot versenken!"

„Es nützt sowieso viel", sagte Johnnie. „Ich bezweifle, dass nur sehr wenige von ihnen wieder auftauchen werden. Sie sind zu tief gegangen!"

Sie drehten das Boot jedoch wieder um – langsam genug, dachte Augusta – und hörten dabei ein oder zwei schwache Schreie. Doch als sie die Stelle erreichten, an der das Känguru unterging, war kein Lebewesen mehr zu sehen; nichts als das Rauschen der großen Wellen, über denen sich der Nebel erneut dicht und schwer wie ein Leichentuch bedeckte. Sie schrien, und als sie einmal eine schwache Antwort hörten, ruderten sie darauf zu; Aber als sie an der Stelle ankamen, von der das Geräusch zu kommen schien, konnten sie außer einigen Trümmern nichts sehen. Sie waren alle tot, ihre Qual war vorüber, ihre Schreie stiegen nicht mehr in den erbarmungslosen Himmel auf; und Wind und Himmel und Meer waren genau so, wie sie gewesen waren.

"Ach du lieber Gott! mein Gott!" weinte Augusta und klammerte sich an die Ruder des schaukelnden Bootes.

„Ein Boot ist entkommen – wo ist es?" fragte Mr. Meeson, der, eine nasse und elende Gestalt, zusammengekauert in der Heckdecke lag, während er seine wilden Augen verdrehte und versuchte, den Nebelvorhang zu durchdringen.

„Da ist etwas", sagte Johnnie und zeigte durch einen Nebelschwaden im Nebel, der mit zunehmendem Licht immer dichter zu werden schien, auf ein rundes, bootähnliches Objekt, das plötzlich an Steuerbord von ihnen aufgetaucht war.

Sie ruderten darauf zu; Es war ein Boot, aber leer und von unten nach oben schwimmend. Eine genauere Untersuchung ergab, dass es sich um den Kutter handelte, der, als er voller Frauen und Kinder war, am Schiff befestigt und beim Untergang mitgerissen worden war. Ab einer gewissen Tiefe war der Druck des Wassers zu groß geworden und hatte ihr den Ring im Bug körperlich herausgerissen, so dass sie wieder an die Oberfläche zurückkehrte. Aber das, was in ihr steckte, kehrte nicht zurück – zumindest noch nicht. Noch einmal, in zwei oder drei Tagen, würden sie aus den Tiefen des Wassers auftauchen und mit Augen, die nichts sehen konnten, in den Himmel blicken und dann für immer verschwinden .

Sie wandten sich von diesem schrecklichen und äußerst bewegenden Anblick ab und ruderten langsam durch Unmengen schwimmender Wrackteile – Fässer, Hühnerställe (in einem davon fanden sie zwei ertrunkene Hühner, die sie sicherten) und viele andere Gegenstände, wie Ruder und Korbliegestühle – und begann heftig zu schreien in der Hoffnung, die Aufmerksamkeit der Überlebenden im anderen Boot zu erregen, von dem sie annahmen, dass es nicht weit entfernt sein könnte. Ihre Bemühungen erwiesen sich jedoch aufgrund des dichten Nebels als erfolglos; und in der beträchtlichen See, die floss, war es unmöglich, mehr als etwa zwanzig Meter zu sehen. Auch zwischen dem Wind und dem Rauschen und Aufruhr des Wassers reichte der Klang ihrer Stimmen nicht weit. Der Ozean ist groß, und ein Ruderboot kann man auf seiner zerfurchten Oberfläche leicht aus den Augen verlieren; Daher ist es nicht verwunderlich, dass die beiden Boote, obwohl sie sich im Moment nur eine halbe Meile voneinander entfernt befanden, sich nie trafen und jedes seinen eigenen Kurs einschlug, in der Hoffnung, dem Schicksal des Schiffes zu entgehen. Das Boot, in dem sich Lady Holmhurst und etwa zwanzig weitere Passagiere befanden, nahm zusammen mit dem Zweiten Offizier und einer Besatzung von sechs Männern Kurs auf das Kerguelen-Land, nachdem es das Känguru untergehen sah und einen Überlebenden aufhob, in dem Glauben, dass sie, und zwar sie allein , blieb, um die Geschichte dieses schrecklichen Schiffbruchs zu erzählen. Und hier ist es vielleicht angebracht zu erwähnen, dass sie vor Einbruch der Dunkelheit von einem Robbenwalfänger aufgegriffen wurden, der mit ihnen nach Albany an der Küste Australiens segelte. Von dort aus wurde ein Bericht über die Katastrophe, der, wie der Leser sich erinnern wird, einen tiefen Eindruck hinterließ, nach Hause telegrafiert, und von dort wurden zu gegebener Zeit die verwitwete Lady Holmhurst und die meisten anderen Frauen, die geflohen waren, nach England zurückgebracht.

Um auf unsere Heldin und Mr. Meeson zurückzukommen.

Die Insassen des kleinen Bootes saßen da und sahen einander mit weißen, verängstigten Gesichtern an, bis schließlich der Mann namens Johnnie kam, der übrigens kein Teer mit sehr liebenswürdigem Gesichtsausdruck war, was möglicherweise daran lag Seine Nase war fast flach an die Seite seines Gesichts geschlagen, er fluchte heftig und sagte: „Es hatte keinen Sinn, den ganzen Tag dort zu bleiben . " Daraufhin bemerkte Bill, der ein fröhlicher wirkender Mann war, „dass er, Johnnie, ganz im Recht war, also sollten sie besser das Vorsegel hissen."

An dieser Stelle mischte sich Augusta ein und teilte ihnen mit, dass der Kapitän ihr gerade in dem Moment, als das Schiff zusammenstieß, mitgeteilt hatte, dass er Kerguelen-Land erreichen würde, das nicht mehr als sechzig oder siebzig Meilen entfernt sei. Sie hatten einen Kompass im Boot und wussten, welchen Kurs das Känguru steuerte, als es sank. Ohne weitere Zeit zu verlieren, hissten sie so viele Segel, wie das kleine Boot in der steifen Brise tragen konnte, und liefen vor dem stetigen Westwind fast genau nach Osten. Den ganzen Tag über liefen sie über das neblige Meer, wobei sich das kleine Boot prächtig benahm, ohne irgendein Lebewesen zu sichten, bis schließlich die Nacht wieder hereinbrach. Glücklicherweise befanden sich im Boot eine Tüte Kekse und ein Wasserbrecher; Leider gab es auch eine Portion Rum, von der die beiden Matrosen Bill und Johnnie bereits so viel tranken, wie ihnen gut tat. Folglich mussten sie, obwohl sie durch die Gischt kalt und nass waren, nicht mit den zusätzlichen Schrecken von Hunger und Durst konfrontiert werden. Bei Sonnenuntergang verkürzten sie die Segel deutlich, so dass nur noch genug Segel übrig blieb, um das Boot vor dem Meer zu halten.

Irgendwie ging die lange Nacht vorbei. Augusta schloss kaum die Augen; aber der kleine Dick schlief wie ein Kreisel auf ihrer Brust, geschützt durch ihre Arme und die Decke vor der kalten und durchdringenden Gischt. Auf dem Boden des Bootes lag Mr. Meeson, dem Augusta aus Mitleid mit seinem Zustand – denn er zitterte fürchterlich – die andere Decke gegeben hatte und außer dem wollenen Schal nichts für sich behielt.

Endlich jedoch kam im Osten ein schwaches Leuchten, und das Tageslicht begann sich über der stürmischen See zu brechen. Augusta drehte den Kopf und starrte durch den Nebel.

"Was ist das?" sagte sie mit vor Aufregung zitternder Stimme zu dem Matrosen Bill, der gerade an der Ruderpinne an der Reihe war; und sie zeigte auf eine dunkle Masse, die fast über ihnen aufragte.

Der Mann schaute und schaute dann noch einmal; und rief dann freudig: „Land – Land voraus!"

Up kämpfte Mr. Meeson auf die Knie – seine Beine waren so steif, dass er nicht stehen konnte – und begann wild um sich zu starren.

"Gott sei Dank!" er weinte. "Wo ist es? Ist es Neuseeland? Wenn ich jemals dort ankomme, werde ich dort anhalten. Ich werde nie wieder auf ein Schiff steigen!"

"Neuseeland!" knurrte der Seemann. "Bist du ein Dummkopf? Es ist Kerguelen-Land, das ist es – wo es den ganzen Tag regnet und niemand lebt – nicht einmal ein Nigger. Es reicht jedoch aus, dass Sie hier aufhören; denn ich glaube nicht, dass irgendjemand kommen wird, um dich so schnell abzuholen."

Mr. Meeson brach stöhnend zusammen, und ein paar Minuten später ging die Sonne auf, während der Nebel immer weniger wurde, bis er schließlich fast verschwand und den Bootsinsassen ein großartiges Panorama offenbarte. Denn vor ihnen erstreckten sich eine Reihe schroffer und hoher Gipfel, so weit das Auge reichte, und verschmolzen in der Ferne allmählich mit dem kalten, weißen Schimmer des Schnees. Bill änderte den Kurs des Bootes leicht nach Süden, und als es um eine Landzunge herumsegelte, gelangte es in vergleichsweise ruhiges Wasser. Dann, genau nördlich von ihnen, als sie ins Land liefen, sahen sie die Mündung eines großen Fjords, der auf beiden Seiten von hoch aufragenden Bergbänken begrenzt war, die so steil waren, dass sie fast steil waren, und an dessen hohen Hängen Tausende von Seevögeln kreisten und die Seevögel erweckten hallt mit ihrem Geschrei wider . Sie segelten direkt in diesen wunderschönen Fjord, vorbei an einer Reihe flacher Felsen, auf denen riesige fantastische Monster saßen, von denen die Seeleute sagten, sie seien Seelöwen, entlang der Käferklippenlinie, bis sie zu einer Stelle kamen, an der das Ufer wuchs wucherndes, durchnässtes Gras, das sanft vom Ufer zum steilen, steilen Hintergrund ansteigt. Und hier entdeckten sie zu ihrer großen Freude zwei Hütten, die grob aus alten Schiffsbalken gebaut waren und nur zwanzig Meter voneinander entfernt und etwa fünfzig Schritt vom Ufer entfernt standen.

„Na ja, es gibt jedenfalls ein Haus", sagte der plattnasige Johnnie, „obwohl es nicht so aussieht, als hätte es in letzter Zeit Zinsen und Steuern gezahlt."

„Lasst uns landen und aus diesem schrecklichen Boot aussteigen", sagte Mr. Meeson schwach: ein Vorschlag, den Augusta herzlich genug unterstützte. Dementsprechend wurde das Segel eingeholt, und die beiden Matrosen holten die Ruder heraus und ruderten das Boot in einen kleinen, natürlichen Hafen , der sich am Hauptfluss öffnete, und nach zehn Minuten streckten seine Insassen wieder ihre Beine auf dem Trockenen aus; Das heißt, wenn irgendein Land auf der Insel Kerguelen, dieser Region der ständigen Nässe, als trocken bezeichnet werden könnte.

Ihre erste Aufgabe bestand darin, zu den Hütten hinaufzugehen und sie zu untersuchen, mit einem Ergebnis, das kaum als ermutigend bezeichnet werden konnte. Die Hütten waren vor einigen Jahren gebaut worden – sei es von der Expedition, die 1874 hierher kam, um den Venusdurchgang zu beobachten, oder von ehemaligen Gruppen schiffbrüchiger Seeleute, wie sie nie herausfanden – und befanden sich nun in einem Zustand der Ruine. Auf den Balken und sogar auf dem Boden wuchsen reichlich Moose und Flechten; während große Löcher im Dach die Nässe hereinließen, die in kleinen schleimigen Pfützen darunter lag. Dennoch waren sie trotz all ihrer Nachteile deutlich besser als der offene Strand; eine sehr kurze Erfahrung, die sie in diesem rauen Klima sicherlich getötet hätte; und sie beschlossen glücklicherweise, das Beste daraus zu machen. Dementsprechend wurde die kleinere der beiden Hütten Augusta und dem Jungen Dick überlassen, während Mr. Meeson und die Matrosen die große in Besitz nahmen. Ihre nächste Aufgabe bestand darin, ihre spärlichen Habseligkeiten hochzuräumen (das Boot war zuvor sorgfältig auf den Strand gesetzt worden) und die Hütten zu säubern und sie so bewohnbar wie möglich zu machen, indem sie die Segel des Bootes auf den feuchten Böden spannten und die Löcher darin abdeckten Das Dach, so gut es ging, mit Steinen und Brettstücken vom Boden des Bootes. Das Wetter war glücklicherweise trocken, und alle (mit Ausnahme von Mr. Meeson, der ziemlich erschöpft zu sein schien) arbeiteten eifrig, nicht mit Ausnahme von Meister Dick, der in großer Freude über den Fund hinter Augusta hin und her trottete er selbst auf festem Boden – und gegen Mittag war alles getan, was getan werden konnte. Dann machten sie aus etwas Treibholz ein Feuer – glücklicherweise hatten sie ein paar Streichhölzer – und Augusta kochte die beiden Hühner, die sie aus dem schwimmenden Hühnerstall geholt hatten, so gut es die Umstände zuließen – was übrigens auch der Fall war Tatsächlich ging es ihnen nicht sehr gut – und sie aßen zu Abend, was sie alle dringend brauchten.

Nach dem Abendessen zählten sie ihre Ressourcen ab. An Wasser gab es reichlich, denn nicht weit von den Hütten floss ein Bach in den Fjord hinab. Als Nahrung hatten sie den größten Teil einer Tüte Kekse mit einem Gewicht von etwa hundert Pfund. Außerdem gab es das Fass Rum, das die Männer in ihre eigene Hütte gebracht hatten. Aber das war noch nicht alles, denn es gab jede Menge Schalentiere, wenn sie eine Möglichkeit fanden, sie zu kochen, während die Felsen rundherum mit Hunderten von Pinguinen bedeckt waren, darunter auch Exemplare des großen „Königspinguins", auf den man nur klopfen musste der Kopf. Daher bestand kaum Angst, dass sie verhungern würden, wie es manchmal bei Schiffbrüchigen der Fall ist. Tatsächlich gingen die beiden Matrosen unmittelbar nach dem Abendessen hinaus und kehrten mit so vielen Vogeleiern – hauptsächlich Pinguinen – zurück, wie sie in ihren Hüten tragen konnten. Kaum waren sie jedoch dort angekommen, setzte der für diese Breitengrade vorherrschende Regen ein, und zwar auf die erbarmungsloseste Art und Weise; und bald waren die großen Berge, von denen sie umgeben waren, und die vor ihnen in dichte Schleier aus flauschigem Dampf gehüllt . Stunde um Stunde regnete es ununterbrochen, drang durch ihr elendes Dach und fiel – Tropfen, Tropfen, Tropfen – auf den durchnässten Boden. Augusta saß allein in der kleineren Hütte und tat, was sie konnte, um den kleinen Dick zu unterhalten, indem sie ihm Geschichten erzählte. Niemand weiß, wie schwer es ihr fiel, Geschichten zu erfinden, wenn sie so vom Unglück überwältigt war; Aber es war die einzige Möglichkeit, das arme Kind vom Weinen abzuhalten, da sich das Gefühl von Kälte und Elend in sein kleines Herz drängte. Also erzählte sie ihm von Robinson Crusoe, und dann erzählte sie ihm, dass sie Robinson Crusoe spielten, worauf das Kind sehr vernünftig antwortete, dass ihm das Spiel überhaupt nicht gefalle und er seine Mutter haben wolle.

Und in der Zwischenzeit wurde es von Stunde zu Stunde dunkler, kälter und feuchter, bis schließlich das Licht ausging und ihr nichts mehr übrig blieb, als dem stöhnenden Wind, dem fallenden Regen und den wilden Schreien der Seevögel, wenn etwas geschah störte sie aus ihrer Ruhe. Endlich schlief das Kind, eingewickelt in eine Decke und eines der kleineren Segel; und

Augusta, die sich von der Einsamkeit und dem Druck schwerer Gedanken ziemlich erschöpft fühlte, begann zu glauben, das Beste, was sie tun könnte, wäre, seinem Beispiel zu folgen, als es plötzlich an den Brettern klopfte, die als Tür dienten das Shanty.

"Wer ist es?" sie weinte erschrocken.

„Ich – Mr. Meeson", antwortete eine Stimme. "Kann ich reinkommen?"

"Ja; wenn Sie so wollen", sagte Augusta scharf, obwohl sie sich in ihrem Herzen wirklich freute, ihn zu sehen, oder vielmehr, ihn zu hören, denn es war zu dunkel, um etwas zu sehen. Es ist wunderbar, wie wir unter dem Druck einer großen Katastrophe unsere Streitereien und unsere Bosheiten vergessen und bereit sind, uns auf die Aussicht auf die menschliche Begleitung unseres tödlichsten Feindes einzulassen. Und „die Moral davon ist", wie die Weiße Königin sagt, dass wir uns, da wir Tag und Nacht mit der letzten schrecklichen Katastrophe – dem Tod – konfrontiert sind, unser ganzes Leben lang so verhalten sollten, als würden wir den gegenwärtigen Schatten seiner Hand sehen . Aber das wird auf der Welt niemals passieren, solange die menschliche Natur noch die menschliche Natur ist – und wann wird daraus etwas anderes?

„Schließen Sie die Tür wieder auf", sagte Augusta, als sie aus einem etwas raueren Luftzug als sonst erschloss, dass sich ihr Besucher in der Hütte befand.

Mr. Meeson gehorchte und stöhnte hörbar. „Diese beiden Kerle betrinken sich", sagte er, „und schlucken literweise Rum herunter." Ich bin gekommen, weil ich nicht länger bei ihnen bleiben konnte – und ich bin so krank, Miss Smithers, so krank! Ich glaube, dass ich sterben werde. Manchmal kommt es mir so vor, als ob das ganze Mark in meinen Knochen aus Eis wäre, und – und – manchmal auch so, als würde jemand einen glühenden Draht hineinschieben. Kannst du nichts für mich tun?"

„Ich sehe nicht, was ich tun soll", antwortete Augusta sanft, denn das Elend des Mannes berührte sie trotz ihrer Abneigung gegen ihn. „Du solltest dich besser hinlegen und versuchen einzuschlafen."

"Schlafen!" er stöhnte; „Wie kann ich schlafen? Meine Decke ist durchnässt und meine Kleidung ist feucht", und er brach regelrecht zusammen und begann zu stöhnen und zu schluchzen.

„Versuchen Sie, schlafen zu gehen", drängte Augusta erneut.

Er gab keine Antwort, wurde aber nach und nach ruhiger, vielleicht überwältigt von der feierlichen Präsenz der Dunkelheit. Augusta legte ihren Kopf gegen die Kekstüte und versank schließlich in glückseliges Vergessen; Denn für die Jugend ist der Schlaf ein ständiger Freund. Ein- oder zweimal wachte sie auf, aber nur, um wieder einzuschlafen; und als sie endlich die Augen öffnete, war es ganz hell und der Regen hatte aufgehört.

Ihre erste Sorge galt dem kleinen Dick, der die ganze Nacht tief und fest geschlafen hatte und dem es anscheinend nicht schlechter ging. Sie führte ihn aus der Hütte, wusch sein Gesicht und seine Hände im Bach und setzte ihn dann zu einem Frühstück mit Keksen hin. Als sie zurückkam, traf sie die beiden Matrosen, die, obwohl sie inzwischen einigermaßen nüchtern waren, die Spuren einer schrecklichen Ausschweifung auf ihren Gesichtern trugen. Offensichtlich hatten sie viel getrunken. Sie richtete sich auf und sah sie an, und sie schlichen schweigend an ihr vorbei.

Dann kehrte sie zur Hütte zurück. Mr. Meeson saß aufrecht, als sie eintrat, und das helle Licht der offenen Tür fiel direkt auf sein Gesicht. Sein Aussehen schockierte sie ziemlich. Die dicken Wangen waren eingefallen, um seine hohlen Augen waren große violette Ringe, und sein ganzes Aussehen erinnerte an einen Mann im letzten Krankheitsstadium.

„Ich hatte so eine Nacht", sagte er, „Oh, Himmel! solch eine Nacht! Ich glaube nicht, dass ich noch einmal durchleben werde."

"Unsinn!" sagte Augusta, „iss etwas Keks und es wird dir besser gehen."

Er nahm ein Stück Keks, das sie ihm gegeben hatte, und versuchte, es zu schlucken, aber es gelang ihm nicht.

„Es hat keinen Zweck", sagte er; „Ich bin ein sterbender Mann. Das Sitzen in diesen nassen Klamotten im Boot hat mich fertig gemacht."

Und als Augusta sein Gesicht betrachtete, konnte sie nicht umhin, ihm zu glauben.

KAPITEL IX.
AUGUSTA ZUR RETTUNG.

Nach dem Frühstück – das heißt, nachdem Augusta etwas Keks und einen Flügel gegessen hatte, der von den Hühnern übriggeblieben war, die sie am Vortag zubereitet hatte – machten sich Bill und Johnnie, die beiden Matrosen, auf ihren Vorschlag hin an die Arbeit, um eine zuzubereiten Sie legten ein langes Stück Treibholz auf eine Felsspitze und befestigten es an einer Flagge, die sie zufällig im Stauraum des Bootes fanden. Es bestand kaum eine Chance, dass irgendjemand es in dieser nebligen Atmosphäre sah, selbst wenn jemand dorthin käme, um es zu sehen, wofür die Chance noch geringer war; Dennoch taten sie es als eine Art Pflicht. Als diese Aufgabe erledigt war, war es schon Mittag, und überraschenderweise wehte kaum Wind und die Sonne schien hell. Als Augusta zu den Hütten zurückkehrte, holte sie die Decken zum Trocknen heraus und beauftragte die beiden Matrosen, einige der Eier zu braten, die sie am Vortag gefunden hatten. Dies taten sie bereitwillig, denn sie waren jetzt ganz nüchtern und schämten sich sehr. Dann, nachdem sie Dick noch etwas Keks und vier gebratene Eier gegeben hatte, die er wunderbar annahm, ging sie zu Mr. Meeson, der stöhnend in der Hütte lag, und überredete ihn, zu kommen und sich in die Wärme zu setzen.

Zu diesem Zeitpunkt war der Zustand des elenden Mannes bedauernswert, denn obwohl seine Kraft noch intakt war, war er überzeugt, dass er sterben würde, und konnte nichts außer etwas Rum und Wasser anfassen.

„Miss Smithers", sagte er, während er zitternd auf den Felsen saß, „ich werde an diesem schrecklichen Ort sterben, und ich bin nicht dazu in der Lage zu sterben!" An mich zu denken", fuhr er mit einem plötzlichen Ausbruch seines alten Feuers fort, „an mich zu denken, wie ich wie ein ausgehungerter Hund in der Kälte sterbe, während ich zwei Millionen Geld habe, die darauf warten, dort in England ausgegeben zu werden! Und ich würde sie alle – ja, jeden Heller – dafür geben, wieder sicher zu Hause zu sein! Von Jove! Ich würde mit jedem armen Teufel von einem Schriftsteller in den Hutches den Platz tauschen! Ja, ich würde als Autor zwanzig Pfund im Monat verbrauchen! – das wird Ihnen eine Vorstellung von meinem Zustand geben, Miss Smithers! Zu glauben, dass ich jemals leben würde, um zu sagen, dass ich gerne ein bettelnder Autor sein würde, der nicht tausend im Jahr verdienen könnte, wenn er schreiben würde, bis ihm die Finger abfielen ! – Oh! Oh!" und er schluchzte regelrecht über den Schrecken und die Erniedrigung dieses Gedankens.

Augusta schaute den armen Kerl an und dachte dann an das stolze Geschöpf, das sie gekannt hatte, das furchtbar durch die unterwürfigen Reihen der

Angestellten tobte und Trostlosigkeit über die Hutches und die vielköpfige Redaktion brachte. Sie schaute hin und war erfüllt von Überlegungen über die Veränderlichkeit menschlicher Angelegenheiten.

Ach! Wie hat sich dieser Meeson verändert!

„Ja“, fuhr er fort und erholte sich ein wenig, „ich werde an diesem schrecklichen Ort sterben, und mein ganzes Geld wird mir nicht einmal eine anständige Beerdigung ermöglichen.“ Addison und Roscoe werden es bekommen – sie werden verwirren! – , als hätten sie nicht schon genug bekommen. Es macht mich wütend, wenn ich daran denke, dass diese Addison-Mädchen mein Geld ausgeben oder Peers bestechen, um sie damit zu heiraten, oder so etwas in der Art. Ich enterbte meinen eigenen Neffen Eustace und warf ihn raus, um zu sinken oder zu schwimmen; und jetzt kann ich es nicht mehr rückgängig machen, und ich würde alles dafür geben, es zu ändern! Wir haben uns um Sie gestritten , Miss Smithers, weil ich Ihnen für Ihr Buch kein Geld mehr geben wollte. Ich wünschte, ich hätte es dir gegeben – alles, was du wolltest. Ich habe dich nicht gut behandelt; Aber, Miss Smithers, ein Schnäppchen ist ein Schnäppchen. Aus Prinzip hätte es niemals genützt, nachzugeben. Das müssen Sie verstehen, Miss Smithers. Räche dich deswegen nicht an mir, jetzt, wo ich hilflos bin, denn es war, wie du siehst, eine Grundsatzfrage.“

„Ich habe nicht die Angewohnheit, mich zu rächen, Mr. Meeson“, antwortete Augusta würdevoll; „Aber ich denke, dass Sie eine sehr böse Tat begangen haben, indem Sie Ihren Neffen auf diese Weise enterbt haben, und ich wundere mich nicht, dass Sie sich dabei unwohl fühlen.“

Die Äußerung dieser energischen Meinung belastete Mr. Meesons Gewissen nur noch mehr, und er brach in Klagen und Bedauern aus.

„Nun“, sagte Augusta schließlich, „wenn Ihnen Ihr Testament nicht gefällt , ändern Sie es besser. Wir sind hier genug, um ein Testament zu bezeugen, und wenn Ihnen etwas zustößt, wird es das andere außer Kraft setzen – nicht wahr?“

Das war eine neue Idee, und der Sterbende stürzte sich darauf.

„Natürlich, natürlich“, sagte er; „Daran habe ich noch nie gedacht. Ich werde es sofort tun und Addison und Roscoe ganz weglassen. Eustace soll jeden Heller haben. Daran habe ich noch nie gedacht. Komm, gib mir deine Hand; Ich werde aufstehen und nachsehen.“

„Halten Sie einen Moment inne“, sagte Augusta. „Wie schreibt man ein Testament ohne Kugelschreiber, Bleistift, Papier und Tinte?“

Mr. Meeson sank stöhnend zurück. Diese Schwierigkeit war ihm nicht in den Sinn gekommen.

„Sind Sie sicher, dass niemand einen Bleistift und ein Stück Papier hat?" er hat gefragt. „Es würde reichen, solange die Schrift lesbar blieb."

„Das glaube ich nicht", sagte Augusta, „aber ich werde nachfragen." Dementsprechend ging sie zu Bill und Johnnie und fragte sie: Aber keiner von ihnen hatte einen Bleistift oder ein einziges Stück Papier, und sie kehrte traurig zurück, um die Neuigkeit mitzuteilen.

„Ich habe es, ich habe es", sagte Mr. Meeson, als sie sich der Stelle näherte, an der er auf dem Felsen lag. „Wenn es kein Papier oder Stift gibt, müssen wir es mit Blut auf etwas Leinen schreiben. Aus den Federn eines Vogels können wir einen Stift herstellen. Ich habe irgendwo in einem Buch von jemandem gelesen, der das getan hat. Es wird genauso gut funktionieren wie alles andere."

Das war tatsächlich eine Idee, und eine, die Augusta sofort aufgegriffen hat. Doch im nächsten Moment bekam ihre Begeisterung einen Dämpfer. Wo gab es Leinen zum Schreiben?

„Ja", sagte sie, „wenn Sie etwas Wäsche finden können. Du hast ein Flanellhemd an, die beiden Matrosen auch, und der kleine Dick ist auch in Flanell gekleidet."

Es war eine Tatsache. Zufälligerweise hatte keiner von der Gruppe auch nur ein Stück Leinen oder irgendetwas anderes bei sich, das diesem Zweck entsprochen hätte. Tatsächlich hatten sie nur ein Taschentuch zwischen sich, und es war ein roter, löchriger Lappen. Augusta hatte eines gehabt, aber es war über Bord geflogen, als sie im Boot waren. Was hätten sie jetzt nicht für dieses Taschentuch gegeben!

„Ja", sagte Herr Meeson, „anscheinend haben wir keine." Ich habe nicht einmal eine Banknote bekommen , sonst hätte ich vielleicht mit Blut darauf geschrieben; obwohl ich hundert Sovereigns in Gold habe – ich habe sie mir geschnappt, bevor ich aus der Hütte geflohen bin. Aber ich sage – entschuldigen Sie, Miss Smithers, aber – ähm – ah – oh! Hängen Sie die Bescheidenheit auf – haben Sie nicht irgendwo etwas Wäsche an, von der Sie etwas übrig haben könnten? Du wirst nicht verlieren, wenn du es mir gibst. Dort verspreche ich, dass ich die Vereinbarung zerreißen werde, wenn ich jemals aus dieser Sache herauskomme – was ich nicht tun werde – was ich nicht tun werde – und ich werde auf das Leinen schreiben, dass sie zerrissen werden soll. Ja, und dass Sie auch ein Erbe von fünftausend Pfund haben sollen, Miss Smithers. Sicherlich können Sie mir ein bisschen etwas ersparen – direkt unter dem Rock oder irgendwo anders, wissen Sie, Miss Smithers? Man wird es nie verpassen, und es ist so *wichtig* ."

Augusta errötete, und das war kein Wunder. „Es tut mir leid, sagen zu müssen, dass ich nichts dergleichen an mir habe, Mr. Meeson – nichts außer

Flanell", sagte sie. „Ich bin mitten in der Nacht vor der Kollision aufgestanden, und es gab kein Licht in der Kabine, und ich habe alles angezogen, was zuerst kam, mit der Absicht, zurückzukommen und mich danach anzuziehen, wenn es hell wurde."

„Bleibt!" sagte Mr. Meeson verzweifelt. „Verzeihen Sie, dass ich sie erwähne, aber Sie haben doch sicher Ihre Korsetts angezogen? Man könnte darauf schreiben, wissen Sie."

„Es tut mir sehr leid, Mr. Meeson", antwortete sie, „aber ich habe keine angezogen."

„Keine Manschette oder ein Kragen?" sagte er und schöpfte den letzten Hoffnungsschimmer aus.

Augusta schüttelte traurig den Kopf.

„Dann ist Schluss!" stöhnte Mr. Meeson. „Eustace muss das Geld verlieren. Armer Junge! armer Junge! Ich habe mich ihm gegenüber sehr schlecht benommen."

Augusta stand still und zerbrach sich den Kopf nach einem Ausweg, denn sie war fest entschlossen, dass Eustace Meeson die Chance auf dieses kolossale Vermögen nicht verpassen sollte, wenn sie es verhindern konnte. Es war bestenfalls eine schlechte Chance, denn Mr. Meeson würde vielleicht doch nicht sterben. Und wenn er tatsächlich starb, war es wahrscheinlich, dass sein Schicksal auch ihr Schicksal sein würde, und es würden keine Aufzeichnungen von ihnen oder Mr. Meesons testamentarischen Wünschen übrig bleiben. So wie die Dinge derzeit aussahen, bestand die Gefahr, dass sie alle an diesem trostlosen Ufer kläglich umkamen.

In diesem Moment kam der Seemann Bill vorbei, der bis zum Flaggenmast auf dem Felsen gestanden hatte, um ein vorbeifahrendes Schiff zu erspähen. Die Ärmel seines Flanellhemds waren bis zu den Ellbogen seiner kräftigen Arme hochgekrempelt, und als er stehen blieb, um mit Augusta zu sprechen, bemerkte sie etwas, das sie zusammenschrecken ließ, und brachte sie auf eine Idee.

„Da ist nichts zu sehen", sagte der Mann grob; „Und ich glaube, dass es weder das eine noch das andere geben wird. Hier sind wir und hier bleiben wir stehen, bis wir sterben und verrotten."

„Ah, das hoffe ich nicht", sagte Augusta. „Übrigens, Mr. Bill, erlauben Sie mir, mir das Tattoo auf Ihrem Arm anzusehen?"

„Sicherlich, Miss", sagte Bill eifrig und hielt seinen großen Arm nur einen Zentimeter von ihrer Nase entfernt. Es war mit verschiedenen Tätowierungen bedeckt: Flaggen, Schiffe und was nicht, und in der Mitte stand in kleinen Buchstaben an der Seite des Unterarms der Name des Seemanns – Bill Jones.

„Wer hat es getan, Mr. Bill?" fragte Augusta.

"Wer war es? Warum ich es selbst gemacht habe. Ein Kerl hat mit mir gewettet, dass ich meinen eigenen Namen nicht auf meinen Arm tätowieren könnte, also habe ich es ihm gezeigt; Und ich hätte eine schlechte Hand im Tätowieren, wenn ich es nicht könnte."

Augusta sagte nichts mehr, bis Bill gesprochen hatte, dann sprach sie.

„Sehen Sie, Herr Meeson, wie Sie Ihr Testament verfassen können?" sagte sie leise.

"Sehen? NEIN." er antwortete: „Das tue ich nicht."

„Nun ja, das tue ich: Sie können es tätowieren – oder besser gesagt, lassen Sie es den Matrosen tätowieren. Es muss nicht sehr lange dauern."

„Tätowiere es! Worauf und womit?" fragte er erstaunt.

„Du kannst es dem anderen Matrosen, Johnnie, auf den Rücken tätowieren lassen, wenn er es dir erlaubt; und was das Material angeht, Sie haben einige Revolverpatronen; wenn man das Schießpulver mit Wasser vermischt, würde es meiner Meinung nach genügen."

„ Mein Wort", sagte Herr Meeson, „Sie sind eine wundervolle Frau!" Wer außer einer Frau hätte auf so etwas gedacht? Geh und frag den Mann Johnnie, da ist ein braves Mädchen, ob es ihm etwas ausmachen würde, wenn mein Testament auf seinen Rücken tätowiert würde."

„Nun", sagte Augusta; „Es ist eine seltsame Art von Botschaft; aber ich werde es versuchen." Deshalb nahm sie den kleinen Dick bei der Hand, ging zu den beiden Matrosen, die vor ihrer Hütte saßen, und fragte mit ihrem süßesten Lächeln zunächst Mr. Bill, ob es ihm etwas ausmachen würde, ihr ein wenig tätowieren zu lassen. Mr. Bill, dem die Zeit schwerfiel und der der Versuchung des Rumfasses entgehen wollte, stimmte dieser Aussage gnädig zu und sagte, er habe einige scharfe Fischgräten herumliegen gesehen, die genau das Richtige wären , obwohl er bei der Idee, Schießpulver als Medium zu verwenden, den Kopf schüttelte. Er sagte, es würde überhaupt nicht gut gehen, und machte sich dann, als wäre er plötzlich von einer Eingebung gepackt, auf den Weg zum Ufer.

Dann näherte sich Augusta, so sanft und freundlich sie konnte, der Frage mit Johnnie, der mit dem Rücken an der Hütte saß und dessen zerschlagenes Gesicht einen besonders ungünstigen Ausdruck zeigte, wahrscheinlich aufgrund der Tatsache, dass er unter starken Schmerzen litt in seinem Kopf, als Folge der Ausschweifungen der vergangenen Nacht.

Langsam und mit großer Mühe, denn sein Verständnis war nicht besonders klar, erklärte sie ihm, was erforderlich war; und dass vorgeschlagen wurde, dass er das notwendige *Corpus vile bereitstellen sollte* , auf dessen Grundlage das Experiment durchgeführt werden sollte. Als er schließlich verstand, was von ihm verlangt wurde, war Johnnies Gesichtsausdruck ein Augenschmaus, und seine Sprache war eher auffällig als korrekt. Das Ergebnis war jedoch, dass er Mr. Meeson als Ganzes und die verschiedenen Mitglieder von Mr. Meeson einzeln, insbesondere seine Augen, zuerst irgendwo sehen würde.

Augusta zog sich zurück, bis sein Zorn erschöpft war, und kehrte dann erneut zum Angriff zurück.

Sie sei sich sicher, sagte sie, dass es Mr. Johnnie nichts ausmachen würde, Zeuge des Dokuments zu werden, wenn sich noch jemand finden ließe, der sich den Schmerzen des Tätowierens unterziehen würde. Alles, was nötig wäre, wäre, dass er die Hand des Testamentsvollstreckers berührte, während sein (Johnnies) Name als Zeuge des Testaments tätowiert wurde. „Nun", sagte er, „ich weiß nicht wie, denn es macht mir etwas aus, das zu tun, da Sie es sind, wie Sie mich gefragt haben, Miss, und nicht die verdammten alten Brocken von Meeson. Ich würde keinen Finger rühren, um ihn vor dieser verdammten Miss zu retten, und das ist eine Tatsache!"

„Dann ist das ein Versprechen, Mr. Johnnie?" sagte Augusta und ignorierte liebevoll die Verzierung, mit der das Versprechen geschmückt war; und als Mr. Johnnie erklärte, dass er die Sache in diesem Licht betrachtete, wandte sie sich wieder an Mr. Meeson. Auf ihrem Weg begegnete sie Bill, der in seinen Händen einen abscheulich aussehenden Fisch trug, mit langen Fühlern und einem Kopf wie ein Papagei, kurz gesagt, ein Tintenfisch.

„Jetzt haben Sie Glück, Fräulein", sagte Bill jubelnd; „Ich habe diesen Herrn heute Morgen dort am Strand liegen sehen. Er ist ein Tintenfisch, das ist er; und ich werde seinen Tintenbeutel unter ständigem Schütteln aus ihm herausholen; Genau das Richtige zum Tätowieren, Miss, so gut wie die beste Tusche – Schießpulver ist ein Idiot dafür."

Zu diesem Zeitpunkt hatten sie Mr. Meeson erreicht, und hier wurde Bill die ganze Angelegenheit erklärt, einschließlich Johnnies hartnäckiger Weigerung, sich tätowieren zu lassen.

„Nun", sagte Augusta schließlich, „es scheint, dass das das Einzige ist, was man tun kann; aber die Frage ist, wie macht man das? Ich kann nur vorschlagen, Herr Meeson, dass das Testament auf Sie tätowiert werden sollte."

"Oh!" sagte Mr. Meeson schwach, „auf mich! Ich bin tätowiert wie ein Wilder – tätowiert mit meinem eigenen Willen!"

„Es würde auch nicht viel nützen, Gouverneur, Sie um Verzeihung zu bitten", sagte Bill, „das heißt, wenn Sie krächzen wollen , wie Sie sagen; Denn wo wäre dann der Wille? Vielleicht häuten wir dich mit einem scharfen Stein, nachdem du den Trick gemacht hast, weißt du", fügte er nachdenklich hinzu. „Aber wir haben ja kein Salz, also bezweifle ich, dass du es behalten würdest; und wenn wir Ihr Fell in die Sonne legen würden, würde die Schrift meiner Meinung nach so schrumpfen, dass alle Gerichte in London nicht mehr damit klarkommen könnten."

Mr. Meeson stöhnte laut, so gut er konnte. Diese offenen Bemerkungen wären für jeden Menschen anstrengend gewesen; umso mehr galten sie für diesen wohlhabenden Handelsprinzen, der immer den höchsten Wert auf das gelegt hatte, was Bill grob sein „Haut" nannte.

„Da ist das Kind", fuhr Bill nachdenklich fort. „Er ist jung und weiß, und ich denke, seine obere Kruste würde wunderbar leicht funktionieren; aber du müsstest ihn festhalten, denn ich erwarte, dass er richtig schreien würde."

„Ja", sagte Herr Meeson; „Lass das Testament auf das Kind tätowieren. Auf diese Weise wäre er von Nutzen."

„Ja", sagte Bill; „Und es würde auf jeden Fall noch etwas übrig bleiben, das mich an eine sehr seltsame Zeit erinnert, vorausgesetzt, er lebt, um aus dieser Zeit herauszukommen, was zweifelhaft ist. Tintenfischtinte lässt sich nicht ausradieren, das garantiere ich."

„Ich werde nicht zulassen, dass Dick angefasst wird", sagte Augusta empört. „Es würde das Kind in Angstanfälle versetzen; und außerdem hat niemand das Recht, ihn auf diese Weise lebenslang zu zeichnen."

„Nun, dann ist die Frage damit so gut wie erledigt", sagte Bill; „Und das Geld dieses Herrn muss dorthin fließen, wohin er es nicht will."

„Nein", sagte Augusta und errötete plötzlich, „das gibt es nicht. Mr. Eustace Meeson war einst sehr freundlich zu mir, und anstatt die Chance zu verpassen, das zu bekommen, was er haben sollte, werde ich – ich werde mich tätowieren lassen."

„Nun, hau mich ab!" sagte Bill voller Begeisterung: „Mach mich fertig! wenn Sie für eine weibliche Frau nicht besonders begabt sind; Und wenn ich dieser junge Mann wäre , würde ich es wagen, es dir zu sagen."

„Ja", sagte Herr Meeson, „das ist eine ausgezeichnete Idee." Du bist jung und stark, und da es hier viel zu essen gibt, wage ich zu behaupten, dass es lange dauern wird, bis du stirbst. Vielleicht leben Sie sogar noch ein paar Monate. Fangen wir gleich an. Ich fühle mich furchtbar schwach. Ich glaube nicht, dass ich die Nacht überleben kann, und wenn ich weiß, dass ich alles getan habe, was ich konnte, um sicherzustellen, dass Eustace sein eigenes Kind bekommt, fällt mir das Sterben vielleicht etwas leichter!"

KAPITEL X.
DER LETZTE VON MR. MEESON.

Augusta wandte sich mit einer Geste der Ungeduld, nicht ohne Abscheu, von dem alten Mann ab. Sein Egoismus war von einer Art, die sie empörte.

„Ich nehme an", sagte sie scharf zu Bill, „dass ich mir dieses Testament auf die Schultern tätowieren lassen muss ."

"Ja Frau; das ist es", sagte Bill. „Sehen Sie, Miss, man braucht Platz für eine Doccymint ..." Wenn es jetzt ein Schiff oder eine Flagge oder ein schickes Bild Ihres jungen Mannes wäre, könnte ich es vielleicht auf Ihrem Arm hinbekommen, aber es muss Platz für eine juristische Doccymint sein , vor allem, weil ich das gut machen möchte es, während ich dabei bin. Ich möchte nicht, dass einer dieser Toten die Nase rümpft, weil er Bill Jones tätowiert hat."

„Sehr gut", sagte Augusta mit einem inneren Verfall des Herzens; „Ich werde gehen und mich fertig machen."

Dementsprechend begab sie sich in die Hütte, zog den Körper ihres Kleides aus und schlug das Flanellgewand darunter so weit herunter, dass so viel von ihrem Hals frei blieb, wie man sehen kann, wenn eine Dame ein mäßig tiefes Kleid trägt. Dann kam sie wieder heraus, bekleidet oder besser gesagt unbekleidet, zum Opfer. In der Zwischenzeit hatte Bill den Tintenbeutel des Tintenfischs hervorgeholt, ein kleines rundes Holzstück vorbereitet, das er wie einen Bleistift anspitzte, indem er es an einem Stein rieb, und eine scharfe Kante an eine lange weiße Fischgräte angebracht, die er hatte ausgewählt.

„Jetzt bin ich bereit, Mr. Bill", sagte Augusta, setzte sich entschlossen auf einen flachen Stein und biss die Zähne zusammen.

„Mein Wort, Miss; aber du hast ein schönes Paar Schultern!" sagte der Seemann und betrachtete die weiße Fläche mit dem Auge eines Künstlers. „Ich hatte noch nie zuvor so viel Material, an dem ich arbeiten konnte. Hängen Sie mich, wenn es nicht fast schade ist, sie zu markieren ! Nicht, was für ein erstklassiges Tattoo für irgendjemanden von Bedeutung ist , von der Prinzessin abwärts; Und darin haben Sie Glück , Fräulein, denn ich habe das Tätowieren nicht von ihnen gelernt , wie man es tätowieren *kann* , das habe ich ich."

Augusta biss sich auf die Lippe und Tränen traten ihr in die Augen. Sie war nur eine Frau und hatte die kleine Schwäche einer Frau; und obwohl sie noch nie in ihrem Leben in einem niedrigen Kleid aufgetreten war, wusste sie, dass ihr Hals eine ihrer größten Schönheiten war, und war stolz darauf. Es war kaum vorstellbar, dass sie ihr ganzes Leben lang von diesem lächerlichen

Willen geprägt sein würde – das heißt, wenn sie entkommen würde – und noch dazu zum Wohle eines jungen Mannes, der überhaupt keinen Anspruch auf sie hatte.

Das sagte sie sich; Aber als sie es sagte, sagte ihr etwas in ihr, dass es nicht wahr war. Etwas sagte ihr, dass dieser junge Mr. Eustace Meeson einen Anspruch auf sie *hatte* – den höchsten Anspruch, den ein Mann auf eine Frau haben konnte, denn die Wahrheit musste ans Licht kommen – sie liebte ihn. Es schien ihr hier an diesem schrecklichen, trostlosen Ort, hier im Schatten eines schrecklichen Todes, ganz klar bewusst geworden zu sein, dass sie ihn wirklich und innig liebte. Und deshalb wäre sie nicht das gewesen, was sie war – eine sanftmütige, hingebungsvolle Frau –, wenn sie sich nicht in ihrem Herzen über diese Gelegenheit zur Selbstaufopferung gefreut hätte, auch wenn diese Selbstaufopferung angesichts dessen die schwierigste war Es ging um das, was alle Frauen hassen: das Aushalten einer lächerlichen Position. Denn Liebe kann alles: Sie kann ihre Anhänger sogar lächerlich machen.

„Mach weiter", sagte sie scharf, „und lass es uns so schnell wie möglich hinter uns bringen."

„Sehr gut, Fräulein. Was soll das sein, alter Herr? Machen Sie es kurz, wissen Sie."

„„ *Ich überlasse mein gesamtes Eigentum Eustace H. Meeson* ', das ist so kurz, wie ich es bekommen kann; und wenn es richtig bezeugt wird, denke ich, dass es alles abdecken wird", sagte Mr. Meeson mit einer schwachen Triumphmiene. „Jedenfalls habe ich noch nie davon gehört, dass ein Testament, das etwa zwei Millionen umfassen soll, in neun Wörter gefasst wurde."

Bill richtete seine Fischgräte auf, und im nächsten Moment zuckte Augusta zusammen und schrie leicht auf, denn die Operation hatte begonnen.

„Macht nichts, Miss", sagte Bill tröstend; „Du wirst dich bald daran gewöhnen."

Danach biss Augusta die Zähne zusammen und ertrug es schweigend, obwohl es ihr wirklich sehr weh tat, denn Bill achtete mehr auf die künstlerische Wirkung und die Beständigkeit des Werkes als auf die Gefühle des Subjekts. *Fiat experimentum in corpore vili* hätte er gesagt, wenn er mit den Klassikern vertraut gewesen wäre, ohne viel Rücksicht auf das *Corpus vile zu nehmen* . Also stocherte und grub er mit seiner Fischgräte, die er ständig in die Tintenfischtinte tauchte, und mit dem scharfen Stück Holz, bis Augusta völlig ohnmächtig wurde.

Drei Stunden lang ging die Arbeit weiter, und am Ende dieser Zeit war der Text des Testaments fertig – denn Bill arbeitete schnell – und wurde in mittelgroßen Buchstaben direkt auf ihre Schultern geschrieben. Aber die Unterschriften mussten noch angebracht werden.

Bill fragte sie, ob sie sie bis morgen stehen lassen möchte ? – aber das lehnte sie ab, obwohl sie sich vor Schmerzen unwohl fühlte. Sie war jetzt gezeichnet, gezeichnet mit dem unauslöschlichen Zeichen von Bill, also könnte sie genauso gut zu einem bestimmten Zweck gezeichnet werden. Wenn sie die Unterzeichnung des Dokuments auf morgen verschob, könnte es zu spät sein, Mr. Meeson könnte tot sein, Johnnie hätte es sich anders überlegt oder hundert Dinge. Also sagte sie ihnen, sie sollten weitermachen und es so schnell wie möglich fertigstellen, da es nur noch etwa zwei Stunden Tageslicht gäbe.

Glücklicherweise war Herr Meeson mehr oder weniger mit den Formalitäten vertraut, die bei der Ausführung eines Testaments erforderlich sind, nämlich dass der Erblasser und die beiden Zeugen alle in Anwesenheit des anderen unterzeichnen sollten. Er wusste auch , dass es ausreichte, wenn im Krankheitsfall eine dritte Person den Stift zwischen den Fingern des Erblassers hielt und ihm beim Schreiben seines Namens behilflich war, oder auch wenn jemand in seiner Gegenwart und auf seine Anweisung hin für den Erblasser unterschrieb; und aufgrund dieser Erkenntnisse gelangte er zu dem Schluss – der später im großen Fall Meeson *v.* Addison and Another gerechtfertigt wurde –, dass es ausreichen würde, wenn er den ersten Stich seiner Unterschrift ausführte und dann seine Hand auf Bills Hand ließ der Rest war erledigt. Dies tat er dementsprechend, indem er unbeholfen die Spitze des scharfen Knochens so tief in die unglückliche Augusta bohrte, dass sie geradezu laut aufschrie, und dann seine Hand auf dem Arm des Seemanns behielt, während er den Rest der Unterschrift arbeitete: „ *J. Meeson* . " " Als es fertig war, kam Johnnie an die Reihe. Johnnie hatte schließlich ein gewisses Interesse an dem, was vor sich ging, geweckt und war die ganze Zeit dabeigestanden, als Mr. Meeson seinen Finger auf Augustas Schulter gelegt und die darauf geschriebene Schrift feierlich zu seinem letzten Willen und Testament erklärt hatte. Da er (Johnnie) nicht tätowieren konnte, wurde mit Bezug auf seine Unterschrift der gleiche Prozess durchgeführt wie im Fall von Mr. Meeson. Dann unterschrieb Bill Jones mit seinem eigenen Namen als zweiter Zeuge des Testaments; und gerade als das Licht vom Himmel verschwand, wurde das Dokument schließlich ausgeführt – das Datum der Hinrichtung wurde lediglich weggelassen. Augusta stand von dem flachen Stein auf, auf dem sie etwa fünf Stunden lang während dieser Folter gesessen hatte, taumelte in die Hütte, warf sich auf das Segel und fiel völlig in Ohnmacht. Tatsächlich hatte sie sich schon lange zuvor nur durch eine sehr starke Willensanstrengung davor bewahrt, in Ohnmacht zu fallen.

Das nächste, was sie wahrnahm, war ein schreckliches Brennen in ihrem Rücken, und als sie die Augen öffnete, stellte sie fest, dass es in der Hütte ziemlich dunkel war. Sie war jedoch so müde, dass sie, nachdem sie ihre Hand ausgestreckt hatte, um sich zu vergewissern, dass Dick an ihrer Seite sicher war, die Augen wieder schloss und fest einschlief. Als sie aufwachte, kroch das Tageslicht in die feuchte und schmutzige Hütte und enthüllte die schwere Gestalt von Mr. Meeson, der sich auf der anderen Seite in unruhigem Schlaf hin und her wälzte . Sie stand auf und fühlte sich fürchterlich wund im Rücken; Und als sie das Kind weckte, führte sie es zum Bach und wusch es und sich selbst, so gut sie konnte. Es war sehr kalt draußen; So kalt, dass das Kind weinte, und die Regenwolken zogen schnell auf, also eilte sie zurück zur Hütte und machte sich zusammen mit Dick ihr Frühstück aus etwas Keks und einigen gebratenen Pinguineiern, die gar nicht schlecht waren. Sie war tatsächlich ziemlich schwach vor Hunger, da sie viele Stunden lang nichts gegessen hatte, und fühlte sich danach verhältnismäßig besser.

Dann drehte sie sich um, um den Zustand von Mr. Meeson zu untersuchen. Das Testament war nicht allzu früh ausgeführt worden, denn es war ihr klar, dass es ihm tatsächlich sehr schlecht ging. Sein Gesicht war eingefallen und hektisch vom Fieber, seine Zähne klapperten und seine Gespräche waren, obwohl er jetzt wach war, ziemlich zusammenhangslos. Sie versuchte, ihn dazu zu bringen, etwas zu essen; aber er würde nichts außer Wasser schlucken. Nachdem sie alles für ihn getan hatte, ging sie hinaus, um die Matrosen zu sehen, und traf sie, als sie vom Fahnenmast herabstiegen. Offensichtlich waren sie, wenn auch nicht besonders häufig, wieder beim Rumfass gewesen, denn Bill sah verlegen und zittrig aus, während der ungünstige Johnnie mürrischer war als je zuvor. Sie sah sie vorwurfsvoll an und bat sie dann, noch ein paar Pinguineier einzusammeln, was Johnnie strikt ablehnte und sagte, dass er keine Eier für Landratten zum Essen sammeln würde; Sie könnte Eier für sich selbst sammeln. Bill begann jedoch mit der Besorgung und kam nach etwa einer Stunde zurück, gerade als der heftige Regen einsetzte, und hatte sechs oder sieben Dutzend frische Eier in seinem Mantel eingebunden.

Augusta saß mit dem Kind bei sich in der elenden Hütte und kümmerte sich um Mr. Meeson; während draußen der erbarmungslose Regen in einem stetigen, unaufhörlichen Wasserstrahl niederprasselte, der in Strömen durch das elende Dach strömte. Sie tat ihr Bestes, um den Sterbenden trocken zu halten, aber es erwies sich als nahezu unmöglich; Denn selbst als es ihr gelang, zu verhindern, dass die Nässe von oben auf ihn fiel, gelangte sie vom stinkenden Boden unter ihn, während sich die schwere Feuchtigkeit der Luft auf seinen Kleidungsstücken sammelte, bis sie völlig durchnässt waren.

Im Laufe der Stunden kam sein Bewusstsein zurück und mit ihm seine Angst vor dem Ende und seine Reue für sein vergangenes Leben, leider! die Millionen, die er angehäuft hatte, konnten ihm jetzt nicht mehr nützen.

"Ich werde sterben!" er stöhnte. „Ich werde sterben, und ich war ein schlechter Mensch: Ich war mein ganzes Leben lang Chef eines Verlags!"

Augusta wies ihn sanft darauf hin, dass das Verlagswesen ein sehr respektables Geschäft sei, wenn es fair und ordnungsgemäß geführt werde, und nicht eines, das einen Menschen am Ende so schwer belasten dürfe wie die Bilanz einer erfolgreichen Wucher- oder Einbruchkarriere.

Er schüttelte seinen schweren Kopf. „Ja, ja", stöhnte er; „Aber Meeson's ist ein Unternehmen und Sie sprechen von Privatfirmen. Sie sind heterosexuell, die meisten von ihnen; viel zu direkt, sagte ich immer. Aber Sie kennen Meeson's nicht – Sie kennen die Gepflogenheiten des Handels bei Meeson's nicht.

Augusta dachte, dass sie viel mehr über Meesons wusste, als ihr lieb war.

„Hören Sie", sagte er mit verzweifelter Energie und setzte sich auf das Segel, „und ich werde es Ihnen sagen – ich muss es Ihnen sagen."

Sternchen, die der Schriftstellerin so am Herzen liegen, werden das darauffolgende Geständnis am besten darstellen; Worte sind der Aufgabe nicht gewachsen.

Augusta hörte mit aufgerichtetem Haar zu und erkannte , wie anstrengend das Leben eines Privatbeichtvaters sein musste.

„Oh, bitte hör auf!" sagte sie schließlich leise. „Ich kann es nicht ertragen – ich kann es tatsächlich nicht."

"Ah!" sagte er, als er erschöpft zurücksank. „Ich dachte, wenn du die Bräuche bei Meeson verstehst, würdest du Mitgefühl für mich in meiner jetzigen Position haben. Denken Sie, Mädchen, denken Sie, was ich ertragen muss, wenn ich mit einer solchen Vergangenheit einer unbekannten Zukunft gegenüberstehe!"

Dann herrschte Stille.

"Nehmen Sie ihn weg! Nehmen Sie ihn weg!" schrie plötzlich Mr. Meeson und starrte mit ängstlichen Augen um sich.

"WHO?" fragte Augusta; "WHO?"

„Er – der große, dünne Mann mit dem großen Buch! Ich kenne ihn; Er war früher Nummer 25 – er ist vor Jahren gestorben. Er war ein sehr kluger Arzt; Aber einer seiner Patienten erhob eine falsche Anschuldigung gegen ihn und ruinierte ihn, also musste er sich dem Schreiben zuwenden, armer Teufel! Wir ließen ihn eine medizinische Enzyklopädie herausgeben – zwölf Bände für 300 Pfund, zahlbar nach Fertigstellung; und er wurde wahnsinnig und starb im elften Band. Also zahlten wir seiner Witwe natürlich nichts. Und jetzt ist er für mich gekommen – ich weiß, dass er es getan hat. Hören! er redet! Hörst du ihn nicht? Oh, Himmel! Er sagt, ich werde Autor werden und tausend Jahre lang für mich veröffentlichen – nach dem Quartalsgewinnsystem, mit einem Jahresabschluss, den üblichen Handelsabzügen und ohne Belege. Oh! Oh! Seht! – sie kommen alle! – sie strömen aus den Hütten! Sie werden mich ermorden! – haltet sie fern! halte sie fern!" und er heulte und schlug mit seinen Händen in die Luft.

Augusta, völlig überwältigt von diesem schrecklichen Anblick, kniete neben ihm nieder und versuchte ihn zu beruhigen, aber vergebens. Er schlug weiter mit den Händen in die Luft und versuchte, sich von dem Geisterzug fernzuhalten, bis er schließlich mit einem schrecklichen Heulen tot zurückfiel.

Und das war das Ende von Meeson. Und die Werke, die er veröffentlichte, und das Geld, das er verdiente, und das Haus, das er baute, und das Böse, das er tat – sind sie nicht im Buch der Handelskönige geschrieben?

„Nun", sagte Augusta schwach zu sich selbst, als sie wieder zu Atem gekommen war, „ich bin froh, dass es vorbei ist; Jedenfalls hoffe ich, dass ich nie aufgefordert werde, den Chef eines anderen Verlags zu betreuen."

"Tante! Tante!" keuchte Dick, „warum schreit der Herr so?"

Dann nahm Augusta das verängstigte Kind bei der Hand und ging durch den Regen zur anderen Hütte, um den beiden Matrosen zu erzählen, was geschehen war. Es hatte keine Tür und sie blieb auf der Schwelle stehen, um nach etwas Ausschau zu halten. Das schwache Nebellicht war so schwach, dass sie zunächst nichts sehen konnte. Mittlerweile gewöhnten sich ihre Augen jedoch daran und sie erkannte Bill und Johnnie, die einander gegenüber auf dem Boden saßen. Zwischen ihnen befand sich der Rumbrecher. Bill hatte eine große Muschel in der Hand, die er gerade aus dem Fass gefüllt hatte; denn Augusta sah ihn dabei, wie er den Hahn wieder anbrachte.

„Mein Los ! – verfluche dich, mein Los !" sagte Johnnie, als Bill die Geisterhülle an seine Lippen hob. „Du hattest sieben Versuche und ich hatte nur sechs!"

„Du bist umgehauen !" sagte Bill und trank den Schnaps in ein paar großen Schlucken. "Ah! das ist besser! Jetzt werde ich für dich ausfüllen, Kumpel: Fair tut, sage ich , Fair tut und kein Gefallen ", und er füllte entsprechend aus.

"Herr. Meeson ist tot", sagte Augusta und nahm all ihren Mut zusammen, um diese Orgie zu unterbrechen .

Die beiden Männer starrten sie betrunken überrascht an, was Johnnie brach.

„Ist er das jetzt, Miss?" Er sagte mit einem Schluckauf: „Ist er das? Na ja, auch eine gute Arbeit, sage ich; Er war ein nutzloser alter Landratte. Ich bezweifle, dass er sich an einen wärmeren Ort aufmacht als in dieses Kerguelen-Land, und ich trinke auf seine Gesundheit, wozu ich übrigens noch nie die Gelegenheit hatte. Auf die Gesundheit der Verstorbenen", und er trank die ganze Schale voll Rum in einem Zug.

„Ihre Meinung teile ich", sagte Bill. „Johnnie, die Muschel; Gib uns die Schale, um die Gesundheit der lieben Verstorbenen zu trinken."

Dann kehrte Augusta schweren Herzens zu ihrer Hütte zurück. Sie bedeckte die Leiche, so gut sie konnte, erzählte dem kleinen Dick, dass Mr. Meeson verschwunden sei, und setzte sich dann in diese kühle und schreckliche Gesellschaft. Es war sehr deprimierend; aber sie tröstete sich einigermaßen mit dem Gedanken, dass der tote Mr. Meeson im Großen und Ganzen nicht so schlimm war wie der belebte Mr. Meeson.

Plötzlich brach die Nacht wieder an, und erschöpft von allem, was sie durchgemacht hatte, sprach Augusta ihre Gebete und schlief ein, den kleinen Dick fest in ihren Armen.

Einige Stunden später wurde sie von lauten und lärmenden Rufen geweckt, die sich aus Bruchstücken betrunkener Lieder und der eigentümlichen Art von Englisch zusammensetzten, die dem britischen Tar stets um die Lippen schwebt. Offensichtlich waren Bill und Johnnie völlig betrunken und schnüffelten in diesem Zustand die Mitternachtsluft.

Das Geschrei und das Fluchen verebbten zum Ufer hin, und dann gipfelten sie plötzlich in einem furchtbaren Schrei – woraufhin Stille eintrat.

Was könnte es bedeuten? fragte sich Augusta und während sie noch darüber nachdachte, schlief sie wieder ein.

KAPITEL XI.
GERETTET.

Augusta wachte gerade auf, als die Morgendämmerung über den durchnässten Himmel hereinbrach. Es war das Jucken ihrer Schultern, das sie weckte. Sie stand auf, ließ Dick noch schlafen, und als sie sich an den Aufruhr der Nacht erinnerte, eilte sie zur anderen Hütte. Es war leer.

Sie drehte sich um und sah sich um. Ungefähr fünfzehn Schritte von ihrem Standort entfernt lag die Muschel, die die beiden Trunkenbolde als Becher benutzt hatten. Sie ging weiter und hob es auf. Es roch immer noch widerlich nach Spirituosen. Offensichtlich hatten die beiden Männer es während ihres Mitternachtsspaziergangs bzw. -rollens fallen lassen. Wohin waren sie gegangen?

Direkt vor ihr ragte ein Felsvorsprung fünfzig oder mehr Schritte weit in das Wasser der fjordähnlichen Bucht hinein. Sie ging ziellos daran entlang, bis sie plötzlich einen der Matrosenhüte auf dem Boden liegen sah, oder besser gesagt, in einem Wasserbecken schwamm. Offensichtlich waren sie diesen Weg gegangen. Sie ging weiter bis zur kleinen Landzunge, die steil über dem Wasser lag. Es war nichts zu sehen, nicht eine einzige Spur von Bill und Johnnie. Ziellos beugte sie sich vor und starrte über die Felswand und hinunter in das klare Wasser und machte sich dann mit einem kleinen Schrei auf den Rückweg.

Kein Wunder, dass sie aufschlug, denn dort im Sand, unter anderthalb Klaftern stillem Wasser, lagen die Leichen der beiden unglückseligen Männer. Sie lagen in den Armen des anderen und lagen, als ob sie schliefen, auf dem Meeresgrund. Wie sie zu ihrem Ende kamen, wusste sie nie. Vielleicht stritten sie sich in ihrem betrunkenen Zorn und stürzten von der kleinen Klippe; oder vielleicht stolperten sie und fielen, ohne zu wissen, wohin sie gingen. Wer kann das schon sagen? Jedenfalls waren sie dort und blieben dort, bis die Flut sie davontrieb, um sich der großen Armee ihrer Gefährten anzuschließen, die mit dem Känguru untergegangen waren. Und so blieb Augusta allein.

Schweren Herzens kehrte sie zur Hütte zurück, niedergedrückt von der Last der Einsamkeit und dem Gefühl, dass sie inmitten so vieler Todesfälle nicht auf eine Flucht hoffen konnte. Außer dem Kind und sich selbst gab es in diesem riesigen, einsamen Land kein menschliches Geschöpf mehr am Leben, und soweit sie sehen konnte, würde ihr Schicksal bald das Schicksal der anderen sein. Als sie zur Hütte zurückkam, war Dick wach und weinte um sie.

Die stille, steife Gestalt von Mr. Meeson, der unter dem Segel ausgestreckt war, machte dem kleinen Jungen Angst, er wusste nicht warum. Augusta nahm ihn in ihre Arme und küsste ihn leidenschaftlich. Sie liebte das Kind um seiner selbst willen; und außerdem stand er, und er allein, zwischen ihr und völliger Einsamkeit. Dann brachte sie ihn zu der anderen Hütte, die von den Matrosen geräumt worden war, da es unmöglich war, in der Hütte mit der Leiche zu bleiben, die zu schwer war, als dass sie sich hätte bewegen können. In der Mitte der Matrosenhütte stand das Fass mit Rum, das für ihre Zerstörung verantwortlich gewesen war. Es war jetzt fast leer – tatsächlich so leicht, dass es ihr keine Schwierigkeiten bereitete, es zur Seite zu rollen. Sie räumte den Raum auf, so gut sie konnte, und kehrte zu Mr. Meesons Leiche zurück, holte die Tüte Kekse und die gebratenen Eier, woraufhin sie frühstückten.

Zum Glück regnete es an diesem Morgen nur wenig, also ging Augusta mit Dick hinaus, um Eier zu suchen, nicht weil sie noch mehr wollten, sondern um sich zu beschäftigen. Gemeinsam kletterten sie auf eine felsige Landzunge, wo die Flagge wehte, und blickten auf das aufgewühlte Meer hinaus. Soweit das Auge reichte, war nichts zu sehen – nichts als die weißen Wellenpferde, über die die schwarzen Kormorane ihren schnellen, zielsicheren Flug steuerten. Sie schaute und schaute, bis ihr das Herz sank.

„Wird Mama bald mit einem Boot kommen, um Dick mitzunehmen?" fragte das Kind an ihrer Seite und dann brach es in Tränen aus.

Als sie sich erholt hatte , machten sie sich daran, Eier zu sammeln, eine Beschäftigung, die Dick trotz der Schreie und drohenden Angriffe der Vögel sehr erfreute. Bald hatten sie so viele, wie sie tragen konnte; Also gingen sie zurück zur Hütte, zündeten ein Feuer aus Treibholz an und rösteten ein paar Eier in der heißen Asche. Sie hatte keinen Topf, um sie darin zu kochen. So verging der Tag auf die eine oder andere Weise, und schließlich begann sich die Dunkelheit über die schroffen Gipfel dahinter und die wilde Wildnis des Meeres davor zu legen. Sie brachte Dick ins Bett und er schlief ein. Es war wirklich wunderbar zu sehen, wie gut das Kind die Strapazen, die es durchmachte, ertrug. Er hatte nie Schmerzen oder sogar eine Erkältung im Kopf.

Nachdem Dick eingeschlafen war, saß oder vielmehr lag Augusta im Dunkeln und lauschte dem Stöhnen des Windes, der über die Hütte schlug und in Böen zwischen den Klippen und Bergen dahinter wehte. Die Einsamkeit war etwas Schreckliches, und zusammen mit dem Gedanken daran, wie das wohl enden würde, brach ihr der Geist völlig zusammen. Sie wusste, dass die Chancen ihrer Flucht tatsächlich gering waren. Schiffe kamen nicht oft an diese schreckliche und unbewohnte Küste, und wenn jemand dort anlegte, war es äußerst wahrscheinlich, dass sie an einem anderen Punkt anlegten und ihre Flagge nie sahen. Und dann würde mit der Zeit das Ende kommen. Der Nachschub an Eiern würde zur Neige gehen, und sie würde gezwungen sein, sich von den Vögeln zu ernähren, die sie fangen konnte, bis schließlich das Kind krank wurde und starb, und sie folgte ihm in das düstere Land, das jenseits von Kerguelen und der Welt liegt. Sie betete, dass das Kind zuerst sterben würde. Es war schrecklich, daran zu denken, dass es vielleicht umgekehrt sein könnte: Sie könnte zuerst sterben und das Kind könnte neben ihr verhungern. Morgen würde Weihnachtstag sein. Den letzten Weihnachtstag hatte sie mit ihrer toten Schwester in Birmingham verbracht. Sie erinnerte sich, dass sie morgens in die Kirche gegangen waren und nach dem Abendessen die letzten Überarbeitungen von „Jemimas Gelübde" korrigiert hatten. Nun, es war wahrscheinlich, dass sie lange bevor ein weiteres Weihnachtsfest kam , zu der kleinen Jeannie gegangen wäre. Und dann, da sie ein gutes und religiöses Mädchen war, erhob sich Augusta auf die Knie und betete mit ganzem Herzen und ganzer Seele zum Himmel, sie aus ihrer schrecklichen Lage zu retten oder, wenn sie zum Untergang verurteilt wäre, zumindest das Kind zu retten.

Und so ließ sie die lange, kalte Nacht in Gedanken und Wachsamkeit ausklingen, bis sie schließlich, etwa zwei Stunden vor Tagesanbruch, einschlief. Als sie die Augen wieder öffnete, war es heller Tag, und der kleine Dick, der einige Zeit neben ihr wach gewesen war, saß aufrecht und spielte mit der Muschel, aus der Bill und Johnnie immer Rum getrunken hatten. Sie stand auf und ordnete die Sachen des Kindes ein wenig zurecht, und da es nicht regnete, sagte sie ihm, er solle nach draußen rennen, während sie die Anziehform durchführte, indem sie die Kleidungsstücke, die sie hatte, auszog, sie schüttelte und anzog wieder. Sie machte diesen Prozess langsam durch und fragte sich, wie lange es dauern würde, bis ihre Schultern nicht mehr von der Tätowierung schmerzten, als Dick hereinstürmte, ohne die Formalität des Klopfens zu erfüllen.

„Oh, Tante! Tante!" Er sang voller Freude: „Hier kommt ein großes Schiff segelnd vorbei." Kommen Mama und Papa, um Dick zu holen?"

Augusta sank vor dem plötzlichen Gefühlswechsel in Ohnmacht zurück. Wenn es ein Schiff gab, wurden sie gerettet – dem Rachen des Todes entrissen. Aber vielleicht war es die Fantasie des Kindes. Sie zog den Körper ihres Kleides an; und ihr langes gelbes Haar – das sie aus Versehen mit einem Stück Holz auszukämmen versucht hatte – wehte hinter ihr her, sie nahm das Kind bei der Hand und flog so schnell sie konnte den kleinen Felsen hinab Vorgebirge, an dem Bill und Johnnie ihr Ende gefunden hatten. Bevor sie die Hälfte des Weges zurückgelegt hatte, erkannte sie, dass die Geschichte des Kindes wahr war – denn dort segelte direkt vom offenen Meer aus den Fjord hinauf. Sie war keine zweihundert Meter von ihrem Standort entfernt und ihr Segeltuch wurde schnell aufgerollt, um den Anker zu werfen.

Augusta dankte der Vorsehung für den Anblick, wie sie sich noch nie bei irgendetwas zuvor bedankt hatte, und raste weiter, bis sie die äußerste Spitze des Vorgebirges erreichte. Dort stand sie und schwenkte Dicks kleine Mütze in Richtung des Schiffes, das langsam und majestätisch weiterfuhr, bis es schließlich über das Meer hinausfuhr Wasser, ertönte das Plätschern des Ankers, gefolgt vom heftigen Rasseln der Kette durch die Klüsenrohre. Dann ertönte ein weiteres Geräusch – der fröhliche Klang jubelnder menschlicher Stimmen. Sie war gesehen worden.

Fünf Minuten vergingen, und dann sah sie, wie ein Boot zu Wasser gelassen und bemannt wurde. Die Ruder waren herausgeholt, und bald war das Wasser nur noch zehn Schritte von ihr entfernt.

„Geh dort herum", rief sie und zeigte auf die kleine Bucht, „und ich werde dich treffen."

Als sie an der Stelle ankam, war das Boot bereits gestrandet, und ein großer, dünner Mann mit freundlichem Gesicht sprach sie mit einem unverkennbaren Yankee-Akzent an: „Wegwerfen, Miss?" sagte er fragend.

„Ja", keuchte Augusta; „Wir sind die Überlebenden der Kangaroo, die vor etwa einer Woche bei einer Kollision mit einem Walfänger sank."

"Ah!" sagte der Kapitän, „mit einem Walfänger? Dann vermute ich, dass meine Gemahlin dorthin gegangen ist. Sie wird seit etwa einer Woche vermisst, und ich bin hierhergekommen, um zu sehen, ob ich ihre Spuren aufspüren kann – und um Wasser nachzufüllen. Nun ja, sie war jedenfalls gut versichert, und als wir das letzte Mal mit ihr sprachen, hatte sie einen sehr schlechten Fang gemacht. Aber vielleicht, Miss, werden Sie mir, wenn es Ihnen passt, ein paar Einzelheiten mitteilen ?"

Dementsprechend skizzierte Augusta die Geschichte ihres schrecklichen Abenteuers in möglichst wenigen Worten; und die Geschichte war eine, die sogar den phlegmatischen Yankee-Kapitän zum Staunen brachte. Dann brachte sie ihn, gefolgt von der Mannschaft, zu der Hütte, in der Meeson tot lag, und zu der anderen Hütte, in der sie und Dick in der vergangenen Nacht geschlafen hatten.

„Wall, Miss", sagte der Kapitän, dessen Name Thomas war, „ich vermute, dass Sie und der Junge fast bereit sein werden, diese Wohnungen zu verlassen; Also, bitte, schicke ich Sie auf das Schiff, die Harpoon – so heißt sie – in Norfolk in den Vereinigten Staaten. Sie werden feststellen, dass sie gut mit Öl gewürzt ist , denn wir sind fast bis zum Rand voll; aber vielleicht wird Ihnen das unter den gegebenen Umständen nichts ausmachen. Wie auch immer, meine Frau, die an Bord ist – da sie aus gesundheitlichen Gründen mit an Bord gekommen ist – und eine Engländerin wie Sie ist, wird alles tun, um es Ihnen bequem zu machen. Und ich sage Ihnen, was es ist,

Fräulein; Wenn ich irgendwie fromm wäre, sollte ich einfach dem Allmächtigen danken, dass ich zufällig dieses Stück einer Flagge mit meinem Fernglas gesehen habe, als ich heute Morgen bei Sonnenaufgang an der Küste entlang segelte, denn ich hatte nicht die Absicht, es einzustecken an diesem Bach, aber bei einer Entfernung von zwanzig Meilen. Und jetzt, Miss, wenn Sie an Bord gehen, werden einige von uns anhalten und den toten Herrn so gut wie möglich zubetten."

Augusta dankte ihm von ganzem Herzen und ging in die Hütte, holte ihren Hut und die Rolle der Sovereigns, die Mr. Meeson gehört hatte, die er ihr aber mitnehmen sollte, und ließ die Decken von den Männern holen.

Dann stiegen zwei der Matrosen in das kleine Boot der Kangaroo, in dem Augusta entkommen war, und ruderten sie und Dick von diesem verhassten Ufer weg dorthin, wo der Walfänger – ein Längsschoner – vor Anker lag. Als sie sich näherten, sah sie den Rest der Besatzung der Harpoon, darunter eine Frau, die ihr Erscheinen vom Deck aus beobachtete, und als sie ihren Fuß auf die Begleitleiter setzte, jubelten alle herzlich. Im nächsten Moment befand sie sich an Deck – das ihr trotz seines abscheulichen Ölgeruchs der schönste und entzückendste Ort erschien, auf dem ihre Augen je geruht hatten – und wurde beinahe von Mrs. Thomas umarmt, einer hübschen Frau von ca dreißig, die Tochter eines Suffolk-Bauern, der in die Staaten ausgewandert war. Und dann musste sie ihre Geschichte natürlich noch einmal erzählen; Danach wurde sie in die Kabine geführt, in der sich der Kapitän und seine Frau befanden (und die fortan von Augusta, Mrs. Thomas und dem kleinen Dick bewohnt wurde), wobei der Kapitän zitterte, wo er konnte. Und hier konnte sie sich zum ersten Mal seit fast einer Woche wieder richtig waschen und anziehen. Und oh, was für ein Luxus! Niemand weiß, was die Freuden sauberer Wäsche wirklich bedeuten, bis er oder sie in entbehrungsreichen Umständen darauf verzichten musste; Sie haben auch nicht die geringste Ahnung, welchen Unterschied der Besitz oder Nichtbesitz eines so alltäglichen Gegenstands wie eines Kamms für das Wohlbefinden und die Bequemlichkeit eines Menschen macht. Während Augusta sich noch seufzend die Haare kämmte, klopfte Frau Thomas an die Tür und wurde eingelassen.

"Mein! Vermissen; Was für schöne Haare du hast, jetzt wo sie gekämmt sind!" sagte sie voller Bewunderung; „Warum, was ist das auf deinen Schultern?"

Dann musste Augusta die Geschichte der Tätowierung erzählen, was übrigens, wie ihr auffiel, klug war, da sie sich so einen Zeugen dafür sicherte, dass sie sich bereits tätowieren ließ, als sie das Kerguelen-Land verließ, und dass die … Die Operation war so kürzlich erfolgt, dass das Fleisch immer noch davon entzündet war. Dies war umso notwendiger, als die Tätowierung undatiert war.

Mrs. Thomas hörte sich die Geschichte mit offenem Mund an, verloren zwischen Bewunderung für Augustas Mut und Bedauern darüber, dass ihre Schultern auf diese Weise ruiniert worden waren.

„Nun, das Mindeste, was er" (in Anspielung auf Eustace) „kann, ist, Sie zu heiraten, nachdem Sie sich zu seinen Gunsten auf diese Weise verwöhnt haben", sagte die praktische Frau Thomas.

"Unsinn! Mrs. Thomas", sagte Augusta, errötete, bis die Tätowierungsspuren auf ihren Schultern wie blaue Linien in einem Meer aus Purpur aussahen, und stampfte so heftig mit dem Fuß auf, dass ihre Gastgeberin zusammenzuckte.

Es gab keinen Grund, warum sie eine unschuldige Bemerkung so herzlich aufnehmen sollte; Aber wie der Leser zweifellos bemerkt hat, wird die Zurückhaltung einiger junger Frauen, über die Möglichkeit einer Heirat mit dem Mann zu sprechen, den sie gerade ins Herz geschlossen haben, nur durch die Bereitwilligkeit übertroffen , mit der sie ihn heiraten wenn die Zeit reif ist.

Nachdem sie Dick und Augusta zu einem Frühstück aus Haferbrei und Kaffee eingeladen hatte, das beide köstlich fanden, obwohl die Kost wirklich ziemlich dürftig war, ruderte Mrs. Thomas, die ihre Neugier nicht zurückhalten konnte, ans Land, um die Hütten und Hütten zu besichtigen auch die sterblichen Überreste von Herrn Meeson, die zwar kein erfreulicher, aber zweifellos interessanter Anblick waren. Mit ihr reiste auch der größte Teil der Mannschaft, um denselben Auftrag zu erfüllen und auch Wasser zu besorgen, wovon die Harpune knapp war.

Sobald sie allein gelassen war, ging Augusta mit Dick in die Kabine zurück und legte sich mit einem Gefühl der Sicherheit und Dankbarkeit, das ihr seit langem fremd war, auf die Koje, wo sie sehr bald tief und fest einschlief .

KAPITEL XII.
SOUTHAMPTON QUAY.

Als Augusta die Augen wieder öffnete , wurde ihr eine heftige Rollbewegung bewusst, die sie nicht verkennen konnte. Sie waren auf See.

Sie stand auf, glättete ihr Haar und ging an Deck, um festzustellen, dass sie viele Stunden geschlafen hatte, denn die Sonne ging unter. Sie ging nach hinten, wo Mrs. Thomas mit dem kleinen Dick neben ihr am Steuerrad saß, und nachdem sie sie begrüßt hatte, drehte sie sich um, um den Sonnenuntergang zu beobachten. Der Anblick war wunderschön genug, denn die großen Wellen, angetrieben vom Westwind, der in diesen Breitengraden fast immer einen halben Sturm weht, rauschten wild und frei an ihnen vorbei, und die scharfe Gischt ihrer schäumenden Wellenkämme traf sie Stirn wie eine Peitsche. Die Sonne ging unter, und die Pfeile des sterbenden Lichts flogen schnell und weit über die wogende Tiefe der Tiefe. Schnell und weit flogen sie von der stürmischen Herrlichkeit im Westen weg, beleuchteten die blassen Wolkenoberflächen und färbten das graue Wasser dieses majestätischen Meeres mit einem grellen Blutton. Sie küssten die sich aufblähenden Segel und schienen auf den hohen Lastwagen des Schiffes zu ruhen, und dann reisten sie immer weiter und weiter durch den großen Himmel des Weltraums, bis sie zerbrachen und am abgerundeten Rand des Horizonts verschwanden. Da hinter ihnen – Meilen hinter ihnen – ragte das Kerguelen-Land mit seinen wilden Klippen gegen den dämmernden Himmel empor. Klar und trostlos ragten sie in einer unaussprechlichen Einsamkeit empor, und auf ihren schneebedeckten Flächen schlugen die Sonnenstrahlen kalt wie der warme Atem menschlicher Leidenschaft, der auf Aphrodites Marmorbrust schlug.

Augusta blickte auf die düsteren Klippen, die beinahe ihre monumentale Ansammlung bewiesen hätten, und schauderte. Es war wie ein schrecklicher Traum.

Und dann warfen die dunklen und kriechenden Schatten der Nacht ihre Schleier um sie herum und über sie, und sie verschwanden. Sie wurden von der Schwärze verschlungen, und sie verlor sie und die großen Meere aus den Augen, die für immer um ihre steinigen Füße tobten und tobten; Außer in Träumen richtete sie ihren Blick nie wieder auf ihre maßlose Einsamkeit.

Die Nacht erhob sich mit Kraft und schüttelte einen goldenen Sternentau aus den Locken ihrer fließenden Wolken, bis der wundervolle, tiefe Himmel mit unzähligen edelsteinfarbenen Punkten funkelte . Der Westwind, der auf seinem Weg war, sang seinen wilden Gesang durch das Tauwerk und rauschte wie mit einem Flügelschlag zwischen den Segeln hin und her. Das Schiff beugte sich vor wie eine Jungfrau, die vor einem Kuss zurückschreckt, dann floh es zitternd davon und sprang von Woge zu Woge, während sie sich erhoben und ihre weißen Arme um es warfen, um es herabzuziehen und an die wogende Brust des Ozeans zu drücken.

Die Takelage wurde gestrafft, und die riesigen Segel flatterten donnernd, als die Harpune ihren Kurs fortsetzte, und rundherum war Größe und die gegenwärtige Majestät der Macht. Augusta schaute in die Höhe und seufzte, sie wusste nicht warum. Das schnelle Blut der Jugend floss durch ihre Adern und sie freute sich überaus darüber, dass das Leben und all seine Möglichkeiten noch vor ihr lagen. Aber ein bisschen mehr von diesem schrecklichen Ort, und sie wären zurückgeblieben. Ihre Tage wären gezählt, als sie kaum Zeit hatte, in dem großen menschlichen Kampf, der von Zeitalter zu Zeitalter unaufhörlich wütet, einen Schlag zu versetzen. Die Stimme ihres Genies wäre verstummt, als ihre Töne zu erregen begannen, und ihre Botschaft wäre niemals in der Welt ausgesprochen worden. Aber jetzt war die Zeit wieder einmal vor ihr, und oh! Die Nähe des Todes hatte sie den unsäglichen Wert dieses einen Guts gelehrt, auf das wir uns verlassen können: das Leben. Tatsächlich ist es nicht das Leben, für das so viele leben – das Leben, das für sich selbst geführt wird und dessen hauptsächliches, wenn nicht sogar einziges Ziel die Befriedigung der eigenen Wünsche ist; sondern ein ganz und gar höheres Leben – ein Leben, das sich darauf konzentrierte, das zu sagen , was ihr scharfer Instinkt als Wahrheit erkannte, und, wie unvollkommen auch immer, mit dem Pigment ihrer edlen Kunst jene Visionen von Schönheit zu malen, die manchmal wie himmlische Schatten auf ihrer Seele zu ruhen schienen.

Drei Monate sind vergangen – drei lange Monate mit tosendem Wasser und allgegenwärtigen Winden. Die Harpoon hatte auf ihrem Weg nach Norfolk in den Vereinigten Staaten nur eine schlechte Passage überstanden. Sie gelangte in die Südostpassagen, und alles lief gut, bis sie St. Paul's Rocks erreichten, wo sie durch Flaute und wechselnde Winde aufgehalten wurden. Danach gelangte sie in die Nordostpassage und traf dann, weiter nördlich, auf eine Reihe von Weststürmen, die sie schließlich auf die Azoren trieben, gerade als ihre Besatzung sehr knapp an Wasser und Proviant wurde. Und hier verabschiedete sich Augusta von ihrer Freundin, dem Yankee-Kapitän; denn der Walfänger, der ihr und Dick das Leben gerettet hatte, stach nach erneuter Umrüstung in See und begab sich auf seine fast endlose Reise. Sie stand auf dem Wellenbrecher in Ponta Delgada und sah zu, wie die Harpune vorbeizog. Die Männer erkannten sie und jubelten laut, und Kapitän Thomas nahm seinen Hut ab; denn die gesamte Schiffsbesatzung, bis hin zum Schiffsjungen, war Hals über Kopf in Augusta verliebt; und die außergewöhnlichen Opfergaben, die sie ihr zum Abschied gemacht hatten, von denen die meisten in irgendeiner Weise mit dem edlen Tier, dem Wal, verbunden waren, reichten aus, um einen großen Koffer zu füllen. Augusta winkte ihnen als Antwort mit ihrem Taschentuch zu; aber sie konnte nicht viel davon sehen, weil ihre Augen voller Tränen waren. Sie hatte genug von der Harpune und wollte sich dennoch nicht von ihr verabschieden; denn ihre Tage an Bord waren in vielerlei Hinsicht erholsam und glücklich gewesen; Sie hatten ihr Raum und Zeit gegeben, sich zu stärken, bevor sie sich erneut in den Kampf des aktiven Lebens stürzte. Außerdem wurde sie stets mit der gleichen Freundlichkeit und Rücksichtnahme behandelt, für die das amerikanische Volk im Umgang mit allen Menschen in Unglück zu Recht bekannt ist.

Aber Augusta war nicht die einzige Person, die mit Trauer dem Abgang der Harpune zusah. Erstens war da der kleine Dick, der sich einen feinen Yankee-Dehnstil angeeignet hatte und an Bord des Schiffes um ganze Zentimeter gewachsen war, und der geradezu aufheulte, als sein besonderer Freund, ein bemerkenswert wilder und gruselig aussehender Bootsmann, ihm als Abschiedsopfer brachte ein großer Walzahn, von ihm selbst geduldig geschnitzt, mit einem lebendigen Bild ihrer Rettung im Kerguelen-Land. Dann war da noch Frau Thomas selbst. Als sie schließlich die Insel St. Michael auf den Azoren erreichten, hatte Augusta angeboten, fünfzig Pfund, also die Hälfte der hundert Sovereigns, die ihr Mr. Meeson gegeben hatte, als Überfahrtsgebühr an Kapitän Thomas zu zahlen, wohlwissend, dass er da war Kein Stöhnen , überladen mit den Gütern dieser Welt. Aber er weigerte sich entschieden, auch nur einen Heller anzurühren, mit der Begründung, dass es Unglück bringen würde, einem Schiffbrüchigen Geld abzunehmen. Augusta bestand energisch darauf; und schließlich wurde ein Kompromiss gefunden. Mrs. Thomas war bestrebt, das Land zu besuchen, in dem sie geboren wurde, und die Menschen, unter denen sie aufgewachsen war, da sie von jenem akuten Heimweh heimgesucht wurde, von dem die Menschen in Suffolk genauso wenig ausgenommen sind wie andere. Aber das konnte sie sich nicht leisten. Deshalb wurden Augustas angebotene fünfzig Pfund für diesen Zweck verwendet, und Mrs. Thomas hielt mit Augusta in Ponta Delgada an und wartete auf das Paket der London and West India Line, das sie nach Southampton bringen sollte.

So begab es sich, dass sie gemeinsam auf dem Wellenbrecher von Ponta Delgada standen und gemeinsam sahen, wie die Harpune der untergehenden Sonne entgegensegelte.

Dann folgten sanfte, verträumte vierzehn Tage auf der schönen Insel St. Michael, wo die Natur immer wie eine Braut ist und nie das Stadium einer hart arbeitenden, von der Arbeit erschöpften Mutter erreicht, dürr und hager von der Last der Mutterschaft. Der mentale Akt des Zurückblickens auf diese Zeit, in spätere Jahre, erinnerte Augustas Sinne immer an den Duft von Orangenblüten und den Anblick der üppigen Granatapfelblüte, die die

Rosen erröten ließ. Es war eine angenehme Zeit, denn der dortige englische Konsul empfing sie äußerst gastfreundlich – und zwar mit viel größerer persönlicher Begeisterung, als er es im Allgemeinen für nötig hielt, Schiffbrüchigen gegenüber zu zeigen – eine Klasse von Menschen, mit denen konsularische Vertreter im Ausland ziemlich müde werden müssen ihr ewiges Unglück und ihr ständiger Mangel an Kleidung. Tatsächlich bestand der einzige Nachteil für ihr Vergnügen darin, dass der Konsul, ein tapferer Beamter mit rotem Haar, der von ihren Abenteuern, ihrem literarischen Ruhm und ihrer Person gleichermaßen entzückt war, eine entschlossene Neigung zeigte, sich in sie zu verlieben, und ein rot- Der behaarte und daher leidenschaftliche Konsularbeamte ist unter diesen Umständen eine etwas beunruhigende Persönlichkeit. Aber die Zeit verging, ohne dass etwas Ernstes geschah; Und schließlich kam eines Morgens nach dem Frühstück ein Mann angerannt und berichtete, dass die Post in Sicht sei.

Und so nahm Augusta einen liebevollen Abschied von dem goldhaarigen Konsul, der sie durch sein Brillenglas ansah und seufzte, als er daran dachte, was in dem süßen Nach und nach gewesen sein mochte; und die Schiffsglocke ertönte, und die Schraube begann sich zu drehen, sodass der Konsul immer noch seufzend am Horizont zurückblieb; und im Laufe der Zeit standen Augusta und Mrs. Thomas am Kai von Southampton, inmitten einer bewundernden und begeisterten Menge.

Der Kapitän hatte den Hafenbeamten die außergewöhnliche Geschichte erzählt, als sie an Bord des Schiffes gingen, und als sie an Land kamen, hatten sich die Hafenbeamten beeilt, jeder lebenden Seele zu erzählen, dass sie die wunderbare Nachricht erhalten hatten, dass zwei Überlebende des unglückseligen Kangaroo – die Geschichte von deren tragisches Ende einen Schauer des Grauens in der englischsprachigen Welt ausgelöst hatte – waren wohlbehalten an Bord des West India-Bootes. Als Augusta, Mrs. Thomas und Dick schließlich sicher an Land waren, verbreitete sich ihre Geschichte, oder vielmehr verschiedene verzerrte Versionen davon, durch die Nachrichtenagenturen und verbreitete sich wie ein Lauffeuer durch Southampton. Kaum hatten sie den Kai betreten, als wilde Männer mit Notizbüchern in der Hand im Ansturm auf sie zusprangen und sie mit einem Regen von Fragen niederschlugen. Augusta fand es unmöglich, sie alle auf einmal zu beantworten, und begnügte sich daher damit, zu allem „Ja“, „Ja“, „Ja“ zu sagen, aus deren Einsilbigkeit sie später zu ihrer Überraschung herausfand, dass diese heftig und aktiv waren Den Presseleuten gelang es, eine ausreichend bewegende Geschichte zu erfinden; Dazu gehörten begeisterte Berichte über die Schrecken des Schiffbruchs und, was sie ziemlich verblüffte, eine positive Aussage, dass sie und die Matrosen vierzehn Tage lang auf den verbrannten Überresten von Mr. Meeson gelebt hatten. Ein Interviewer, der ein kleiner Mann war und daher nicht in der Lage war, sich durch den Ring, der Augusta und Mrs. Thomas umgab, durchzukämpfen, packte den kleinen Dick und begann, in den Pausen, in denen er Fragen stellte, zu zwitschern und mit den Fingern zu schnipsen stellte ihm Fragen, die er für sein Alter für angemessen hielt.

Dick war fürchterlich erschrocken und floh heulend; Dies hinderte jedoch nicht daran, noch am selben Tag eineinhalb Kolumnen mit der Überschrift „The Infant's Tale of Wehe" in einer Zeitschrift zu veröffentlichen, die für die Genauigkeit und den unsensationellen Charakter ihrer Mitteilungen bekannt war. Und die Armee der Interviewer war nicht der einzige Schrecken, dem sie ausgesetzt waren. Kleine Mädchen schenkten ihnen Blumensträuße; Eine alte Dame, deren Gehirn von der Vorstellung durchdrungen war, dass Schiffbrüchige viel länger unbekleidet umhergingen, als nach dem Ereignis nötig war, kam mit einem Arm voll Unterwäsche an, die im Wind wehte; und zu guter Letzt drückte ein großer Herr mit einem wunderschönen Schnurrbart Augusta einen hastig mit Bleistift geschriebenen Zettel in die Hand, der sich beim Öffnen als *Heiratsantrag erwies*!

Doch schließlich befanden sie sich in einem Waggon erster Klasse, startbereit, oder besser gesagt, startbereit. Die interviewenden Herren, von denen zwei ihre Köpfe durch das Fenster geklemmt hatten, wurden von den Beamten gewaltsam weggezogen – sie stellten immer noch Fragen – der große Herr mit dem Schnurrbart, der im Hintergrund schwebte, lächelte zum Abschied sanft, in welcher Bescheidenheit Der Bahnhofsvorsteher hatte sichtlich mit der Hoffnung zu kämpfen und nahm seine Mütze ab, und eine Minute später rollten sie aus dem Bahnhof Southampton.

Augusta sank mit einem Seufzer der Erleichterung zurück und brach dann bei dem Gedanken an den Herrn mit dem schönen Schnurrbart in Gelächter aus . Auf dem Sitz ihr gegenüber hatte jemand nachdenklich einige Tageszeitungen abgelegt. Sie nahm das Erste, das ihr in die Hände fiel, und warf einen müßigen Blick darauf, mit dem Gedanken, zu versuchen, den Faden der Ereignisse wieder aufzunehmen. Ihr Blick fiel sofort auf den Namen von Mr. Gladstone, der überall auf dem Blatt in unterschiedlich großen Lettern gedruckt war, und sie seufzte. Das Leben auf der Meereswelle war gefährlich und unangenehm genug gewesen, aber auf jeden Fall war sie von Mr. Gladstone und seinen Taten verschont geblieben. Was auch immer man Böses über ihn sagen mochte, er war *kein* alter Mann des Meeres. Als sie die Zeitung ungeduldig umblätterte, stieß sie auf die Berichte der Nachlass-, Scheidungs- und Admiralitätsabteilung des Obersten Gerichtshofs. Der erste Bericht lautete wie folgt:

VOR DEM RECHT EHREN EHRENDEN PRÄSIDENTEN.

In Sachen Meeson, verstorben.

Hierbei handelte es sich um einen Antrag im Zusammenhang mit dem Verlust der RMS Kangaroo am 18. Dezember letzten Jahres. Man wird sich daran erinnern, dass von etwa tausend Seelen an Bord dieses Schiffes nur die Insassen eines Bootes – insgesamt 25 Menschen – gerettet wurden. Unter den Ertrunkenen befand sich Herr Meeson, der Leiter des bekannten Birminghamer Verlagshauses Meeson, Addison, and Roscoe, and Co. (Limited), der sich zu dieser Zeit im Zusammenhang mit dem Mord auf einem Besuch in Neuseeland und Australien befand Geschäft des Unternehmens.

Herr Fiddlestick, QC, der zusammen mit Herrn Pearl für die Antragsteller erschien (und etwas unvollkommen angehört wurde), erklärte, dass die Fakten im Zusammenhang mit dem Untergang des Kangaroo wahrscheinlich noch so frisch im Gedächtnis seiner Lordschaft seien, dass dies nicht der Fall sei Es war für ihn notwendig, sie detailliert darzulegen, obwohl er sie aufgrund einer eidesstattlichen Erklärung vorlag. Seine Lordschaft würde sich daran erinnern, dass nur eine Bootsladung Menschen diesen vielleicht schrecklichsten Schiffbruch der Generation überlebt hatte. Unter den Ertrunkenen war Herr Meeson; und dieser Antrag wurde im Namen der Testamentsvollstrecker gestellt, um die Erlaubnis zu erhalten, seinen Tod anzunehmen. Das Vermögen, das durch das Testament übertragen wurde, war in der Tat sehr groß; Herr Fiddlestick schätzte, dass die Summe sich insgesamt auf etwa zwei Millionen Pfund Sterling beläuft, was Seine Lordschaft möglicherweise dazu veranlassen könnte, bei der Ausstellung eines Nachlasses sehr vorsichtig vorzugehen.

Der Präsident: Nun – die Höhe des Vermögens hat nichts mit den Grundsätzen zu tun, nach denen das Gericht in Bezug auf die Todesvermutung handelt, Herr Fiddlestick.

Ganz richtig, mein Lord, und ich denke, dass Ihre Lordschaft in diesem Fall davon überzeugt sein wird, dass es keinen Grund gibt, warum kein Nachlass ausgestellt werden sollte. Es ist menschlich gesehen unmöglich, dass Herr Meeson der allgemeinen Zerstörung entkommen konnte.

Der Präsident: Haben Sie eine eidesstattliche Erklärung von jemandem, der Mr. Meeson im Wasser gesehen hat?

Nein, mein Herr; Ich habe eine eidesstattliche Erklärung von einem Seemann namens Okers , dem einzigen Mann, der nach dem Untergang der Kangaroo im Wasser aufgelesen wurde. Darin heißt es, er glaube, Mr. Meeson vom Schiff ins Wasser springen zu sehen, aber die eidesstattliche

Erklärung enthält keine Angaben die Sache weiter. Er kann nicht schwören, dass es Mr. Meeson war.

Der Präsident: Nun, ich denke, das wird reichen. Das Gericht lehnt es zwangsläufig ab , die Todesvermutung zuzulassen, es sei denn, es liegen Beweise vor, die zufriedenstellend sind. Wenn man jedoch bedenkt, dass seit dem Untergang der Kangaroo nun fast vier Monate vergangen sind und Umstände vorliegen, die es äußerst unwahrscheinlich machen, dass es noch weitere Überlebende gab, kann man meiner Meinung nach durchaus davon ausgehen, dass Mr. Meeson das Schicksal der anderen Passagiere teilte.

Mr. Fiddlestick: Der Tod ist ab dem 18. Dezember zu vermuten.

Der Präsident: Ja, ab dem 18..

Mr. Fiddlestick: Wenn es Ihrer Lordschaft gefällt.

Augusta legte die Zeitung keuchend weg. Da war sie, gesund und munter, mit dem wahren letzten Willen von Mr. Meeson auf ihr tätowiert; und „Nachlass hatte ausgestellt" – was auch immer diese mysteriöse Formel bedeuten mag – zu einem anderen Testament, nicht zu dem echten letzten Testament. Es bedeutete (wie sie in ihrer Unwissenheit annahm), dass ihr Wille nicht gut war, dass sie diese abscheuliche Tätowierung sinnlos ertragen hatte und dass sie, sinnlos, lebenslange Narben davongetragen hatte.

Es war zu viel; und in einem Anfall von Verärgerung warf sie die *Times* aus dem Fenster und ließ sich auf das Kissen zurückfallen, wobei sie am liebsten zum Weinen geneigt war.

KAPITEL XIII.
Eustace kauft eine Zeitung.

Zu gegebener Zeit rollte der Zug, der Augusta und ihr Vermögen trug und Waterloo um 17.40 Uhr erreichen sollte, in den Bahnhof ein. Der Zug war schnell, aber der Telegraph war schneller gewesen. Alle Abendzeitungen hatten mehr oder weniger genaue Berichte über ihre Flucht veröffentlicht, und die meisten von ihnen hatten hinzugefügt, dass die beiden Überlebenden Waterloo mit dem Zug um 5.40 Uhr erreichen würden. Die Folge war, dass Augusta, als der Zug am Bahnsteig anhielt, beim Hinausschauen zu ihrem Entsetzen eine dichte Menschenmasse sah, die von einer Reihe Polizisten in Schach gehalten wurde.

Der Wächter hielt jedoch die Tür auf, so dass ihr nichts anderes übrig blieb, als hinauszugehen, was sie tat, indem sie Dick an der Hand nahm, ein Vorgang, der ihre Identität zwangsläufig außer Zweifel stellte. In dem Moment, als sie ihren Fuß auf den Bahnsteig setzte, sah die Menge sie, und es ertönte ein so gewaltiger Willkommensruf, dass sie fast wieder Zuflucht in der Kutsche gesucht hätte. Einen Moment lang stand sie zögernd da, und als die Menge sah, wie süß und schön sie war (denn die drei Monate an der Seeluft hatten sie kräftiger und noch schöner gemacht), jubelte sie erneut mit jener eigentümlichen Begeisterung, die ein anspruchsvolles Publikum immer an den Tag legt hübsches Gesicht. Doch noch während sie verwirrt auf dem Bahnsteig stand , hörte sie ein lautes „Platz machen – Platz machen!" und sah, wie die Menge durch eine kleine Gruppe von Beamten geteilt wurde, die jemanden in Witwenkleidung eskortierten.

Eine Sekunde später ertönte ein Freudenschrei, und eine süße, blassgesichtige kleine Dame lief auf das Kind Dick zu, drückte es an ihr Herz und schluchzte und lachte zugleich.

"Oh! Mein Junge! Mein Junge!" rief Lady Holmhurst , denn sie war es, „Ich dachte, du wärst tot – schon vor langer Zeit tot!"

Und dann drehte sie sich um und umarmte vor allen Menschen dort Augustas Hals, küsste sie und segnete sie, weil sie ihr einziges Kind gerettet und die Last ihrer Trostlosigkeit halb von sich genommen hatte. Wobei die Menge jubelte und weinte und schrie und vor Aufregung fluchte und ihre Sterne segnete, dass sie da waren, um sie zu sehen.

Und dann wurden sie in einem Dunst aus Lärm und Aufregung durch die jubelnde Menge zu einer Kutsche und einem Paar geführt, und ihnen wurde beim Einsteigen geholfen, wobei Mrs. Thomas auf den Vordersitz gesetzt wurde und Lady Holmhurst und Augusta auf dem zurück, erstere mit dem keuchenden Dick auf ihrem Knie.

Und jetzt ist der kleine Dick aus der Geschichte raus.

Dann ereignete sich ein weiteres Ereignis, dessen Erklärung wir etwas zurückgehen müssen.

Als Eustace Meeson nach seiner formellen Enterbung in die Stadt kam, war es ihm gelungen, bei einem angesehenen Verlag eine Anstellung als Lektor für Latein, Französisch und Altenglisch zu bekommen. Zufällig schlenderte er gerade an diesem Nachmittag den Strand entlang, nachdem er einen ziemlich anstrengenden Arbeitstag hinter sich gebracht hatte, und sein Geist war erfüllt von den müßigen und etwas wirren Kleinigkeiten der Spekulation, mit denen die meisten Gehirnarbeiter vertraut sein werden. Er sah älter und blasser aus als bei unserer letzten Begegnung, denn Kummer und Unglück hatten ihn schwer getroffen. Als Augusta gegangen war, hatte er herausgefunden, dass er sich Hals über Kopf in sie verliebte, und zwar auf die unglückliche Art und Weise – in neunundneunzig von hundert Fällen ist das unglücklich –, auf die sich viele empfängliche Männer gelegentlich in sie verlieben Jugend – ein Weg, der das Herz für das Leben auf eine Weise prägt, die genauso wenig ausgelöscht werden kann, wie der Stempel eines heißen Eisens vom physischen Körper ausgelöscht werden kann. Eine solche Zuneigung – die nicht ganz von der Welt ist – wird sich, wenn sie einen Menschen überkommt, entweder als der größte Segen seines Lebens oder als einer der schwersten und beständigsten Flüche erweisen, die ein bösartiges Schicksal ihm auf den Kopf legen kann. Denn wenn er seinen Wunsch erfüllt, wird für ihn das Leben sicherlich der Hälfte seines Übels beraubt sein, auch wenn er seine sieben Jahre verbüßt. Aber wenn er sie verliert , sei es durch Unglück oder weil er das alles jemandem gegeben hat, der das Geschenk nicht verstand, oder jemandem, der die Liebe und sich selbst als eine Währung ansah, mit der er sich ihren Platz und den Luxus von Tagen erkaufen konnte, dann wird er es tun Sei von allen Menschen einer der Elendsten. Denn nichts kann ihm zurückgeben, was von ihm gegangen ist.

Eustace hatte Augusta nur zweimal in seinem Leben gesehen; Aber dann hängt die Leidenschaft nicht unbedingt von einem ständigen vorherigen Verkehr mit ihrem Objekt ab. Liebe auf den ersten Blick ist weit verbreitet, und in diesem Fall war Eustace nicht ausschließlich auf die gesprochenen Worte seiner Angebeteten oder auf seine Erinnerung an ihre sehr greifbare Schönheit angewiesen. Denn er hatte ihre Bücher. An diejenigen, die etwas über den Autor wissen – sagen wir mal so viel, dass er in die Lage versetzt wird, einen ungefähren Wert auf seine oder ihre Gefühle zu legen, um sich eine mehr oder weniger genaue Schätzung darüber zu bilden, wann er aus eigenem Kopf spricht: Wenn er aus dem Kopf der Marionette in seiner Hand spricht und wenn er lediglich eine Sache darlegt, sind die Bücher einer Person voller Informationen und bringen diese Person in einen engeren und innigeren Kontakt mit dem Leser als jeder persönliche Verkehr . Denn was auch immer das Beste und das Schlimmste an einem Menschen ist, wird sich auf seinen Seiten widerspiegeln, da er, sofern er nicht der ärmste aller Hackerautoren ist, zwangsläufig die Bilder, die an den Spiegeln seines Herzens vorbeiziehen, darin festhalten muss.

So schien es Eustace, der „Jemimas Gelübde" und auch ihre frühere gescheiterte Arbeit fast auswendig kannte, dass er Augusta sehr gut kannte, und als er an jenem Maiabend nach Hause ging, dachte er traurig genug über alles nach, was er getan hatte hatte durch diesen grausamen Schiffbruch verloren. Er hatte Augusta verloren, und darüber hinaus hatte er seinen Onkel und dessen riesiges Vermögen verloren. Denn auch er hatte den Bericht über die Bewerbung von Meeson in der *Times gesehen* , und obwohl er wusste, dass er enterbt wurde, war es ein wenig niederschmetternd. Um Augustas willen hatte er das Vermögen verloren, und nun hatte er auch Augusta verloren; und er dachte, nicht ohne Bestürzung, über die lange, trostlose Existenz nach, die vor ihm lag und sozusagen angefüllt war mit künftigen Stapeln lateinischer Beweise. Mit einem Seufzer blieb er an der Kreuzung Wellington Street am Strand stehen, die aufgrund des ständigen Verkehrsflusses an dieser Stelle zu den schlechtesten in London zählt. Im Moment gab es eine Blockade, wie es sonst so ist, und er stand einige Minuten da und beobachtete die hektischen Sprünge einer alten Frau, die immer versuchte, sie zur falschen Zeit zu überqueren, nicht ohne eine gewisse Belustigung. Doch plötzlich stürmte ein Junge mit einem Bündel ungefalteter *Globen unter dem Arm heran und machte den Ort mit seinem Geheul gruselig.*

„Wunderbare Flucht einer Dame und eines Han -Kinds!" er brüllte. „Bericht über die Überlebenden des Kangaroo – wunderbare Flucht – einsame Insel – Ankunft der Magnolia mit den Kriminellen."

Eustace sprang auf, kaufte sofort ein Exemplar des Papiers und betrat die Tür eines Ladens, in dem Freimaurerjuwelen jeder Größe und Farbe verkauft wurden, um es zu lesen. Das allererste, was ihm ins Auge fiel, war ein redaktioneller Absatz.

„In einer anderen Kolumne", hieß es in dem Absatz, „wird ein kurzer Bericht über die bemerkenswerteste Meeresgeschichte, die wir kennen, zu finden sein, der uns gerade bei Redaktionsschluss aus Southampton telegrafiert wurde. Die Flucht von Miss Augusta Smithers und dem kleinen Lord Holmhurst – wie wir ihn jetzt vermutlich nennen müssen – vor dem unglückseligen Känguru und ihre anschließende Rettung im Kerguelen-Land durch den amerikanischen Walfänger werden sicherlich den Rang einnehmen romantischster Vorfall seiner Art in den jüngsten Annalen des Schiffbruchs. Miss Smithers, die der Öffentlichkeit besser als Autorin des bezaubernden Buches „Jemimas Gelübde" bekannt sein wird, das die Stadt vor etwa einem Jahr im Sturm eroberte, wird mit dem Zug um 5.40 Uhr am Bahnhof Waterloo ankommen, und wir werden dann –"

Eustace las nicht mehr. Übel und ohnmächtig, von einem außerordentlichen Gefühlsabstoß erfüllt, lehnte er sich an die Tür des Freimaurerladens, die sich sofort auf die gastfreundlichste Weise öffnete, und ließ ihn auf dem Rücken auf dem Boden des Lokals absetzen. In einer Sekunde war er aufgestanden und mit solcher Energie aus dem Laden gestürmt, dass der Verkäufer kurz davor war zu rufen: „Stoppt den Dieb!" Es war genau fünf Uhr und er war nicht mehr als etwa eine Viertelmeile vom Bahnhof Waterloo entfernt. Ein Hansom schlenderte vor ihm her, er sprang hinein. „Waterloo, Hauptlinie", rief er, „so schnell du kannst", und im nächsten Moment rollte er über die Brücke. Fünf oder sechs Minuten Fahrt brachten ihn zum Bahnhof, zu dem eine enorme Menschenmenge eilte, teils von einem Gerücht darüber, was vor sich ging, teils von der magnetischen Ansteckung der Aufregung, die wie Feuer durch einen Londoner Mob geht, zusammengetrieben durch trockenes Gras.

Er entließ das Hansom, warf dem Kutscher eine halbe Krone zu, was angesichts der Tatsache, dass halbe Kronen bei ihm nicht allzu reichlich waren, eine überstürzte Tat war, und bahnte sich energisch seinen Weg durch das Gedränge, bis er die Stelle erreichte, wo die Kutsche und Paar standen. Die Kutsche fing gerade an, weiterzufahren.

"Stoppen!" rief er lauthals dem Kutscher zu, der wieder vorfuhr. Im nächsten Moment war er an der Seite und dort, süßer und schöner als je zuvor, sah er erneut seine Liebe.

Sie zuckte zusammen, als sie seine Stimme hörte, die sie zu kennen schien, und ihre Blicke trafen sich. Ihre Blicke trafen sich und ein großes Licht des Glücks schoss in ihr süßes Gesicht und schien dort, bis es verdeckt wurde und in der darauf folgenden warmen Röte verloren ging.

Er versuchte zu sprechen, konnte es aber nicht. Zweimal versuchte er es, zweimal scheiterte er, und währenddessen schrie der Mob lautstark. Schließlich brachte er es jedoch heraus : „ Gott sei Dank!" Er stammelte: „Gott sei Dank, du bist in Sicherheit!"

Als Antwort streckte sie ihre Hand aus und warf ihm einen süßen Blick zu. Er nahm es und die Kutsche setzte sich erneut in Bewegung.

„Wo bist du zu finden?" Er besaß die Geistesgegenwart zu fragen.

„Bei Lady Holmhurst . Kommen Sie morgen früh; Ich habe Ihnen etwas zu sagen ", antwortete sie , und eine Minute später war die Kutsche verschwunden, und er stand in einem Geisteszustand da, den man sich „wirklich besser vorstellen als beschreiben" kann.

KAPITEL XIV.
AM HANNOVER-PLATZ.

Eustace konnte sich nie mehr genau daran erinnern, wie er den Abend dieses ereignisreichen Tages überstanden hatte. Alles, was damit zusammenhängt, schien ihm verschwommen. Da wir jedoch, zum Glück für den Leser dieser Geschichte, nicht völlig auf die Erinnerung an einen verliebten jungen Mann angewiesen sind, was immer eine tückische Sache ist, können wir uns auch auf andere und exklusive Informationsquellen verlassen die Lücke. Zuerst ging er in seinen Club und ergriff ein „Rotes Buch", in dem er entdeckte, dass sich das Londoner Haus von Lord Holmhurst, oder besser gesagt, Lady Holmhurst, am Hanover Square befand. Dann ging er zu seinen Zimmern in einer der kleinen Seitenstraßen, die zum Strand führten, und nahm sich vor, etwas zu Abend zu essen; Daraufhin überkam ihn ein schrecklicher Anfall von Unruhe und er begann zu laufen. Drei Stunden lang lief dieser junge Mann, was zweifellos eine gute Sache für ihn war, denn in London gibt es nie genug Bewegung; und am Ende dieser Zeit, nachdem er bereits in Hammersmith und zurück gewesen war, zog es ihn in Richtung Hanover-Square. Dort angekommen hatte er kaum Schwierigkeiten, die Nummer zu finden. Auf dem Boden des Wohnzimmers brannte Licht, und da die Nacht warm war, war eines der Fenster offen, so dass das Lampenlicht sanft durch die Spitzenvorhänge schien. Eustace ging auf die andere Straßenseite und blickte, gegen das Eisengeländer des Platzes gelehnt, nach oben. Er wurde für seine Mühen belohnt, denn durch den dünnen Vorhang konnte er die Umrisse zweier Damen erkennen, die Seite an Seite auf einer Ottomane saßen und ihre Gesichter zum Fenster zeigten, und bei einer davon hatte er keine Schwierigkeiten, sie zu erkennen Augusta. Sie hatte den Kopf auf ihre Hand gestützt und redete ernst mit ihrem Begleiter. Er fragte sich, wovon sie redete, und hatte fast Lust, anzurufen und zu bitten, sie sehen zu dürfen. Warum sollte er bis morgen früh warten? Bald jedoch setzten sich bessere Ratschläge durch, und obwohl er sich zutiefst gegen seinen Willen wehrte, blieb er stehen, bis ein Polizist, der seinen verzückten Blick für misstrauisch hielt, ihn schroff aufforderte, weiterzugehen.

Die einzige Liebe eines Menschen durch ein offenes Fenster zu betrachten, ist zweifellos eine entzückende, wenn auch etwas verlockende Beschäftigung ; Aber wenn Eustaces Ohren genauso gut gewesen wären wie seine Augen und er das Gespräch hätte hören können, das im Wohnzimmer stattfand, wäre er noch mehr interessiert gewesen.

Augusta hatte gerade den Teil ihrer Geschichte erzählt, in dem es um das wichtige Dokument ging, das auf ihre Schultern tätowiert war und das Lady Holmhurst „Ore Rotundo" gehört hatte.

„Und so kommt der junge Mann morgen früh hierher", sagte Lady Holmhurst ; "wie entzueckend! Ich bin mir sicher, dass er wie ein sehr netter junger Mann aussah und sehr schöne Augen hatte. Es ist das Romantischste, von dem ich je gehört habe."

„Es mag für dich entzückend sein, Bessie", sagte Augusta ziemlich säuerlich, „aber ich nenne es ekelhaft. Es ist schön und gut, sich auf einer einsamen Insel tätowieren zu lassen – nicht, dass das besonders schön war, das kann ich Ihnen sagen; Aber es ist etwas ganz anderes, die Ergebnisse in einem Londoner Salon zeigen zu müssen. Natürlich wird Herr Meeson dieses Testament sehen wollen, egal, was es wert sein mag; und ich möchte dich fragen, Bessie, wie ich es ihm zeigen soll? Es liegt an meinem Hals."

„Ich habe nicht bemerkt", sagte Lady Holmhurst trocken, „dass Damen in der Regel einen unüberwindlichen Einwand dagegen haben, ihren Hals zu zeigen." Wenn Sie diesbezüglich Zweifel haben, empfehle ich Ihnen, sich eine Einladung zu einem Londoner Ball zu besorgen. Alles, was Sie tun müssen, ist, ein niedriges Kleid zu tragen. Die Tatsache, tätowiert zu sein, macht es für Sie nicht unangebrachter, Ihre Schultern zu zeigen, als wenn sie nicht tätowiert wären."

„Ich habe noch nie ein tiefes Kleid getragen", sagte Augusta, „und ich möchte meine Schultern nicht zeigen."

„Ah, nun ja", sagte Lady Holmhurst düster; „Ich gehe davon aus, dass dieses Gefühl bald nachlassen wird. Aber wenn Sie es nicht tun, werden Sie es natürlich nicht tun. und unter diesen Umständen sollten Sie besser nichts über das Testament sagen – obwohl", fügte sie gelehrt hinzu, „das natürlich eine Verschärfung eines Verbrechens bedeuten würde."

"Würde es? Ich verstehe nicht ganz, wo das Verbrechen ins Spiel kommt."

„Natürlich ist es so: Wenn man das Testament stiehlt, ist das ein Verbrechen; und wenn Sie es ihm nicht zeigen, wird es wahrscheinlich noch schlimmer; es handelt sich um eine doppelte Straftat – ein schweres Verbrechen."

"Unsinn!" Antwortete Augusta auf diese Darstellung des Gesetzes, die zugegebenermaßen fast so klar und überzeugend war wie die eines durchschnittlichen Qualitätskontrolleurs: „Wie kann ich meine eigenen Schultern stehlen?" Es ist unmöglich."

"Ach nein; gar nicht. Du weißt nicht, was für lustige Dinge du tun kannst. Ich hatte einmal einen Cousin, den ich bei seiner Anwaltsprüfung betreute, und ich habe damals viel darüber gelernt. Armer Kerl! er wurde achtmal gerupft."

„Das wundert mich sicher nicht", sagte Augusta grob. „Nun, ich denke, ich muss dieses niedrige Kleid anziehen; aber es ist schrecklich – absolut schrecklich! Du musst mir eins leihen, das ist alles."

„Meine Liebe", antwortete Lady Holmhurst mit einem Blick auf das Unkraut ihrer Witwe. „Ich trage keine legeren Kleider, aber vielleicht finde ich welche unter den Dingen, die ich vor unserer Abreise weggeräumt habe", und ihre Augen füllten sich mit Tränen.

Augusta nahm ihre Hand, und sie begannen, über diesen großen Trauerfall und ihr eigenes wunderbares Überleben zu reden, bis sie schließlich das Gespräch auf den kleinen Dick richtete, und Bessie Holmhurst lächelte wieder bei dem Gedanken, dass ihr geliebter Junge, ihr einziges Kind, schlief sicher die Treppe hinauf und wusch sich nicht, wie sie geglaubt hatte, auf dem Grund des Ozeans hin und her . Sie nahm Augustas Hand, küsste sie und segnete sie dafür, dass sie ihr Kind gerettet hatte, bis plötzlich, etwas zu dessen Erleichterung, der Butler die Tür öffnete und sagte, dass zwei Herren ganz besonders mit Miss Smithers sprechen wollten. Und dann wurde sie erneut ihren alten Feinden, den Interviewern, ausgeliefert; und nach ihnen kamen die Vertreter des Unternehmens, dann weitere Sonderreporter und dann ein Künstler von einer der illustrierten Zeitungen, der darauf bestand, dass sie ihm einen Termin gab, und zwar in einer Sprache, die zwar höflich war, aber andeutete, dass er seinen Willen durchsetzen wollte ; und so weiter, bis sie fast um Mitternacht ins Bett eilte und ihre Tür abschloss.

Am nächsten Morgen erschien Augusta beim Frühstück, gekleidet in ein äußerst schickes, tiefes Kleid, das Lady Holmhurst mit ihrem heißen Wasser zu ihr hinaufschickte. Sie hatte noch nie zuvor eines getragen, und es bedeutet sicherlich, zum ersten Mal bei Tageslicht ein tiefes Kleid anzuziehen – tatsächlich fühlte sie sich genauso schuldig wie ein Mensch mit gemäßigten Gewohnheiten, wenn er zuvor überredet wird, einen Brandy und eine Limonade zu trinken aufstehen. Es gab jedoch keine Hilfe dafür; Also warf sie sich einen Schal über die Schultern und stieg hinab.

„Meine Liebe, lassen Sie mich sehen", sagte Lady Holmhurst , sobald der Diener das Zimmer verlassen hatte.

Mit einem Seufzer öffnete Augusta ihre Schultern, und ihre Freundin lief um den Tisch herum, um sie anzusehen. Da, an ihrem Hals, lag das Testament. Die Tintenfischtinte hatte sich als ausgezeichnetes Medium erwiesen, und die Tätowierung war so frisch wie am Tag, an dem sie gemacht worden war, und würde es zweifellos bis zur letzten Stunde ihres Lebens bleiben.

„Nun", sagte Lady Holmhurst , „ich hoffe, der junge Mann wird gebührend dankbar sein." Ich müsste sehr verliebt sein", und sie sah Augusta bedeutungsvoll an, „bevor ich mich für einen Mann auf diese Weise verwöhnen würde."

Augusta errötete bei dieser Unterstellung und sagte nichts. Um zehn Uhr, als sie gerade mit dem Frühstück fertig waren, klingelte es.

„Hier ist er", sagte Lady Holmhurst und klatschte in die Hände. „Wenn das nicht das Witzigste ist, von dem ich je gehört habe! Ich habe Jones gesagt, er soll ihn hier reinführen."

Kaum waren die Worte aus ihrem Mund, öffnete der Butler, der so ernst wie ein Stummer in seiner tiefen Trauer wirkte, die Tür und verkündete: „Mr. Eustace Meeson", in jenen tiefen und gebieterischen Tönen, die Lakaien, und nur Lakaien, beherrschen. Es entstand eine kurze Pause. Augusta erhob sich halb von ihrem Stuhl und setzte sich dann wieder; und als Lady Holmhurst ihre Verlegenheit bemerkte, lächelte sie boshaft. Dann kam Eustace selbst herein, der ziemlich hübsch aussah, äußerst nervös und wunderschön gekleidet – in einem Gehrock mit einer Blume darin.

"Oh! Wie geht es dir?" sagte er zu Augusta und streckte ihm die Hand entgegen, die sie ziemlich kalt ergriff.

„Wie geht es Ihnen, Mr. Meeson", antwortete sie. „Lassen Sie mich Ihnen Lady Holmhurst vorstellen . Mr. Meeson, Lady Holmhurst . Eustace verneigte sich und legte seinen Hut auf die Butterdose, denn er war sehr überwältigt.

„Ich hoffe, dass ich nicht zu früh gekommen bin", sagte er völlig verwirrt, als er seinen Fehler erkannte. „Ich dachte, du hättest gefrühstückt."

„Oh, überhaupt nicht, Mr. Meeson", sagte Lady Holmhurst . „Willst du nicht eine Tasse Tee trinken? Augusta, gib Mr. Meeson eine Tasse Tee."

Er nahm den Tee, den er überhaupt nicht wollte, und dann trat eine unangenehme Stille ein. Niemand schien zu wissen, wie er das Gespräch beginnen sollte.

„Wie haben Sie das Haus gefunden, Mr. Meeson?" sagte Lady Holmhurst schließlich. „Miss Smithers hat Ihnen keine Adresse gegeben, und es gibt zwei Lady Holmhursts – meine Schwiegermutter und mich."

„Oh, ich habe es mir angesehen, und dann bin ich letzte Nacht hierher gelaufen und habe euch beide am Fenster sitzen sehen."

"In der Tat!" sagte Lady Holmhurst . „Und warum bist du nicht reingekommen? Sie hätten vielleicht dazu beigetragen, Miss Smithers vor den Reportern zu schützen."

„Ich weiß es nicht", antwortete er verwirrt. „Das gefiel mir nicht; Und außerdem hielt mich ein Polizist für verdächtig und sagte mir, ich solle weitermachen."

„Sehr geehrte Damen und Herren, Herr Meeson; Du musst uns genau beobachtet haben."

Hier mischte sich Augusta ein, denn sie fürchtete, ihr Verehrer – denn mit untrüglichem Instinkt erriet sie nun, wie die Dinge standen – könnte etwas Dummes sagen. Ein junger Mann, der in der Lage ist, ein Haus am Hanover Square anzustarren, ist offenbar zu allem fähig, dachte sie.

„Ich war überrascht, dich gestern zu sehen", sagte sie. „Woher wussten Sie, dass wir kommen?"

Eustace erzählte ihr, dass er es im *Globe gesehen hatte* . „Ich bin mir sicher, dass du nicht so überrascht gewesen sein kannst wie ich", fuhr er fort, „ich hatte dafür gesorgt, dass du ertrunken bist." Ich fuhr nach Birmingham, um Sie aufzusuchen, nachdem Sie gegangen waren, und stellte fest, dass Sie verschwunden waren und keine Adresse hinterlassen hatten. Die Magd erklärte, dass Sie auf einem Schiff namens „Conger Eel" gesegelt seien – bei dem es sich, wie ich später herausfand, um „Känguru" handelte. Und dann ging sie hinunter; und nach langer Zeit veröffentlichten sie eine vollständige Liste der Passagiere und Ihr Name war nicht darunter, und ich dachte, dass Sie vielleicht doch das Schiff verlassen hätten oder so etwas. Dann, einige Tage später, kam ein Telegramm aus Albany in Australien, in dem die Namen von Lady Holmhurst und den anderen Geretteten genannt wurden und insbesondere „Miss Smithers – die Schriftstellerin" und Lord Holmhurst als unter den Ertrunkenen erwähnt wurden, und das ist so wie die schreckliche Spannung ein Ende fand. Es war schrecklich, das kann ich Ihnen sagen."

Beide jungen Frauen blickten in Eustaces Gesicht und erkannten, dass es keinen Zweifel an der wahren Natur des Prozesses gab, den er durchgemacht hatte. Es war so real, dass es ihm nie in den Sinn zu kommen schien, dass es etwas Ungewöhnliches daran war, dass er so großes Interesse an den Angelegenheiten einer jungen Dame zum Ausdruck brachte, mit der er äußerlich zumindest nur auf der Basis einer bloßen Bekanntschaft verkehrte.

„Es war sehr nett von dir, so viel an mich zu denken", sagte Augusta sanft. „Ich hatte keine Ahnung, dass du noch einmal anrufen würdest, sonst hätte ich dir Bescheid gegeben, wohin ich wollte."

„Nun, Gott sei Dank bist du auf jeden Fall gesund und munter", antwortete Eustace; und dann, mit einem plötzlichen Angstanfall: „Sie kehren doch noch nicht nach Neuseeland zurück, oder?"

"Ich weiß nicht. Ich habe das Meer gerade ziemlich satt."

„Nein, das ist sie tatsächlich nicht", sagte Lady Holmhurst ; „Sie wird bei mir und Dick aufhören. Miss Smithers hat Dick das Leben gerettet, als die arme Krankenschwester weggelaufen war. Und jetzt, mein Lieber, sollten Sie Mr. Meeson besser von dem Testament erzählen."

"Der Wille. Was wird?" fragte Eustace.

„Hör zu, und du wirst hören."

Und Eustace hörte mit offenen Augen und Ohren zu, während Augusta, so gut sie konnte, ihre Schüchternheit überwand und die ganze Geschichte vom Tod seines Onkels und von der Art und Weise erzählte, wie er seine testamentarischen Wünsche mitgeteilt hatte.

„Und willst du mir sagen ", sagte Eustace erstaunt, „dass du ihm erlaubt hast, sein verdammtes Testament auf deinen Hals tätowieren zu lassen?"

„Ja", antwortete Augusta, „das habe ich; und außerdem, Herr Meeson, denke ich, dass Sie mir sehr dankbar sein sollten; denn ich wage zu behaupten, dass es mir oft leid tun wird."

„Ich bin *sehr* dankbar", antwortete Eustace; „Ich hatte kein Recht, so etwas zu erwarten, und kurz gesagt, ich weiß nicht, was ich sagen soll. Ich hätte nie gedacht, dass eine Frau zu einem solchen Opfer für – für einen vergleichsweise Fremden fähig wäre."

Dann kam eine weitere unangenehme Pause.

„Nun, Mr. Meeson", sagte Augusta und erhob sich schließlich schroff von ihrem Stuhl, „das Dokument gehört Ihnen, und ich nehme an, dass Sie es besser sehen sollten." Allerdings glaube ich nicht, dass es für Sie von großem Nutzen sein wird, da ich sehe, dass es der Nachlassbehörde gestattet war, Mr. Meesons anderes Testament auszustellen, was auch immer das bedeuten mag."

„Ich weiß nicht, ob das von Bedeutung sein wird", sagte Eustace, „als ich hörte, wie ein Freund von mir, Mr. Short, der Rechtsanwalt ist, neulich über einen Fall sprach, in dem die Nachlassverfügung auf Vorlage eines Nachlassvermerks widerrufen wurde." Wille."

"In der Tat!" antwortete Augusta: „Das freut mich sehr. Dann vielleicht, schließlich wurde ich aus irgendeinem Grund tätowiert. Also; Ich schätze, du solltest es besser sehen", und mit einer halb schüchternen, halb trotzigen Geste nahm sie den Spitzenschal von ihren Schultern und drehte ihm den Rücken zu, damit er sehen konnte, was darauf geschrieben stand.

Eustace starrte auf die breite Reihe von Briefen, die mit den darunter geschriebenen Unterschriften für ihn eine Angelegenheit von zwei Millionen Geld bedeuten könnten.

„Danke", sagte er schließlich, nahm den Spitzenschal und warf ihn erneut über sie.

„Wenn Sie mich für ein paar Minuten entschuldigen würden, Mr. Meeson", unterbrach Lady Holmhurst an dieser Stelle; „Ich muss mich um das Abendessen kümmern", und bevor Augusta eingreifen konnte , hatte sie den Raum verlassen.

Eustace schloss die Tür hinter sich und drehte sich um, wobei er instinktiv spürte, dass eine große Krise in seinem Schicksal bevorstand. Es gibt Menschen, die sich einer Notlage stellen, und andere, die davor zurückschrecken, und der Unterschied ist der Unterschied zwischen dem, der Erfolg hat, und dem, der im Leben scheitert, und in allem, was das Leben lebenswert macht.

Eustace gehörte zu der Klasse, die aufsteigt, und nicht zu der, die schrumpft.

Kapitel XV.
Eustace konsultiert einen Anwalt.

Augusta lehnte am Marmorkamin – tatsächlich ruhte einer ihrer Arme darauf, denn sie war eine große Frau. Vielleicht hatte auch sie das Gefühl, dass etwas in der Luft lag; Jedenfalls wandte sie den Kopf ab und begann mit einem bronzenen japanischen Hummer zu spielen, der den Kaminsims schmückte.

„Jetzt geht es los", sagte Eustace zu sich selbst und holte tief Luft, um zu versuchen, das heftige Pulsieren seines Herzens zu beruhigen.

„Ich weiß nicht, was ich Ihnen sagen soll, Miss Smithers", begann er.

„Erzähl am besten nichts mehr dazu", warf sie schnell ein. „Ich habe es geschafft, und ich bin froh, dass ich es geschafft habe. Was nützen ein paar Mark, wenn dadurch ein großes Unrecht verhindert wird? Es ist unwahrscheinlich, dass ich jemals vor Gericht gehen muss. Außerdem, Herr Meeson, gibt es noch etwas anderes; durch mich hast du dein Erbe verloren; Es ist nur richtig, dass ich versuchen sollte, es dir zurückzubringen."

Sie senkte erneut den Kopf und begann erneut mit dem bronzenen Hummer zu spielen, wobei sie ihren Arm so hielt, dass Eustace ihr Gesicht nicht sehen konnte. Aber wenn er ihr Gesicht nicht sehen konnte , konnte sie seines im Glas sehen und beobachtete genau jede Veränderung, die im Großen und Ganzen zwar natürlich, aber ziemlich gemein von ihr war.

Der arme Eustace wurde immer blasser, bis sein hübsches Gesicht geradezu gespenstisch wurde. Es ist wunderbar, wie verängstigt junge Männer sind, wenn sie zum ersten Mal einen Heiratsantrag machen. Im Nachhinein lässt es nach – mit etwas Übung gewöhnt man sich an alles.

„Miss Smithers – Augusta", keuchte er, „ich möchte Ihnen etwas sagen!" und er blieb wie angewurzelt stehen.

„Ja, Mr. Meeson", antwortete sie fröhlich, „was ist los?"

„Ich möchte es dir sagen" – und wieder zögerte er.

„Was werden Sie mit dem Testament tun?" schlug Augusta vor.

„Nein – nein; nichts über das Testament – bitte lachen Sie mich nicht aus und schrecken Sie mich nicht ab!"

Sie blickte unschuldig auf – als würde sie sagen, dass sie nie davon geträumt hätte, eines dieser Dinge zu tun. Sie hatte ein hübsches Gesicht, und der Blick aus den grauen Augen durchbrach die Barriere seiner Ängste.

„Oh, Augusta, Augusta", sagte er, „verstehst du nicht? Ich liebe dich! Ich liebe dich! Noch nie wurde eine Frau so geliebt, wie ich dich liebe. Ich habe mich in dich verliebt, als ich dich zum ersten Mal im Büro von Meeson sah, als ich mit meinem Onkel über dich gestritten habe; und seitdem habe ich mich immer tiefer in dich verliebt. Als ich dachte, dass du ertrunken bist, brach es mir fast das Herz, und oft und oft wünschte ich, ich wäre auch tot!"

Nun war Augusta an der Reihe, beunruhigt zu sein, denn obwohl die Gelassenheit einer Dame ihr bis zum Rande einer Affäre dieser Art zugute kommen wird, bricht sie in der Regel *in medias res zusammen* . Jedenfalls senkte sie den Blick und färbte sich die Haare, während ihre Brust sich stürmisch zu beben begann.

„Wissen Sie, Mr. Meeson", sagte sie schließlich, ohne es zu wagen, in sein flehendes Gesicht zu schauen, „dass wir uns erst zum vierten Mal gesehen haben, gestern eingeschlossen."

„Ja, ich weiß", sagte er; „aber weisen Sie mich deswegen nicht ab; Du kannst mich so oft sehen, wie du willst" – (das war großzügig von Meister Eustace) – „und wirklich, ich kenne dich besser, als du denkst. Ich glaube, dass ich jedes Ihrer Bücher zwanzig Mal gelesen habe."

Das war ein glücklicher Schlag, denn so frei von Eitelkeit ein Mensch auch sein mag, es liegt nicht in der Natur einer jungen Frau, zu hören, dass jemand zwanzigmal ihr Buch gelesen hat, ohne erfreut zu sein.

„Ich bin nicht meine Bücher", sagte Augusta.

"NEIN; Aber deine Bücher sind ein Teil von dir", antwortete er, „und ich habe durch sie mehr über dein wahres Selbst gelernt, als wenn ich dich hundertmal statt viermal gesehen hätte."

Augusta hob langsam ihre grauen Augen, bis sie seine eigenen trafen, und sah ihn an, als würde sie nach seiner Seele suchen, und die Erinnerung an diesen langen, süßen Blick ist noch bei ihm.

Er sagte nichts mehr, und sie hatte auch keine Worte; aber irgendwie zogen sie einander immer näher, bis er sie umarmte und seine Lippen auf ihre Lippen drückten. Glücklicher Mann und glückliches Mädchen! Sie werden erleben, dass das Leben Freuden hat (für diejenigen, denen es gut geht und denen es gut geht), aber dass es keine so heiligen und vollkommenen Freuden hat wie die, die sie jetzt erlebten – den ersten Kuss wahrer und ehrlicher Liebe.

Kurze Zeit später kam der Butler schrecklich plötzlich herein und fand Augusta und Eustace, die eine sehr rot und die andere sehr blass, verdächtig nahe beieinander stehen. Aber er war ein sehr gut ausgebildeter Butler und ein erfahrener Mann, der viel gesehen und mehr erraten hatte; und er sah unschuldig aus wie ein ungeborenes Kind.

In diesem Moment kam auch Lady Holmhurst wieder herein und blickte die beiden mit einem amüsierten Augenzwinkern an. Lady Holmhurst war ebenso wie ihr Butler eine erfahrene Person.

„Willst du nicht in den Salon kommen?" Sie sagte. Und das taten sie und sahen ziemlich verlegen aus.

Und dort machte Eustachius eine klare Aussage und verkündete, dass sie verlobt seien. Und obwohl dies eher eine Annahme war, da zwischen ihnen keine wirklichen Worte der Treue gewechselt worden waren, stand Augusta da und brachte nie ein Wort des Widerspruchs hervor.

„Nun, Mr. Meeson", sagte Lady Holmhurst , „ich denke, dass Sie der glücklichste Mann meines Bekanntenkreises sind, denn Augusta ist nicht nur eines der süßesten und liebenswertesten Mädchen, die ich je getroffen habe, sie ist auch die mutigste und mutigste." am klügsten. Sie müssen auf der Hut sein, Mr. Meeson, sonst wird man Sie als den Ehemann der großen Augusta Meeson bezeichnen."

„Ich werde das Risiko eingehen", antwortete er bescheiden. „Ich weiß, dass Augusta mehr Gehirn in ihrem kleinen Finger hat als ich in meinem ganzen Körper. Ich weiß nicht, wie sie einen Kerl wie mich ansehen kann."

„Meine Güte, wie bescheiden wir sind!" sagte Lady Holmhurst . „Nun, das ist die Art der Männer vor der Ehe. Und jetzt, da Augusta Ihr Vermögen sowohl auf dem Rücken als auch in ihrem Gesicht und Gehirn trägt, wage ich vorzuschlagen, dass Sie in dieser Angelegenheit besser einen Anwalt aufsuchen sollten; das heißt, wenn Sie Ihr kleines Gespräch ganz beendet haben. Ich nehme an, dass Sie kommen und mit uns speisen werden, Mr. Meeson, und wenn Sie etwas früher kommen möchten, sagen wir halb sechs, dann wird Augusta wahrscheinlich vorbeikommen, um zu hören, was Sie darüber herausgefunden haben wird, wissen Sie. Und jetzt – au revoir."

„Ich denke, das ist ein sehr netter junger Mann, meine Liebe", sagte Lady Holmhurst , sobald Eustace sich verabschiedet hatte. „Es war ziemlich dreist von ihm, dir zum vierten Mal einen Antrag zu machen, dass er dich ansah; aber ich denke, dass Kühnheit im Großen und Ganzen eine gute Eigenschaft des männlichen Geschlechts ist. Eine andere Sache ist, dass er, wenn dieses Testament etwas wert ist, einer der reichsten Männer in ganz England sein wird; Alles in allem denke ich, dass ich Ihnen gratulieren kann, meine Liebe. Und jetzt nehme ich an, dass Sie die ganze Zeit in diesen jungen Mann verliebt waren. Das habe ich mir schon gedacht, als ich gestern Ihr Gesicht sah, als er zur Kutsche rannte, und ich war mir dessen sicher, als ich von der Tätowierung hörte. Kein Mädchen würde sich im Interesse der abstrakten

Gerechtigkeit tätowieren lassen. Oh ja! Ich weiß alles darüber; und jetzt gehe ich mit Dick im Park spazieren, und ich sollte dir raten, dich zu beruhigen, denn dieser Künstler kommt um zwölf, um dich zu zeichnen."

Und sie ging und überließ Augusta ihren Überlegungen, die – nun ja, keine unangenehmen waren.

Unterdessen marschierte Eustace auf den Tempel zu. Zufälligerweise hatten in derselben Herberge, in der er die letzten Monate gelebt hatte, zwei Brüder namens Short Zimmer, und mit diesen jungen Herren hatte er sich sehr angefreundet. Die beiden Shorts waren Zwillinge und sich so ähnlich, dass es mehr als einen Monat dauerte, bis Eustace sicher sein konnte, mit wem von ihnen er sprach. Als sie beide auf dem College waren, starb ihr Vater und hinterließ seinen Besitz zu gleichen Teilen zwischen ihnen; und da sich bei der Verwertung herausstellte, dass dieses Vermögen nicht mehr als vierhundert im Jahr betrug, schlossen die Zwillinge zu Recht, dass sie besser etwas tun sollten, um ihr bescheidenes Einkommen aufzubessern. Dementsprechend beschlossen sie durch einen Geniestreich, dass einer von ihnen Anwalt und der andere Rechtsanwalt werden sollte, und überlegten dann, wer welchen Beruf ergreifen sollte. Die Idee war natürlich, dass sie sich auf diese Weise gegenseitig Trost und Unterstützung leisten könnten. John würde James Anweisungen geben und James' reflektierter Ruhm würde auf John zurückstrahlen. Kurz gesagt, sie waren bestrebt, eine Anwaltskanzlei nach dem anerkanntesten Muster zu gründen.

Dementsprechend bestanden sie ihre jeweiligen Prüfungen und John nahm Zimmer bei einem anderen angehenden Anwalt in der City , während James Kanzleien in Pump-Court anmietete. Aber damit hörte die Sache auf, denn da John keine Arbeit bekam, konnte er James natürlich keine geben. Und so kam es, dass in den letzten drei Jahren keiner der Zwillinge das Gesetz als so profitabel empfunden hatte, wie sie erwartet hatten. Vergebens saß John und seufzte in der Stadt . Es gab nur wenige Kunden: kaum genug, um seine Miete zu bezahlen. Und vergebens wanderte Jakobus, kunstvoll gekleidet, wie der Böse von Hof zu Hof und suchte, was er verschlingen könnte. Gelegentlich hatte er das Vergnügen, eine Notiz für einen anderen Anwalt zu machen, der abberufen wurde, was bedeutete, dass er die Arbeit eines anderen Mannes umsonst erledigte. Auch einmal stürzte ein Mann, mit dem er einen nickenden Bekannten hatte, auf ihn zu, drückte ihm eine Unterhose in die Hand und bat ihn, sie für ihn zu halten, indem er ihm sagte, dass sie in Kürze anziehen würde, und das da war nichts drin – „ überhaupt nichts". Kaum hatte sich der arme James durch die Schriften gekämpft, wurde der Fall angerufen, und es mag genügen zu sagen, dass der Richter ihn am Ende über seine Brille hinweg sanft ansah und „nicht anders konnte, als sich zu wundern, dass irgendein fachkundiger Rat gefunden worden war." Wer würde bereit sein, die Zeit des Gerichts in einem Fall wie dem, den er gehört hat, zu verschwenden?" Offensichtlich wollte James' Freund dem nicht zustimmen und hatte die Verantwortung abzüglich des Honorars abgewälzt. Bei einer anderen Gelegenheit war James am Tag des Antrags im Nachlassgericht, und ein Anwalt – ein echter Anwalt – kam auf ihn zu und bat ihn, einen Antrag (mit der Aufschrift Mr.——, 2 gns .) auf Erlaubnis zur Dispensation zu stellen ein Mitbefragter. Er stellte diesen Antrag, und der Mitbeschwerdegegner wurde in der genehmigten Weise abgewiesen; aber als er sich umdrehte, war der Anwalt verschwunden, und er sah weder ihn noch die beiden Guineen mehr. Der Schriftsatz, sein einziger, blieb jedoch bestehen, und von da an fing er an, im Scheidungsgericht herumzuschweifen, teils in der Hoffnung, diesen Anwalt noch einmal zu sehen, teils mit der vagen Vorstellung, in der Abteilung in die Praxis einzusteigen.

Nun hatte Eustace oft, wenn er im Wohnzimmer der Shorts in der Herberge am Strand war, den Anwalt James gelehrt über die Frage des Testaments reden hören, und deshalb wandte er sich in seinem jüngsten Dilemma ganz natürlich an ihn . Da er die Adresse seiner Kanzlei in Pump-Court kannte, eilte er dorthin und wurde zu gegebener Zeit von einem sehr kleinen Kind aufgenommen, das offenbar das verantwortliche Amt des Gerichtsschreibers von Herrn James Short und mehreren anderen gelehrten Herren ausübte, deren Namen auf dem Bild auftauchten die Tür.

Das Kind betrachtete Eustace, als er die Tür öffnete, mit einem Blick von solch übernatürlicher Schärfe, dass es ihn fast erschreckte. Der Anfang dieses Adlerblicks war voller forschender Hoffnung und das Ende resignierter Verzweiflung. Das Kind hatte gedacht, dass Eustace ein Klient sein könnte, der gekommen war, um die Wege zu beschreiten, die noch nie ein Klient betreten hatte. Daher die Hoffnung und die Verzweiflung in seinen Augen. Eustace hatte nichts von einem Anwaltsgehilfen an sich. Offensichtlich war er kein Kunde.

Mr. Short befand sich in „der Tür rechts". Eustace klopfte und betrat ein kahles kleines Zimmer, etwa so groß wie der Schrank eines großen Hausmädchens, ausgestattet mit einem Tisch, drei Stühlen (einer davon war ein leichter Korb) und einem Bücherregal mit ein paar Dutzend Gesetzbüchern und mehr alte Bände mit Berichten und ein breites Fensterbrett, in dessen Mitte genau der einsame und verehrte Brief lag.

Mr. James Short war ein kleiner, kräftiger junger Mann mit schwarzen Augen, einer Hakennase und einem vorzeitig kahlen Kopf. In der Tat war diese Kahlheit des Kopfes das einzige Unterscheidungsmerkmal zwischen James und John und daher ein Grund zur Dankbarkeit, wenn auch natürlich nutzlos für den verwirrten Bekannten, der ihnen mit Hüten auf der Straße begegnete. Im Moment von Eustaces Eintreten war Mr. Short damit beschäftigt, die äußerst juristische Druckschrift „ *Sporting Times" zu studieren* , die er jedoch aus unerklärlicher Schüchternheit hastig unter den Tisch geworfen hatte und den Platz mit einem bei Gefahr entwendeten Gesetzbuch füllte aus dem Regal.

„In Ordnung, alter Kerl", sagte Eustace, dessen scharfe Augen das schnelle Flattern des verschwindenden Papiers bemerkt hatten; „Sei nicht beunruhigt, das bin nur ich."

"Ah!" sagte Mr. James Short, als er ihm die Hand geschüttelt hatte, „Sie sehen, ich dachte, es könnte ein Kunde gewesen sein – ein Kunde ist immer möglich, wie unwahrscheinlich er auch sein mag, und man muss bereit sein, die Möglichkeit zu nutzen."

„Ganz richtig, alter Kerl", sagte Eustace; „Aber wissen Sie, ich bin übrigens ein Kunde – und zwar ein großer; es geht um zwei Millionen Geld – das Vermögen meines Onkels. Es gab ein anderes Testament, und ich möchte Ihren Rat befolgen."

Mr. Short sprang vor Jubel förmlich aus dem Sessel und ließ sich dann, von einem anderen Gedanken überwältigt, wieder darauf zurücksinken.

„Mein lieber Meeson", sagte er, „es tut mir leid, dass ich dich nicht hören kann."

„Äh", sagte Eustace; "Wie meinst du das?"

„Ich meine, Sie werden nicht von einem Anwalt begleitet, und es entspricht nicht der Etikette des Berufs, dem ich angehöre, einen Mandanten ohne Begleitung eines Anwalts zu sehen."

„Oh, hängen Sie die Etikette des Berufs auf!"

„Mein lieber Meeson, wenn Sie als Freund zu mir kämen , würde ich Ihnen gerne alle rechtlichen Informationen geben, die in meiner Macht stehen, und ich schmeichele mir, dass ich etwas über Nachlassangelegenheiten weiß. Sie haben aber selbst gesagt, dass Sie als Kunde gekommen sind, und dann tritt die persönliche Beziehung in den Hintergrund und wird durch die offizielle Beziehung ersetzt. Unter diesen Umständen ist es offensichtlich, dass die Etikette des Berufsstandes eingreift, deren überwältigende Gewalt mich dazu zwingt, Sie darauf hinzuweisen, wie unangemessen und dem Präzedenzfall widersprechend wäre, wenn ich Ihnen ohne die Anwesenheit eines ordnungsgemäß qualifizierten Anwalts zuhören würde."

"Oh Gott!" keuchte Eustace. „Ich hatte keine Ahnung, dass du so wählerisch bist; Ich dachte vielleicht, dass Sie sich über die Stelle freuen würden."

„Sicherlich – sicherlich! Beim gegenwärtigen Zustand meiner Praxis", als er einen Blick auf die einzelne Aufgabenstellung warf, „sollte ich der Letzte sein, der eine Arbeit ablehnen möchte. Lassen Sie mich vorschlagen, dass Sie meinen Bruder John in der Geflügelfabrik konsultieren. Ich glaube, dass die Geschäfte mit ihm im Moment eher schleppend laufen, daher halte ich es für wahrscheinlich, dass Sie ihn unmotiviert vorfinden werden. Ich wage sogar zu behaupten, dass ich so weit gehen könnte, einen Termin für ihn hier zu vereinbaren – sagen wir in einer Stunde. Stoppen! Ich werde meinen Sachbearbeiter konsultieren! Dick!"

Der Säugling erschien.

„Ich glaube, dass ich für heute Morgen keinen Termin habe?"

„Nein, Sir", sagte Dick mit einem Augenzwinkern. „Einen Moment, Sir, ich werde das Buch konsultieren", und er verschwand, um kurz darauf mit der Information zurückzukommen, dass Mr. Short an diesem Tag keine Beiträge mehr hatte.

„Sehr gut", sagte Herr Short; „Dann vereinbaren Sie einen Termin mit Mr. John Short und Mr. Meeson, genau um zwei."

„Ja, Sir", sagte Dick und machte sich an die ungewohnte Aufgabe.

Sobald Eustace von Tweedledum nach Tweedledee gegangen war, oder mit anderen Worten, von James, dem Rechtsanwalt, zu John, dem Anwalt, wurde Dick erneut gerufen und befahl, zu einem gewissen Mr. Thomson im nächsten Stockwerk zu gehen. Herr Thomson verfügte über eine ausgezeichnete Bibliothek, die ihm per Testament zugefallen war. Aufgrund dieses Vermächtnisses war er Rechtsanwalt geworden, und der Zweck von Dicks Besuch bestand darin, die Ausleihe des achten Bandes der überarbeiteten Statuten zu beantragen, der das Testamentsgesetz von 1 Vic., Kap., enthielt. 26, „Brown on Probate", „Dixon on Probate" und „Powles on Brown", dem Studium dieser wertvollen Bücher widmete sich Herr James Short ernsthaft, während er auf die Rückkehr seines Mandanten wartete.

In der Zwischenzeit hatte sich Eustace in einem Zwei-Cent-Bus auf den Weg zu einem dieser geschäftigen Gerichte in der Stadt gemacht , wo Mr. John Short als Anwalt praktizierte . Mr. Shorts Büro befand sich, wie Eustace anhand einer Anschlagtafel herausfand, im siebten Stock eines der höchsten Häuser, die er je gesehen hatte. Er stieg jedoch mit starkem Herzen hinauf, und nach etwa fünf Minuten mühsamer Anstrengung, die ihn eindringlich an das Erklimmen der Leitern einer Mine in Cornwall erinnerte, gelangte er zu einer kleinen Tür ganz oben im Haus, auf der gemalt war "Herr. John Short, Anwalt." Eustace klopfte und die Tür wurde von einem kleinen Jungen geöffnet, der dem kleinen Jungen, den er bei Mr. James Short im Tempel gesehen hatte, so ähnlich war, dass er fast erschrak. Anschließend wurde das Geheimnis erklärt. Die beiden kleinen Jungen waren wie ihre Herren Brüder.

Mr. John Short war drinnen und Eustace wurde in seine Gegenwart geführt. Offenbar konsultierte er eine umfangreiche Korrespondenz, die auf großen kurzen Papierbögen geschrieben war; Aber als er es genau betrachtete, kam es Eustace vor, als seien die Ränder des Papiers sehr gelb und die Tinte stark verblasst. Dies war jedoch nicht verwunderlich, da Mr. John Short sie zusammen mit den anderen Einrichtungen des Büros übernommen hatte.

Kapitel XVI.
KURZE RECHTLICHE ETIKETTE.

„Nun, Meeson, was ist das? Bist du gekommen, um mich zum Mittagessen einzuladen?" fragte Herr John Short. „Wissen Sie, dass ich tatsächlich dachte, Sie wären vielleicht ein Kunde?"

„Nun, beim Himmel, alter Kerl, und das bin ich auch", antwortete Eustace. „Ich war bei Ihrem Bruder, und er hat mich zu Ihnen weitergeschickt, weil er sagt, dass es nicht die Etikette des Berufsstandes ist, einen Mandanten zu sehen, ohne dass ein Anwalt anwesend ist, also hat er mich an Sie verwiesen."

„Völlig recht, vollkommen recht von meinem Bruder James, Meeson. Wenn man bedenkt, wie gering seine Möglichkeiten sind, sich mit der Ausübung seines Berufes vertraut zu machen, ist es erstaunlich, wie gut er mit dessen Theorie vertraut ist. Und worum geht es jetzt?"

„Nun, weißt du, Short, da der Punkt ziemlich langwierig ist und dein Bruder gesagt hat, dass er uns genau um zwei Uhr erwarten sollte, denke ich, dass wir besser den Bus zurück zum Tempel nehmen sollten, wenn ich kann Erzählt es euch beiden gleichzeitig."

"Sehr gut. Im Allgemeinen verlasse ich mein Büro zu dieser Tageszeit nicht gern, da dies für meine Kunden, insbesondere für diejenigen, die aus der Ferne kommen, leicht Unannehmlichkeiten mit sich bringt. Aber ich werde für dich eine Ausnahme machen, Meeson. „William", fuhr er zu dem Gegenstück des Pump-Court-Kinds fort, „wenn mich jemand besuchen möchte, wären Sie dann so freundlich, ihm mitzuteilen, dass ich in den Gemächern von Mr. Short an einer wichtigen Konferenz teilnehme? in Pump-Court, aber ich hoffe, um halb drei zurück zu sein?"

„Ja, Sir", sagte William, als er die Tür hinter ihnen schloss: „Sicherlich, Sir." Und dann, nachdem er die muffigen Dokumente auf das Regal gestellt hatte, von wo aus sie beim geringsten Zeichen eines Kunden problemlos herausgeholt werden konnten, brachte dieser geniale junge Mann mit der einzigartigen Gewissheit, dass niemand dadurch Unannehmlichkeiten erleiden würde, einen Zettel an der Tür an Damit verkündete er, dass er sofort zurückkommen würde, und vertagte sich, um sich mit verschiedenen anderen kleinen Angestellten, die er kannte, dem leidenschaftlich aufregenden Spiel „Chuck Farthing" hinzugeben.

Zu gegebener Zeit trafen Eustace und sein Rechtsberater am Pump-Court ein und, oh! Wie das Herz von James, dem Anwalt, vor Stolz schwoll, als er zum ersten Mal in seiner Karriere einen echten Anwalt in Begleitung eines echten Mandanten seine Kanzlei betreten sah. Er hätte es in der Tat vorgezogen, wenn der Anwalt nicht zufällig sein Zwillingsbruder und der

Mandant ein anderer als sein enger Freund gewesen wäre; aber dennoch war es ein gesegneter Anblick – ein sehr gesegneter Anblick!

„Werden Sie Platz nehmen, meine Herren?" sagte er mit großer Würde.

Sie gehorchten.

„Und jetzt, Meeson, nehme ich an, dass Sie meinem Bruder die Angelegenheit erklärt haben, in der Sie meinen Rat benötigen?"

„Nein, das habe ich nicht", sagte Eustace; „Ich dachte, ich könnte es euch beiden genauso gut gemeinsam erklären, oder?"

„Hm", sagte James; „Es ist nicht ganz regelmäßig. Gemäß der Etikette des Berufsstandes, dem ich die Ehre angehöre, ist es nicht üblich, dass Angelegenheiten auf diese Weise behandelt werden. Es ist üblich, dass Vorträge vorgestellt werden; aber das werde ich übersehen, da die Sache dringend zu sein scheint."

„Das stimmt", sagte Eustace. „Nun, ich bin gekommen, um ein Testament zu sehen."

„ Das verstehe ich", sagte James; „Aber was wird und wo ist es?"

„Nun, es ist ein Testament zu meinen Gunsten und es ist auf den Hals einer Dame tätowiert."

Die Zwillinge erhoben sich gleichzeitig von ihren Stühlen und sahen Eustace mit einer so lächerlichen Gleichheit von Bewegung und Ausdruck an, dass er fast in Gelächter ausbrach.

„Ich gehe davon aus, Meeson, dass das kein Schwindel ist", sagte James streng. „Ich gehe davon aus, dass Sie zu gut wissen, was einem gelehrten Rat zu verdanken ist, als dass Sie versuchen würden, einen ihrer Körper zum Opfer eines Scherzes zu machen?"

„Sicherlich, Meeson", fügte John hinzu, „haben Sie genügend Respekt vor der Würde des Gesetzes, um es nicht auf die Art und Weise zu manipulieren, wie mein Bruder es angedeutet hat?"

„Oh, sicherlich nicht. Ich versichere Ihnen, es ist alles in Ordnung. Es handelt sich um einen echten Gesetzentwurf, oder vielmehr um ein wahres Testament."

„Fahren Sie fort", sagte James und nahm seinen Platz wieder ein. „Dies ist offensichtlich ein Fall ungewöhnlicher Natur."

„Da hast du recht, alter Junge", sagte Eustace. „Und jetzt hören Sie einfach zu", und er erzählte seine bewegende Geschichte mit viel Eindringlichkeit und Nachdruck.

Als er fertig war, sah John James ziemlich hilflos an. Der Fall war ihm ein Rätsel. Aber James war der Situation gewachsen. Er beherrschte das erste große Axiom, das sich jeder junge Anwalt zu Herzen nehmen sollte : „ Erscheinen Sie niemals unwissend.“

„Dieser Fall“, sagte er, als würde er ein Urteil fällen, „ist zweifellos von bemerkenswerter Natur, und ich kann mich im Moment nicht auf irgendeine Autorität stützen, die sich mit diesem Punkt befasst – wenn es überhaupt eine solche gibt.“ gefunden werden. Aber ich spreche beiläufig und darf mich nicht zu sehr an das *obiter dictum* einer *viva voce* -Meinung halten. Es scheint mir, dass es trotz seiner besonderen Eigenheiten und der verschiedenen „Kniffe“, die es aufweist, bei näherer Betrachtung zu den allgemeinen Gesetzen gehört, die den rechtlichen Verlauf der testamentarischen Verfügung regeln. Wenn ich mich richtig erinnere – ich spreche nebenbei – , ist das Gesetz vom 1. Vic., Kap. 26 legt fest, dass ein Testament schriftlich verfasst werden muss, und das Tätowieren kann durchaus als unhöfliche Form des Schreibens definiert werden. Ich gebe zu, dass es üblich ist, auf Papier oder Pergament zu schreiben, aber ich habe keinen Zweifel daran, dass sich die Haut der jungen Dame, wenn sie sorgfältig entfernt und getrocknet würde, hervorragend als Pergament ergeben würde. Derzeit handelt es sich also um Pergament im grünen Zustand, das sich hervorragend für Schreibzwecke eignet.

"Weitermachen. Es scheint – ich halte die Aussage von Herrn Meeson für vollkommen richtig –, dass das Testament ordnungsgemäß und ordnungsgemäß vom Erblasser ausgeführt wurde, oder besser gesagt von der Person, die in seiner Anwesenheit und auf seinen Befehl hin tätowiert hat: eine Form der Unterschrift, die sehr gut ist abgedeckt durch den Abschnitt des Gesetzes von 1. Vic., Kap. 26. Es scheint auch, dass die Zeugen im Beisein der anderen Zeugen und des Erblassers ausgesagt haben. Es stimmt, dass es keine Bescheinigungsklausel gab; aber die angebliche Notwendigkeit einer Bescheinigungsklausel ist einer jener Trugschlüsse des Laien, die sich vielleicht häufiger und mit größerer Beharrlichkeit bei Fragen im Zusammenhang mit der testamentarischen Verfügung tummeln als bei allen anderen Fragen Zweig des Rechts. Daher müssen wir davon ausgehen, dass das Testament ordnungsgemäß im Sinne des Gesetzes ausgeführt wurde.

„Und jetzt kommen wir zu dem, was mir derzeit als Kernpunkt erscheint. Das Testament ist undatiert. Macht es das ungültig? Ich antworte mit Zuversicht: Nein. Und beachten Sie: Es können Beweise – die von Lady Holmhurst – vorgelegt werden, dass dieses Testament bei Miss Augusta Smithers vor dem 19. Dezember, an dem die Kangaroo sank, nicht existierte; und es können auch Beweise vorgelegt werden – der von Mrs. Thomas –, dass es am Weihnachtstag existierte, als Miss Smithers gerettet wurde. Es ist daher klar, dass es zwischen dem 19. und 25. Dezember auf ihren Rücken gelangt sein muss."

„Ganz recht, alter Kerl", sagte Eustace, sehr beeindruckt von dieser Flut an juristischem Wissen. „Offensichtlich sind Sie der Mann, der den Fall angeht. Aber ich sage: Was ist als nächstes zu tun? Sehen Sie, ich fürchte, es ist zu spät. Der Nachlass hat ausgestellt, was auch immer das bedeuten mag."

„Nachlass ist ausgestellt!" wiederholte der große James, der mit seiner wachsenden Verachtung kämpfte; „Und ist das Gesetz so hilflos, dass ein Nachlass, der aufgrund einer falschen Einschätzung der Tatsachen ausgestellt wurde, nicht zurückgerufen werden kann? Mit Sicherheit nicht! Sobald die vorläufigen Formalitäten erledigt sind, muss eine Verfügung zur Aufhebung des Nachlasses erlassen werden, in der gefordert wird, dass das Gericht zugunsten des späteren Testaments entscheiden soll; oder, bleiben Sie, es gibt keinen Testamentsvollstrecker – es gibt keinen Testamentsvollstrecker! – ein sehr wichtiger Punkt – die Bewilligung von Verwaltungsurkunden mit beigefügtem Testament zu beantragen: Ich denke, das wäre der bessere Weg."

„Aber wie können Sie Miss Smithers einem ‚Genehmigungsschreiben' beifügen, was auch immer das bedeuten mag?" sagte Eustace schwach.

„Das erinnert mich daran", sagte James, ignorierte die Frage und wandte sich an seinen Bruder, „Sie müssen Miss Smithers sofort in das Register eintragen und sich um die Vorbereitung der üblichen eidesstattlichen Erklärung der Drehbücher kümmern."

„Sicher, sicherlich", sagte John, als wäre dies das einfachste Geschäft der Welt.

"Was?" keuchte Eustace, als sich vor seinen Augen eine Vision von Augusta erhob, die auf einem riesigen Schild aufgespießt war. „Eine Dame kann man nicht einreichen; es ist unmöglich!"

„Unmöglich oder nicht, es muss getan werden, bevor weitere Schritte unternommen werden." Lassen Sie mich sehen; Ich glaube, dass Dr. Probate in dieser Sitzung der amtierende Kanzler im Somerset House ist . Es wäre gut, wenn Sie einen Termin für morgen vereinbaren würden.

„Ja", sagte John.

„Nun", fuhr James fort, „ich denke, das ist vorerst alles." Selbstverständlich werden Sie mir die Anweisungen und sonstigen Unterlagen so schnell wie möglich zukommen lassen. Ich gehe davon aus, dass letztendlich auch andere Rechtsanwälte außer mir beauftragt werden?"

"Oh! das erinnert mich", sagte Eustace; „Über Geld, wissen Sie. Ich weiß nicht ganz, wie ich das ganze Spiel bezahlen soll. Ich habe auf der Welt etwa fünfzig Pfund Bargeld übrig, und das ist alles: Und ich weiß genug, um zu wissen, dass fünfzig Pfund in einem Rechtsstreit nicht weit kommen."

Mit leerem Blick sah James John und John James an. Das war sehr anstrengend.

„Fünfzig Pfund reichen als Selbstbeteiligung aus", schlug James schließlich vor und rieb sich mit dem Taschentuch den kahlen Kopf.

„Möglicherweise", antwortete John kleinlich; „Aber wie sieht es mit der Vergütung der Rechtsberater des Klägers aus? Können Sie es nicht schaffen", sich an Eustace zu wenden , „ das Geld von jemandem zu bekommen?"

„Nun", sagte Eustace, „da ist Lady Holmhurst . Vielleicht würde ich ihr anbieten, die Beute mit ihr zu teilen, falls es welche gab."

„Meine Güte, nein", sagte John; „Das wäre ‚Wartung'."

„Auf jeden Fall nicht", stimmte James zu und hob bestürzt die Hand. „Am klarsten wäre es ‚Champerty'; Und wenn es dem Gericht bekannt geworden wäre , kann niemand sagen, was nicht passieren würde."

„In der Tat", antwortete Eustace mit einem Seufzer, „ich weiß nicht ganz, was du meinst, aber ich scheine etwas sehr Falsches gesagt zu haben." Abgesehen von diesem Gesetz ist es ein Kinderspiel, die Chancen auf ein Handicap zu verstehen", fügte er traurig hinzu.

„Es ist offensichtlich, James", sagte John, „dass sich dieser Fall, unabhängig von einer finanziellen Belohnung, für Sie als äußerst interessanter Fall erweisen würde, wenn man andere Dinge beiseite lässt."

„Das ist so, John", antwortete James; „Aber wie Sie wohl wissen, erlaubt mir die Etikette meines Berufs nicht, einen Fall umsonst zu führen. In diesem Punkt regiert uns die Etikette vor allem mit eiserner Faust. Der Magen der Anwaltschaft, ob kollektiv oder individuell, ist empört und empört über die Vorstellung, dass eines ihrer Mitglieder etwas für nichts tut."

„Ja", warf Eustace ein, „ich habe immer verstanden, dass sie normale Nagler waren ."

„Ganz richtig, mein lieber James; Ganz recht", sagte John mit einem süßen Lächeln. „Auf dem Schriftsatz des fachkundigen Anwalts muss eine Gebühr vermerkt werden, und diese Gebühr muss ihm zusammen mit vielen anderen kleineren Gebühren gezahlt werden; Denn ein gelehrter Rat ist wie die Zigarettenschachteln und neumodischen Waagen auf den Bahnhöfen: Er funktioniert nicht, es sei denn, man lässt ihm etwas fallen. Aber nichts hindert einen erfahrenen Anwalt daran, dieses Honorar und all die kleinen Honorare zurückzuerstatten. In der Tat, James, Sie werden sehen, dass diese Praxis unter den angesehensten Vertretern Ihres Berufsstandes üblich ist, wenn sie beispielsweise eine Anzeige benötigen oder einem Wahlkreis ein zartes Kompliment machen möchten. Was machen sie dann? Sie warten, bis sie 500 £ auf einem Brief vermerkt finden, und verzichten dann auf ihr Honorar. Warum sollten Sie in diesem Fall in Ihrem eigenen Interesse nicht dasselbe tun? Wenn wir den Fall gewinnen, wird natürlich die Gegenseite oder der Nachlass die Kosten tragen; und wenn wir verlieren, haben Sie zumindest den Vorteil, den unbezahlbaren Vorteil einer einzigartigen Werbung."

„Sehr gut, John; „Lass es so sein", sagte James großmütig. „Ihre Gebührenschecks werden ordnungsgemäß zurückerstattet; aber es muss klar sein, dass sie präsentiert werden müssen."

„Nicht bei der Bank", sagte John hastig. „Ich musste kürzlich einem Kunden einen Gefallen tun", fügte er Eustace erklärend hinzu, „und mein Kontostand ist ziemlich niedrig."

„Nein", sagte James; „Ich verstehe es durchaus. Ich wollte sagen: ‚Sind meinem Sachbearbeiter vorzulegen.'"

Und mit dieser feierlichen Farce ging die Konferenz zu Ende.

Kapitel XVII.
WIE AUGUSTA EINGELEGT WURDE.

Am selben Nachmittag kehrte Eustace zu Lady Holmhursts Haus am Hanover Square zurück, um seiner lieben Augusta mitzuteilen, dass sie am nächsten Morgen erscheinen müsse, um im Somerset House in das Standesamt eingetragen zu werden. Wie man sich vorstellen kann, widersetzte sich Augusta, obwohl sie bereit war, alles Mögliche zu tun, um ihrem neu gefundenen Liebhaber zu gehorchen, nicht unnatürlich heftig diesem Vorgehen und wurde in ihrem Widerstand von ihrer Freundin Lady Holmhurst unterstützt , die jedoch bald darauf den Raum verließ sie sollten es so regeln, wie sie wollten.

„Ich denke schon, dass es ein bisschen schwierig ist“, sagte Augusta und stampfte mit dem Fuß auf, „dass ich nach all dem, was ich durchgemacht habe, weggebracht werden sollte, um meinen unglücklichen Rücken von einem Arzt untersuchen zu lassen.“ irgendjemandem , und dann wird man mit einer Menge muffiger alter Testamente in einem Register eingesperrt.“

„Nun, mein liebstes Mädchen“, sagte Eustace, „entweder muss es getan werden, oder die ganze Sache muss aufgegeben werden.“ Herr John Short erklärt, dass es absolut notwendig ist, dass das Dokument in die Obhut des Gerichtsbeamten gegeben wird.“

„Aber wie soll ich in einem Schrank oder in einem eisernen Safe mit vielen Testamenten leben?“ fragte Augusta und fühlte sich wirklich sehr verärgert.

„Ich weiß es nicht, ich bin sicher“, sagte Eustace; "Herr. John Short sagt, dass dies eine Angelegenheit ist, die der gelehrte Doktor klären muss. Er ist der Meinung, dass der gelehrte Doktor – zum Teufel mit ihm! – Ihnen befehlen wird, ihn bis zum Abschluss des Prozesses überall hin zu begleiten; denn auf diese Weise würden Sie nie der Obhut eines Gerichtsbeamten entgehen. Aber“, fuhr Eustace düster fort, „alles, was ich ihm sagen kann, wenn er diesen Befehl gibt, ist, dass er mich auch mitnehmen muss, wenn er dich mitnimmt .“

"Warum?" sagte Augusta.

"Warum? Weil ich ihm nicht vertraue – deshalb. Alt? Oh ja; Ich wage zu behaupten, dass er alt ist. Und außerdem denken Sie nur: Dieser gelehrte Herr ist seit zwanzig Jahren am Scheidungsgericht tätig ! Nun frage ich Sie: Was können Sie von einem Gentleman erwarten, wie gebildet er auch sein mag, der seit zwanzig Jahren am Scheidungsgericht praktiziert ? Ich kenne ihn“, fuhr Eustace rachsüchtig fort , „ ich kenne ihn.“ Er wird sich selbst in dich verlieben. Wenn er es nicht täte, wäre er ein alter Idiot.

„Wirklich", sagte Augusta und brach in Gelächter aus, „du bist zu lächerlich, Eustace."

„Ich weiß nicht, wie man lächerlich ist, Augusta; Aber wenn Sie denken, ich lasse zu, dass Sie von diesem gelehrten Doktor herumgeführt werden, ohne dass ich da bin, um für Sie zu sorgen, dann irren Sie sich. Natürlich würde er sich in Sie verlieben, oder einige seiner Angestellten würden es tun; Niemand könnte ein paar Tage lang in Ihrer Nähe sein, ohne dies zu tun."

"Denkst du so?" sagte Augusta und sah ihn sehr süß an.

„Ja, das tue ich", antwortete er, und so endete das Gespräch und wurde erst zum Abendessen wieder aufgenommen.

Am nächsten Morgen um elf Uhr traf Eustace, der es geschafft hatte, von seinen Arbeitgebern ein paar Tage Urlaub zu bekommen, mit Mr. John Short ein, um Augusta und Lady Holmhurst – die sie begleiten sollte – nach Somerset House zu bringen. wohin sie trotz ihrer Einwände vom Vortag endlich gegangen war. Mr. Short wurde vorgestellt und beeindruckte beide Damen sehr durch die außergewöhnliche Gelehrsamkeit und Befehlsgewalt, die sein Gesicht prägte. Er wollte das Testament sofort einsehen; Aber Augusta war überrascht und sagte, es würde völlig ausreichen, wenn sie an diesem Tag sofort auf die Schultern gestarrt würde. Mit einem Seufzer und einem Kopfschütteln über ihre Unvernunft gab Mr. John Short nach, und dann kam die Kutsche vorbei und sie wurden alle nach Somerset House gefahren. Bald waren sie da und erreichten nach unzähligen kühlen Gängen einen düsteren Raum mit einem Almanach, einem schmutzigen Fichtenholztisch und ein paar Stühlen darin, in dem mehrere Anwaltsgehilfen versammelt waren und darauf warteten, dass sie an die Reihe kamen, vor dem Standesbeamten zu erscheinen. Hier warteten sie eine halbe Stunde oder länger, was Augusta sehr beunruhigte, denn sie stellte bald fest, dass sie Gegenstand der Neugier und größter Aufmerksamkeit der Anwaltsgehilfen war, die sie nie aus den Augen ließen. Plötzlich entdeckte sie den Grund für ihre bemerkenswert schnellen Ohren und hörte, wie einer der Gerichtsschreiber, ein unreifer kleiner Mann mit gelbem Haar und einer riesigen Diamantnadel, deren Aussehen sie irgendwie an ein neugeborenes Huhn erinnerte, einem anderen erzählte, wer war offensichtlich jüdischen Glaubens, dass sie (Augusta) die Beklagte im berühmten Scheidungsfall Jones *v.* Jones war und vor dem Standesbeamten erscheinen würde, um sich in einer Angelegenheit im Zusammenhang mit der Gewährung von Unterhalt einem Kreuzverhör zu unterziehen. Während nun ganz London über die angeblichen Missetaten der besagten Mrs. Jones sprach, deren moralische Verdorbenheit nur durch ihre Schönheit übertroffen wurde , war Augusta nicht besonders erfreut, obwohl sie merkte, dass sie sofort zum Gegenstand tief empfundener Bewunderung wurde Angestellte.

Doch plötzlich steckte jemand seinen Kopf durch die Tür, die er gerade weit genug öffnete, um es zuzugeben, und brüllte:

„Kurz, wegen Meeson", verschwand so plötzlich, wie er gekommen war.

„Nun, Lady Holmhurst , bitte", sagte Mr. John Short, „erlauben Sie mir, Ihnen den Weg zu zeigen, wenn Sie mir freundlicherweise mit Ihrem Willen folgen – bitte hier entlang."

befand sich das unglückliche „Willen" in einem großen und hohen Raum, in dessen oberster Etage mit dem Rücken zum Licht ein äußerst angenehm aussehender Herr mittleren Alters saß, der, als sie näher kamen, mit ihm aufstand eine Höflichkeit, die man von Beamten mit Festgehalt normalerweise nicht erwartet, und bat sie mit einer Verbeugung, Platz zu nehmen.

„Nun, was kann ich für dich tun? Herr – ah! Mr. – und er setzte seine Brille auf und verwies auf seine Notizen – „ Mr. Short – Sie möchten ein Testament einreichen, soweit ich weiß; Und es liegen in diesem Fall irgendwelche besonderen Umstände vor?"

"Jawohl; „Es gibt welche", sagte Mr. John Short mit großer Bedeutung. „Das im Register einzureichende Testament ist das letzte wahre Testament von Jonathan Meeson aus Pompadour Hall in der Grafschaft Warwick, und das betreffende Vermögen beläuft sich auf etwa zwei Millionen ..." Am letzten Antragstag wurde der Tod von Jonathan Meeson, der angeblich im Känguru versunken war, vermutet und die Nachlassverfügung wurde zurückgezogen. Tatsächlich kam der besagte Jonathan Meeson jedoch einige Tage nach dem Schiffbruch im Kerguelen-Land ums Leben, und bevor er starb, unterzeichnete er ordnungsgemäß ein neues Testament zugunsten seines Neffen, Eustace H. Meeson, des Herrn vor Ihnen. Miss Augusta Smithers" –

„Was", sagte der gelehrte Standesbeamte, „ist diese Miss Smithers, über die wir in letzter Zeit so viel gelesen haben – die Heldin des Kerguelen-Landes?"

"Ja; Ich bin Miss Smithers", sagte sie mit einem leichten Erröten; „Und das ist Lady Holmhurst , deren Ehemann" – und sie hielt sich zurück.

„Es ist mir eine große Freude, Ihre Bekanntschaft zu machen, Miss Smithers", sagte der gelehrte Doktor, schüttelte höflich die Hand und verneigte sich vor Lady Holmhurst – ein Vorgang, den Eustace mit dem gelbsüchtigen Auge des Misstrauens beobachtete. „Er fängt schon an", sagte sich dieser leidenschaftliche Liebhaber. „Ich wusste, wie es sein würde. Meinem Gus seine Obhut anvertrauen? – niemals! Ich würde lieber wegen Verachtung verurteilt werden."

„Das Beste, was ich tun kann, Sir", fuhr John Short ungeduldig fort, denn
für sein strenges Auge waren diese Unterbrechungen nicht angemessen, „ist,
Ihnen sofort Einsicht in das Dokument zu gewähren, was ich sagen darf."
„Sie hat einen ungewöhnlichen Charakter", und er sah Augusta an, deren
Augen , das arme Mädchen, rot wurden .

„Ganz richtig, ganz richtig", sagte der gelehrte Standesbeamte. „Nun, hat
Miss Smithers das Testament? Vielleicht schafft sie es."

„Miss Smithers *ist* das Testament", sagte Herr John Short.

„Oh – ich fürchte, ich verstehe es nicht ganz" –

„Genauer gesagt, Sir, das Testament ist auf Miss Smithers tätowiert."

" *Was* ?" schrie der gelehrte Doktor fast und sprang buchstäblich von seinem
Stuhl.

„Das Testament ist auf den Rücken von Miss Smithers tätowiert", fuhr Mr.
John Short in völlig ungerührtem Ton fort; „Und es ist jetzt meine Pflicht,
Ihnen Einsicht in das Dokument zu gewähren und Ihre Anweisungen
entgegenzunehmen, wie Sie es im Register einreichen wollen" –

„Einsicht in das Dokument – Einsicht in das Dokument?" keuchte der
erstaunte Doktor; „Wie kann ich das Dokument einsehen?"

„Das muss ich Ihnen überlassen, Sir", sagte Mr. John Short und betrachtete
die schrumpfende Gestalt des gelehrten Kanzlers mit Verachtung, nicht
ohne Mitleid. „Das Testament befindet sich auf der Rückseite der Dame,
und ich beabsichtige im Namen des Klägers, eine Bewilligung mit dem
beigefügten Dokument zu erhalten."

Lady Holmhurst begann zu lachen; und was den gelehrten Doktor betrifft,
so wäre es unmöglich, sich etwas Absurderes vorzustellen, als er aussah, so
vertieft hinter seinem Bürostuhl, mit Ratlosigkeit im Gesicht.

„Nun", sagte er schließlich, „ich denke, ich muss eine Entscheidung treffen.
Für einen bescheidenen Menschen ist das eine sehr schmerzliche
Angelegenheit. Allerdings kann ich vor meiner Pflicht nicht zurückschrecken
und muss mich ihr stellen. Deshalb", fuhr er mit einer Miene richterlicher
Strenge fort, „deshalb muss ich Sie, Miss Smithers, darum bitten, mir dieses
angebliche Testament vorzulegen." Da gibt es einen Schrank", und er zeigte
auf die Ecke des Raumes, „wo man – ähm – die notwendigen
Vorbereitungen treffen kann."

„Oh, ganz so schlimm ist es doch nicht", sagte Augusta seufzend und
begann, ihre Jacke auszuziehen.

"Liebe mich!" „Ich nehme an, sie ist abgehärtet", sagte er und beobachtete ihre Bewegung alarmiert. „Aber ich wage zu behaupten, dass man sich auf einsamen Inseln an so etwas gewöhnt."

Inzwischen hatte die arme Augusta ihre Jacke ausgezogen. Sie trug ein Abendkleid und einen weißen Seidenschal über der Schulter, den sie abnahm.

„Oh", sagte er, „ich verstehe – im Abendkleid. Nun, das ist natürlich eine ganz andere Sache. Und das ist der Wille – nun ja, ich habe einige Erfahrungen gemacht, aber so etwas habe ich noch nie zuvor gesehen oder gehört. Signiert und beglaubigt, aber nicht datiert. Ah! es sei denn", fügte er hinzu, „das Datum liegt weiter unten."

„Nein", sagte Augusta, „es gibt kein Datum; Ich konnte kein Tätowieren mehr ertragen. Es war alles auf einmal erledigt und ich wurde ohnmächtig."

„Das wundert mich nicht, da bin ich mir sicher. Ich denke, es ist das Mutigste, von dem ich je gehört habe", und er verneigte sich mit großer Anmut.

„Ah", murmelte Eustace, „er fängt jetzt an, Komplimente zu machen, heimtückischer alter Heuchler!"

„Nun", fuhr der unschuldige und überaus respektable Gegenstand seines Verdachts fort, „natürlich macht das Fehlen eines Datums ein Testament nicht ungültig – es ist eine Beweissache, das ist alles." Aber dazu bin ich nicht in der Lage, eine Stellungnahme zu dem Fall abzugeben; Das ist mir völlig ein Rätsel, und außerdem geht mich das nichts an. Aber jetzt, Miss Smithers, da Sie sich einmal der Obhut des Registers als Testamentsvollstreckerin übergeben haben, möchte ich Sie fragen, ob Sie einen Vorschlag machen könnten, wie mit Ihnen verfahren werden soll. Offensichtlich können Sie nicht mit den anderen Testamenten eingesperrt werden, und ebenso offensichtlich verstößt es gegen die Regeln, wenn Sie zulassen, dass ein Testament der Verwahrung des Gerichts entzogen wird, es sei denn, es liegt eine besondere Genehmigung des Gerichts vor. Es ist auch klar, dass ich die Freiheit des Themas nicht einschränken und Ihnen befehlen kann, bei mir zu bleiben. Tatsächlich bezweifle ich, dass dies ohne einen Parlamentsbeschluss möglich wäre. Unter diesen Umständen bin ich, gestehe ich, ein wenig verwirrt darüber, wie mit diesem wichtigen angeblichen Testament verfahren werden soll."

„Was ich vorschlagen muss, Sir", sagte Mr. Short, „ist, dass eine beglaubigte Kopie des Testaments eingereicht werden sollte und dass in die eidesstattliche Erklärung der Skripte ein besonderer Absatz eingefügt werden sollte, in dem die Umstände detailliert beschrieben werden."

„Ah", sagte der gelehrte Doktor und polierte seine Brille, „Sie haben mich auf eine Idee gebracht. Mit der Zustimmung von Miss Smithers werden wir etwas Besseres als eine beglaubigte Kopie des Testaments einreichen – wir werden eine Fotokopie einreichen. Die Unannehmlichkeiten für Miss Smithers werden unbedeutend sein und möglicherweise verhindern, dass später Fragen aufgeworfen werden."

„Haben Sie irgendwelche Einwände dagegen, meine Liebe?" fragte Lady Holmhurst .

„Oh nein, das glaube ich nicht", sagte Augusta traurig; „Ich scheine jetzt öffentliches Eigentum zu sein."

"Sehr gut, dann; „Entschuldigen Sie mich einen Moment", sagte der gelehrte Doktor. „In der Nähe gibt es einen Fotografen, den ich offiziell engagieren durfte. Ich werde schreiben und sehen, ob er vorbeikommen kann."

Nach ein paar Minuten kam die Antwort des Fotografen zurück, dass er gerne um drei Uhr beim Doktor Probate aufwarten würde, bis zu welcher Stunde er verlobt sei.

„Nun", sagte der Doktor, „es ist klar, dass ich Miss Smithers nicht aus der Obhut des Gerichts lassen kann, bis das Foto gemacht ist." Mal sehen, ich glaube, Ihr Termin war heute Morgen mein letzter. Was sagen Sie nun zu der Idee, etwas zu essen? Wir sind keine fünf Autominuten von Simpson's entfernt und ich würde mich freuen, wenn Sie aus einer Notwendigkeit eine Freude machen würden."

Lady Holmhurst , die sehr hungrig wurde, sagte, dass sie sich sehr freuen würde, und dementsprechend alle – mit Ausnahme von Mr. John Short, der aus geschäftlichen Gründen abreiste und sagte, dass er um drei Uhr zurückkommen würde – fuhr mit Lady Holmhursts Kutsche zum Restaurant, wo ihnen dieses entzückende Exemplar der Gattung Registrar ein äußerst üppiges Champagner-Mittagessen servierte und sich so sympathisch machte, dass sich beide Damen fast in ihn verliebten und sogar Eustace gezwungen war, es zuzugeben sich selbst, dass aus dem Scheidungsgericht Gutes hervorgehen kann. Schließlich beendete der Arzt die äußerst lebhafte Verhandlung, zu der auch ein Bericht über Augustas Abenteuer gehörte, mit einem Trinkspruch.

„Ich höre von Lady Holmhurst ", sagte er, „dass Sie zwei junge Leute den ersten Schritt – ähm – zu einem möglichen zukünftigen Auftritt vor dem Gericht tun werden, mit dem ich viele Jahre lang die Ehre hatte, verbunden zu sein – das heißt." , dass du heiraten wirst. Nun ist die Ehe, meiner etwas längeren Erfahrung nach, ein waghalsiges Unterfangen, obwohl man hin und wieder Fälle beobachtet, in denen sich die Ergebnisse als in jeder Hinsicht zufriedenstellend erwiesen haben; und ich muss sagen, dass ich, wenn ich mir aus den mir vorliegenden Tatsachen eine Meinung bilden darf, nie eine Verlobung erlebt habe, die unter vielversprechenderen oder romantischeren Auspizien eingegangen wurde. Hier streitet sich der junge Herr mit seinem Onkel darum, die Rolle der jungen Dame zu übernehmen, und wird dadurch um einen riesigen Reichtum enterbt. Dann unternimmt die junge Dame unter den schrecklichsten Umständen Schritte einer Art, die keine von fünfhundert Frauen getan hätte, um ihm diesen Reichtum zurückzugeben. Ob sich diese Schritte letztendlich als erfolgreich erweisen werden oder nicht, weiß ich nicht, und wenn ich es wie Herodot getan hätte, würde ich es lieber nicht sagen; aber ob der Reichtum kommt oder geht, es ist unmöglich, dass ein Gefühl von gegenseitigem Vertrauen und gegenseitigem Respekt und gegenseitiger Bewunderung – das heißt, wenn es eine ruhigere Sache ist, sicherlich auch eine dauerhaftere Sache als bloße „Liebe" – erforderlich ist und wird aus ihnen resultieren. Herr Meeson, Sie sind in der Tat ein glücklicher Mann. In Miss Smithers werden Sie Schönheit, Mut und Genie vereinen, und wenn Sie einem älteren Mann mit einiger Erfahrung erlauben, den Beamten fallen zu lassen und Ihnen einen Rat zu geben, dann ist es dieser: Versuchen Sie immer, Ihr Glück zu verdienen, und denken Sie daran, dass ein Mann, der in seiner Jugend eine solche Frau findet und durch die Umstände in die Lage versetzt wird, sie zu heiraten, tatsächlich –

Von Joy angelächelt und von den Göttern geschätzt.

„Und jetzt beende ich meine Predigt und wünsche Ihnen Gesundheit, Glück und erfüllte Tage", und er trank sein Glas Champagner aus und sah so freundlich und freundlich aus, dass Augusta ihn am liebsten sofort geküsst hätte, und so weiter Eustace, er schüttelte ihm herzlich die Hand, und auf einmal begann zwischen den beiden eine Freundschaft, die bis heute anhält.

Und dann gingen sie alle zurück ins Büro, und dort wartete der Fotograf mit all seinen Apparaten, und er war ziemlich erstaunt, als er herausfand, was für eine Aufgabe er zu erledigen hatte. Die Aufgabe erwies sich jedoch als recht einfach, da das Licht im Raum geeignet war und die dunklen Tintenlinien auf Augustas Hals, sagte der Mann, auf dem Foto perfekt zur Geltung kommen würden. Also machte er zwei oder drei Schüsse auf ihren Rücken und ging dann mit der Ankündigung, dass er in ein paar Tagen eine lebensgroße Reproduktion mitbringen würde, um sie im Register einzureichen.

Und danach schüttelte ihnen auch der gelehrte Standesbeamte die Hand und sagte, er brauche sie nicht länger festzuhalten, da er sich nun berechtigt fühlte, Augusta aus seiner Obhut zu entlassen.

Und so machten sie sich auf den Weg, froh, den ersten Schritt so angenehm überstanden zu haben.

Kapitel XVIII.
AUGUSTA FLIEGT.

Natürlich hatte Augustas Geschichte, soweit sie öffentlich bekannt war, nicht wenig Aufsehen erregt, was deutlich unterstrichen wurde , als Bilder von ihr in den illustrierten Zeitungen erschienen und sich herausstellte, dass sie jung und charmant war. Aber die Aufregung, so groß sie auch war, war nichts im Vergleich zu der, die aufkam, als das erste Flüstern der Geschichte des Testaments, das auf ihre Schultern tätowiert war, die Runde machte. In den Zeitungen erschienen Absätze und Geschichten über dieses Testament , aber sie nahm davon natürlich keine Notiz.

Doch am vierten Tag, nachdem sie für das Standesamt fotografiert worden war, kam es zum Höhepunkt. Es geschah, dass Lady Holmhurst Augusta an diesem Morgen bat, in ein bestimmtes Geschäft in der Regent Street zu gehen, um Spitze zu holen, die sie zum Beschneiden ihrer Witwenkleider brauchte, und dementsprechend machte sie sich etwa um halb eins auf den Weg, begleitet von die Zofe der Dame. Sobald sie die Vordertür des Hauses am Hanover Square geschlossen hatten, bemerkte sie zwei oder drei zweifelnd aussehende Männer, die herumlungerten und ihnen sofort folgten und sie mit allen Augen anstarrten. Sie ging jedoch unbemerkt weiter, bis sie die Regent Street erreichte, wo bereits eine ganze Menge Leute hinter ihr hergingen und aufgeregt miteinander flüsterten. In der Regent Street selbst sah sie als Erstes einen Mann, der Fotos verkaufte. Offensichtlich betrieb er ein lautstarkes Geschäft, denn um ihn herum war eine beträchtliche Menschenmenge, und er schrie etwas, das sie nicht verstehen konnte. Plötzlich blieb ein Herr, der eines der Fotos gekauft hatte, direkt vor ihr stehen, um es anzusehen, und da er klein und Augusta groß war, konnte sie über seine Schulter schauen, und im nächsten Moment begann sie mit einem empörten Ausruf zurückzukehren . "Kein Wunder!" denn das Foto zeigte sie selbst, wie sie in dem tiefen Kleid im Standesamt aufgenommen worden war. Daran war kein Zweifel – das Bild des Testaments war direkt auf ihre Schultern tätowiert.

Damit endeten ihre Sorgen aber noch nicht, denn in diesem Moment kam ein Mann heulend die Straße entlang und trug die Nummer der ersten Ausgabe einer Abendzeitung –

„Beschreibung und Bild der schönen Heldin des Kakadus", schrie er, „mit dem tätowierten Testament!" Vom Originalfoto übernommen! Faksimilebild!"

„Oh mein Gott", sagte Augusta zum Dienstmädchen, „das ist wirklich schade." Lass uns nach Hause gehen."

Doch inzwischen hatte sich die Menschenmenge hinter ihr versammelt, wuchs in außerordentlichem Ausmaß und schloss sie langsam in einen Kreis ein. Tatsache war, dass der Mann, der ihr vom Hanover Square gefolgt war, den anderen, die sich ihren Reihen angeschlossen hatten, gesagt hatte, wer die Dame war, und sie nun identifiziert wurde.

„Das ist sie", sagte ein Mann.

"WHO?" sagte ein anderer.

„Nun, die Miss Smithers ist dem Känguru entkommen und hat natürlich den Willen auf dem Rücken."

Es gab ein Jubelgeheul der Menge, und im nächsten Moment wurde die elende Augusta zusammen mit der Zofe der Dame, die vor Schreck zu schreien begann, direkt gegen einen Laternenpfahl gedrückt, während eine Menge eifriger, größtenteils ungewaschener Gesichter zu sehen waren , wurden fast in ihre eigenen gedrängt. Tatsächlich war die Menge in ihrem Versuch, einen Blick auf die neueste Kuriosität zu erhaschen, so heftig, dass sie zu glauben begann, sie würde hingeworfen und mit Füßen getreten , als rechtzeitig Hilfe in Form von zwei Polizisten und einem freiwilligen Herrn eintraf. dem es gelang, sie zu retten und sie in ein Kutschentaxi zu setzen, das sich, verfolgt von einer schreienden Menge unscheinbarer Personen, zum Hanover Square aufmachte.

Nun, Augusta war eine Frau mit guten Nerven und Entschlossenheit; Aber so etwas war zu anstrengend, und deshalb machte sie sich noch am selben Tag in Begleitung von Lady Holmhurst auf den Weg in ein paar Zimmer in einem kleinen Hotel am Flussufer an der Themse.

Als Eustace an diesem Nachmittag den Strand entlang spazierte und feststellte, dass jedes Fotogeschäft voll mit genauen Bildern der Schultern seiner Geliebten war, war er schlichtweg wütend; und eilte zu dem Fotografen, der das Foto im Standesamt aufgenommen hatte, und drohte ihm mit Verfahren aller Art und Art. Der Mann gab offen zu, dass er die Fotografien auf den Markt gebracht hatte, und sagte, er habe nie vereinbart, dies nicht zu tun, und er könne es sich nicht leisten, fünf- oder sechshundert Pfund wegzuwerfen, wenn sich ihm die Chance, sie herzustellen, in den Weg stünde.

Daraufhin reiste Eustace, immer noch Rache schwörend, ab, um die rechtmäßigen Zwillinge zu befragen. Daraufhin stellte Herr James Short innerhalb einer Woche einen Antrag und eine einstweilige Verfügung gegen den Fotografen, mit der er den Verkauf der betreffenden Fotos mit der Begründung einschränkte, dass es sich bei diesem Verkauf um Kopien eines Dokuments handele, das für einen guten Zweck von entscheidender Bedeutung sei Da diese Kopien, die derzeit beim Gericht anhängig sind, durch Vermittlung eines Gerichtsbeamten, Dr. und nur zu diesem Zweck ein Beamter des Gerichts und hatte daher kein Recht, sich ohne die Erlaubnis des Gerichts von ihnen oder einem von ihnen zu trennen. Es sei daran erinnert, dass dieser Antrag einige sehr heikle Fragen im Zusammenhang mit den Befugnissen des Gerichtshofs in einer solchen Angelegenheit und nebenbei auch mit dem Gesetz des fotografischen Urheberrechts aufwarf. Es ist auch denkwürdig, dass die Lords Justices of Appeal schließlich ein einstimmiges und leuchtendes Urteil erließen, in dem der Verkauf der Fotos gestoppt wurde und der Fotograf für schuldig befunden wurde, sich einer technischen Missachtung schuldig gemacht zu haben. Dieses Urteil enthielt vielleicht die gründlichste und gelehrteste Definition von konstruktiver Missachtung, die bisher formuliert wurde: Aber für den Text hiervon muss ich den Studenten auf die juristischen Berichte verweisen, denn da die Abgabe zwei Stunden gedauert hat, befürchte ich, dass dies der Fall ist würde trotz seiner vielen Schönheiten als zu lang für den Zweck dieser Geschichte angesehen werden. Leider kam es Augusta, die Opfer der rechtswidrigen Verbreitung von Fotos ihrer Schultern war, jedoch nicht besonders zugute, da das Urteil erst eine Woche nach der Beilegung des großen Falles Meeson *gegen* Addison und Another verkündet wurde.

Ungefähr eine Woche nach Augustas Abenteuer in der Regent Street wurde im Namen der Angeklagten, der Herren Addison und Roscoe, die nach dem früheren Testament vom November 1885 die Testamentsvollstrecker und Hauptbegünstigten waren, beim Nachlassgericht ein Antrag gestellt, der dies forderte Das Gericht sollte den Kläger anweisen, eine weitere und bessere eidesstattliche Erklärung der Skripte einzureichen, der das von ihm erstellte Originaltestament beizufügen ist , natürlich mit dem Ziel, eine Einsichtnahme in das Dokument zu erzwingen. Dieser Antrag, der den gesamten Fall erstmals der Öffentlichkeit zugänglich machte, stieß auf heftigen Widerstand von Herrn James Short und führte dazu, dass die Angelegenheit an den gelehrten Kanzler für seinen Bericht verwiesen wurde. Am nächsten Antragstag wurde dieser Bericht vorgelegt, und da sich daraus ergab, dass die Fotografie in seiner Anwesenheit stattgefunden hatte und die Tätowierungsspuren auf den Schultern der Dame genau wiedergab, lehnte das Gericht es ab, das „Testament" zu belästigen, indem es ihr dies anordnete vor der Verhandlung einer weiteren Prüfung unterziehen. Bei dieser Gelegenheit stellte sich heraus, dass im Testament die Eheschließung mit dem Kläger vorgesehen war, eine Tatsache, die dem Gericht metaphorisch die Augen öffnete. Danach erhielten die Beklagten die Erlaubnis, ihre Antwort auf die Klageschrift des Klägers zu ändern. Zunächst hatten sie nur geltend gemacht, dass der Erblasser das angebliche Testament nicht ordnungsgemäß gemäß den Bestimmungen von 1 Vic., cap., ausgeführt habe . 26, Sek. 2, und dass er deren Inhalt nicht kannte und nicht billigte. Doch nun fügten sie einen Plädoyer hinzu, in dem sie geltend machten, dass das besagte angebliche Testament durch den unzulässigen Einfluss von Augusta Smithers zustande gekommen sei, oder, wie einer der gelehrten Anwälte der Angeklagten es in der Verhandlung viel deutlicher ausdrückte, „dass das Testament von ihr selbst stammte." das Testament durch eine unzulässige Projektion ihres eigenen Willens auf den unwilligen Geist des Erblassers beschafft hat."

Und so verging die Zeit. So oft er konnte, verließ Eustace London und ging in das kleine Hotel am Flussufer und war so glücklich, wie ein Mann nur sein kann, dem ein gewaltiger Rechtsstreit bevorsteht. Das Gesetz ist zweifellos eine bewundernswerte Institution, von der viele Menschen ihren Lebensunterhalt bestreiten und von der ein Teil des Nutzens der Gemeinschaft als Ganzes zugute kommt. Aber wehe denen, die den Gegenstand seiner Operationen bilden. Beispielsweise ist das Bundeskanzleramt theoretisch eine ausgezeichnete Institution und kümmert sich nach reinsten Grundsätzen um die Angelegenheiten von Minderjährigen. Aber wie viele seiner Mündel müssen nach und infolge eines seiner gut gemeinten Eingriffe für den Rest ihres Lebens unter einer Last von Schulden kämpfen, die zur Begleichung der erdrückenden Kosten aufgenommen wurden! Den Court of Chancery mit der Betreuung von Mündeln zu beauftragen, ist etwa so, als würde man einen zahmen Elefanten dazu bringen, Stecknadeln aufzusammeln. Zweifellos könnte er sie abholen, aber es würde etwas kosten, ihn zu ernähren. Es ist durchaus vertretbar, dass das Bundeskanzleramt so viel Elend und Armut hervorbringt, wie es verhindert, und es ist gewiss ein mutiger Schritt, außer unter außergewöhnlichsten Umständen jeden in seine Obhut zu geben, der über Geld verfügt, das darin verschwendet werden kann Anwaltskosten. Aber das sind natürlich revolutionäre Bemerkungen, denen nicht jeder zustimmen kann, schon gar nicht dem vermittelnden Rat des Gerichts.

Wie dem auch sei, sein drohender Rechtsstreit erwies sich sicherlich als ein Wermutstropfen für Eustace. Es verging kein Tag, an dem nicht neue Sorgen aufkamen. James und John, die rechtmäßigen Zwillinge, kämpften wie Helden und behaupteten sich, obwohl ihre Erfahrung so gering war – wie es talentierte Männer fast immer tun, wenn sie dazu aufgefordert werden. Aber es war für Eustace schwierig, sie zu versorgen, selbst wenn er genug Geld für die Eigenkosten hatte; und natürlich, wie es in einem Fall, in dem solch enorme Summen auf dem Spiel standen und in dem die Angeklagten bereits Männer von enormem Reichtum waren, natürlich war, fanden sie die Blüte des gesamten Talents und der gesamten Macht der Anwaltskammer gegen sich aufgestellt. Natürlich war Eustace und auch Mr. James Short – der trotz seiner Wichtigtuerei und der Formalität seiner Rede ein kluger und vernünftiger Mann war – natürlich der Meinung, dass mehr Anwälte, Männer von Rang und Erfahrung, unterrichtet werden sollten; Aber es gab absolut keine Mittel für diesen Zweck, und es war auch nicht wahrscheinlich, dass irgendjemand aufgrund der Sicherheit eines Testaments, das auf den Rücken einer jungen Dame tätowiert war, Geld bereitstellen würde. Das war umständlich, weil der Erfolg in Gerichtsverfahren sehr oft von der höchsten Kasse abhängig ist und Richter, so unparteiisch sie auch sein mögen, da sie doch nur Männer sind, eher geneigt sind, einem Argument zuzuhören, das ihnen von einem Generalstaatsanwalt aufgedrängt wird als von selbst einer wurde von einem unbekannten Junior vorgerückt.

Da war jedoch die Tatsache, und sie mussten das Beste daraus machen; Und ein Punkt, der für sie sprach , war, dass der Fall, obwohl er äußerst bemerkenswert war, vergleichsweise einfach war und keine große Menge an dokumentarischen Beweisen beinhaltete.

KAPITEL XIX.
MEESON *gegen* ADDISON UND ANDERES.

Die ermüdendsten Zeiten vergehen schließlich, wenn man nur noch lebt, um ihr Ende zu erleben, und so begab es sich schließlich an einem schönen Morgen, etwa Viertel vor zehn der Gerichtsuhr, die ihre grässliche Abscheulichkeit auf sie projiziert Augusta, die harmlose Flottenstraße, stand in Begleitung von Eustace, Lady Holmhurst und Mrs. Thomas, der Frau von Captain Thomas, die von einem Besuch bei ihren Verwandten in den Eastern Counties hergekommen war, um auszusagen, im großen Eingang zu den neuen Gerichtshöfen, mit dem Gefühl, als würde sie fünf Jahre ihres Lebens dafür opfern, woanders zu sein.

„Hier entlang, meine Liebe", sagte Eustace; "Herr. John Short sagte, dass er uns bei der Statue in der Halle treffen würde." Dementsprechend gingen sie in den Torbogen neben dem Eichenständer, wo die Ursachenlisten ausgestellt sind. Augusta warf ihnen beim Gehen einen Blick zu, und das erste, was ihr ins Auge fiel, war „Nachlass- und Scheidungsabteilung, Gericht I, um 10.30 Uhr, Meeson *gegen* Addison und Another", und der Anblick verursachte ihr Übelkeit. Im nächsten Moment waren sie an einem Polizisten von gigantischer Größe vorbeigekommen, „ Monstrum". horrendum , informe , ingens ", der die Falttüren bewacht und bewacht, durch die Tag für Tag so viel menschliches Lernen, Elend und Sorgen passieren, und standen in der langen, aber schmalen und schlecht proportionierten Halle, die es zu geben scheint das Beste, was das architektonische Talent des 19. Jahrhunderts hervorbringen konnte.

Rechts von der Tür steht beim Betreten eine Statue des Architekten eines Haufens, auf den England sicherlich keinen Grund hat, stolz zu sein, und hier stand Mr. John Short, eine schwarze Tasche voller Papiere in der Hand, und trug diese Miene Sein Gesicht war voller Aufregung, wie man sie vor Gericht so häufig sieht.

„Hier bist du", sagte er, „ich hatte schon Angst, dass du zu spät kommst. Wir stehen an erster Stelle auf der Liste, wissen Sie; Der Richter hat es speziell nach den Wünschen des Generalstaatsanwalts festgelegt. Er ist auf der anderen Seite, wissen Sie", fügte er seufzend hinzu. „Ich weiß sicher nicht, wie es dem armen James ergehen wird. Es gibt mehr als zwanzig Anwälte gegen ihn, denn alle Vermächtnisnehmer des früheren Testaments sind vertreten. Auf jeden Fall ist er mit seinen Fakten im Bilde, und es scheint mir, dass es in diesem Fall nicht viel Recht gibt."

In der Zwischenzeit waren sie den langen Flur hinaufgegangen, bis sie zu einer engen kleinen Treppe kamen, die gerade in die Wand gegraben worden war, da an diesem Ende des Flurs eine Treppe erforderlich war, über die man zum Gerichtssaal gelangen konnte allem Anschein nach entgingen sie ursprünglich der Aufmerksamkeit des Architekten. Als sie oben an der Treppe ankamen, bogen sie nach links und dann wieder nach links ab. Hätten sie Zweifel gehabt, welchen Weg sie einschlagen sollten, hätte die lange Reihe von Perücken, die in Richtung Scheidungsgericht Nr. 1 davonströmten, die Entscheidung schnell getroffen. Immer dicker wuchsen die Perücken; Es war offensichtlich, dass es dem *Cause Célèbre* von Meeson *gegen* Addison und Another nicht an Zuhörern mangeln würde. Tatsächlich erkannten Augusta und ihre Freunde bald die Intensität des öffentlichen Interesses auf ebenso beeindruckende wie unangenehme Weise, denn kurz hinter dem Admiralitätsgericht war der Durchgang vollständig von einer riesigen Masse von Rechtsanwälten blockiert; es könnten fünfhundert oder mehr gewesen sein. Da standen sie, zusammengedrängt in ihren Reihen mit weißen Perücken, und warteten darauf, dass die Tür des Gerichts geöffnet wurde. Gegenwärtig wurde es von sechs oder acht Wächtern bewacht, die mit Hilfe einer hölzernen Barriere versuchten, die anstürmende Menge auf Abstand zu halten – während die dahinter „Vorwärts!" riefen. und die vorn riefen „Zurück!"

„Wie um alles in der Welt kommen wir da durch?" fragte Augusta, und in diesem Moment ergriff Mr. John Short einen Diener, der wie eine Fliege in einer Tasse Tee in der Menge herumstreifte, und stellte ihm dieselbe Frage und erklärte, dass ihre Anwesenheit für die Veranstaltung notwendig sei zeigen.

„Es stört mich, wenn ich es weiß, Sir; Du kannst hier nicht herkommen. Ich nehme an, ich muss Sie durch den unterirdischen Gang vom anderen Hof aus durchlassen. Warum", fuhr er fort, während er zum Admiralitätsgericht ging, „hängen Sie mich auf, wenn ich nicht glaube, dass wir alle von den dortigen Rechtsanwälten zu Tode gequetscht werden: Es würde ein Kavallerieregiment erfordern, um sie zu halten." zurück. Und sie sind ein ungläubiger Haufen, das sind sie; Und es ist keine Arbeit für sie, und deshalb kommen sie um sich und rennen und machen sich Sorgen, nur um ein bisschen Gemälde auf den Schultern einer jungen Dame zu sehen."

Zu diesem Zeitpunkt hatten sie das Admiralitätsgericht passiert, das nicht tagte, und waren durch eine Art Brunnen geführt worden, der in dem Raum endete, der von den Gerichtsschreibern und anderen Beamten des Gerichts eingenommen wurde. Eine weitere Minute später befanden sie sich in einem ähnlichen Raum im anderen Gerichtssaal.

Bevor Augusta den Platz einnahm, der ihr und den anderen Zeugen im Schacht des Gerichts zugewiesen worden war, direkt unter den Plätzen, die für den Anwalt der Königin reserviert waren, blickte Augusta sich um. Der Gerichtssaal war noch ganz leer, denn der brodelnde Mob draußen war noch nicht hereingebrochen, obwohl ihre wiederholten Rufe „Öffne die Tür!" ertönten. war deutlich zu hören. Aber die Jury war voll besetzt, nicht mit einer Jury, denn der Fall sollte vor dem Gericht selbst verhandelt werden, sondern mit verschiedenen angesehenen Persönlichkeiten, darunter mehreren Damen, die Befehle erhalten hatten. Auch die kleine Galerie darüber war voller schick aussehender Leute. Was die Sitze betrifft, die den Anwälten in der Sache gewidmet waren, waren sie überfüllt mit den Vertretern der verschiedenen Angeklagten – tatsächlich so überfüllt, dass der elende James Short, alleiniger Anwalt des Klägers, sich und seine Papiere im Gerichtssaal niederlassen musste Mitte der dritten Bank, die manchmal von Anwälten genutzt wird.

„Himmel!" sagte Eustace zu Augusta und zählte die Köpfe; „Es gibt dreiundzwanzig Anwälte gegen uns. Was wird dieser unglückliche Jakobus gegen so viele tun?"

„Ich weiß es nicht, ich bin mir sicher", sagte Augusta seufzend. „Es scheint nicht ganz fair zu sein, oder? Aber dann, sehen Sie, war kein Geld da."

In diesem Moment kam John Short. Er war dort gewesen, um mit seinem Bruder zu sprechen. Da Augusta eine Romanautorin und daher eine professionelle Studentin der menschlichen Physiognomie war, beschäftigte sie sich mit dem Studium der Rechtstypen vor ihr, die sich ihrer Meinung nach in zwei Klassen auflösten – die Klasse mit den scharfen Gesichtern und die Klasse mit den soliden, kräftigen Kiefern.

„Wer zum Teufel sind das alles?" Sie fragte.

„Oh", sagte er, „das ist der Generalstaatsanwalt. Er erscheint mit Fiddlestick, QC, Pearl und Bean für den Angeklagten Addison. Neben ihm steht der Generalstaatsanwalt, der zusammen mit Playford, QC, Middlestone, Blowhard und Ross für den anderen Angeklagten, Roscoe, vertritt. Neben ihm steht Turphy , QC, mit Brille; Er soll eine große Wirkung auf eine Jury haben. Ich kenne den Namen seines Juniors nicht, aber er sieht aus, als würde er gleich eins essen, nicht wahr? Er ist für einen der Legaten. Der Mann dahinter ist Stickon ; er ist auch für einen der Legaten. Ich nehme an, dass er Nachlass- und Scheidungsfragen ein interessantes Thema findet, weil er ständig Bücher darüber schreibt. Neben ihm steht Howles, der, wie mein Bruder sagt, der beste Komiker am Hof ist. Der kleine Herr in der Mitte ist Telly; er berichtet für die *Times* . Sehen Sie, da es sich um einen wichtigen Fall handelt, hat er jemanden, der ihm dabei hilft – diesen langen Mann mit der großen Perücke. Er schreibt übrigens Romane wie Sie, nur nicht halb so gute. Der nächste" – aber in diesem Moment wurde Mr. John Short durch die Annäherung eines ziemlich gutaussehenden Mannes unterbrochen, der ständig eine Brille in seinem rechten Auge trug. Er war Mr. News von der großen Firma News and News, die den Fall im Namen der Angeklagten führte.

"Herr. Kurz, glaube ich?" sagte Mr. News und betrachtete die jugendliche Form seines Gegners mit Mitleid, nicht ohne Mitgefühl.

"Ja."

„Ähm, Herr Short, ich habe mich mit meinen Mandanten und – ähm, dem Generalstaatsanwalt und Herrn Fiddlestick beraten, und wir sind durchaus bereit zuzugeben, dass es in diesem Fall zweifelhafte Umstände gibt, die uns rechtfertigen würden ein Vergleichsangebot unterbreiten.“

„Bevor ich darauf eingehen kann, Mr. News“, sagte John mit großer Würde, „muss ich um die Anwesenheit meines Anwalts bitten.“

„Oh, gewiss“, sagte Mr. News, und dementsprechend wurde James von seinem erhöhten Platz gerufen, wo er noch einmal seine Notizen und die Überschriften seiner Eröffnungsrede durchging, obwohl er seinen Auftrag bereits kannte – nämlich, ihn zu erledigen Die Gerichtsverhandlung war mit außerordentlicher Sorgfalt und Ausführlichkeit vorbereitet worden – fast auswendig, und im nächsten Moment befand er sich zum ersten Mal in seinem Leben in Absprache mit einem Anwalt und einem Generalstaatsanwalt.

„Schau her, Short“, sagte der erste dieser großen Männer und wandte sich an James, als ob er ihn seit Jahren gut kannte, obwohl er seinen Namen in Wirklichkeit erst in diesem Moment von Mr. Fiddlestick, der er selbst war, erfahren hatte Ich musste mich an Bean wenden, bevor er sich dessen sicher sein konnte – „ Schau her, Short: Glaubst du nicht, dass wir diese Angelegenheit regeln können?“ Sie haben einen überzeugenden Fall; aber es gibt einige hässliche Dinge gegen dich, wie du zweifellos weißt.“

„Das gebe ich nicht ganz zu“, sagte James.

„Natürlich – natürlich“, sagte Herr Anwalt; „Aber meiner Meinung nach sind Sie, wenn Sie nicht beleidigt sind, wenn ich es zum Ausdruck bringe, nicht ganz auf der sicheren Seite. Nehmen wir zum Beispiel an, Ihre junge Dame darf nicht aussagen?“

„Ich glaube“, sagte ein untersetzter Herr hinter ihm, der auf seinem Gesicht das süßeste und kindischste Lächeln trug, das Eustace je gesehen hatte, und unterbrach es ziemlich hastig, als fürchtete er, sein gelehrter Anführer würde zu viel von seiner Hand zeigen. „Ich denke, dass es sich bei diesem Fall um einen Fall handelt, der aus beiden Blickwinkeln betrachtet eine Beilegung besser verträgt als einen Kampf – was, Fiddlestick? Aber andererseits bin ich ein Mann des Friedens“, und wieder lächelte er James äußerst verführerisch an.

„Wie lauten Ihre Bedingungen?" fragte James.

Die angesehenen Anwälte auf der ersten Bank drehten sich um und steckten ihre Perücken zusammen wie viele weißköpfige Krähen über einen Knochen, und die etwas weniger angesehenen, aber immer noch sehr angesehenen Junioren auf der zweiten Bank reckten sich nach vorne, um zuzuhören.

„Sie werden es regeln", hörte Eustace den Anwalt, der für die *Times berichtete* , zu seinem langjährigen Assistenten sagen.

„Sie regeln immer jeden Fall von öffentlichem Interesse", grunzte der lange Mann als Antwort; „Wir werden Miss Smithers' Schultern jetzt nicht sehen. Nun, ich werde sie vorstellen und sie bitten, sie mir zu zeigen. Ich interessiere mich sehr für das Tätowieren."

In der Zwischenzeit hatte Fiddlestick, QC, etwas auf einen Streifen Papier geschrieben und ihn seinem Vorgesetzten, dem Generalstaatsanwalt, übergeben (auf dessen Brief, wie Mr. James Short mit respektvoller Bewunderung feststellte, 500 Guineen vermerkt waren). Er nickte nachlässig und reichte es an seinen Untergebenen weiter, der es wiederum an den Generalstaatsanwalt und Playford, QC weitergab. Als es die Runde gemacht hatte, nahm Mr. News es entgegen und zeigte es seinen beiden privilegierten Mandanten, den Herren Addison und Roscoe. Addison war ein cholerisch aussehender Mann mit dickem Gesicht. Roscoe war blass und hatte einen dünnen, struppigen schwarzen Bart. Als sie es betrachteten, stöhnte Addison heftig wie ein verwundeter Stier, und Roscoe seufzte, und dieser Seufzer und dieses Stöhnen verrieten Augusta – die wie eine Frau ganz bei Verstand war und jeden Akt des Dramas beobachtete – mehr, als es war Sollte machen. Es sagte ihr, dass diese Herren etwas taten, was ihnen nicht gefiel, und dass sie es taten, weil sie offensichtlich glaubten, dass ihnen kein anderer Weg offen stand. Dann gab Mr. News die Zeitung Mr. John Short, der einen Blick darauf warf und sie an seinen Bruder weitergab, und Eustace las es über seine Schulter hinweg. Es war sehr kurz und lautete wie folgt: „Angebotene Bedingungen: Die Hälfte des Eigentums und die Beklagten tragen alle Kosten."

„Nun, Short", sagte Eustace, „was sagst du, sollen wir es nehmen?"

James nahm seine Perücke ab und rieb nachdenklich seinen kahlen Kopf. „Es ist eine sehr schwierige Situation", sagte er. „ Natürlich ist eine Million eine große Geldsumme; aber es stehen zwei auf dem Spiel. Meiner Meinung nach sollten wir den Fall besser ausfechten; obwohl dies natürlich eine Gewissheit ist, der Ausgang des Falles jedoch nicht."

„Ich bin geneigt, mich niederzulassen", sagte Eustace; „Nicht wegen des Falles, denn ich glaube daran, sondern wegen Augusta – von Miss Smithers:

Sie sehen, sie wird die Tätowierung noch einmal zeigen müssen, und so etwas ist für eine Dame sehr unangenehm."

„Oh, was das betrifft", sagte James hochmütig, „im Moment muss sie bedenken, dass sie keine Dame, sondern ein juristisches Dokument ist. Aber fragen wir sie."

„Was sollen wir nun tun, Augusta?" sagte Eustace, als er das Angebot erklärt hatte; „Sehen Sie, wenn wir das Angebot annehmen , bleibt Ihnen eine sehr unangenehme Zeit erspart. Sie müssen sich schnell entscheiden, denn der Richter wird in einer Minute hier sein."

„Oh, vergiss mich", sagte Augusta schnell; „Ich bin an Unannehmlichkeiten gewöhnt . Nein, ich werde kämpfen, ich sage dir, sie haben Angst vor dir. Ich kann es im Gesicht dieses schrecklichen Mr. Addison sehen. Gerade jetzt starrte er mich förmlich an und knirschte mit den Zähnen, und das würde er nicht tun, wenn er glauben würde, dass er gewinnen würde. Nein, Liebes; Ich werde es jetzt ausfechten."

„Sehr gut", sagte Eustace, nahm einen Bleistift und schrieb „Danke abgelehnt" unter das Angebot.

Genau in diesem Moment ertönte aus dem Gang dahinter ein dumpfes Brüllen. Die Türen des Gerichts wurden geöffnet. Noch eine Sekunde, und ein grässliches Meer von Anwälten stürmte und wehrte sich. Himmel, wie sie gekämpft und getreten haben! Eine wütende Büffelherde hätte sich nicht verzweifelter verhalten können. Die weiße Welle der Perücken raste dahin und trug die starken Männer, die die Tür vor sich hielten, wie Trümmer auf einem Brecher. Sie kamen und vierzig Sekunden später war der Platz bis zum Äußersten überfüllt, und immer noch waren Hunderte von Männern mit weißen Perücken dahinter. Es war eine schreckliche Szene.

"Ach du meine Güte!" dachte Augusta bei sich: „Wie um alles in der Welt verdienen sie alle ihren Lebensunterhalt?" Eine Frage, die vielen von ihnen schwer genug zu beantworten gewesen wäre.

Dann sprang plötzlich ein alter Herr in ihrer Nähe, den sie als den Platzanweiser entdeckte, auf und rief „Stille!" mit gebieterischem Akzent, ohne jedoch große Wirkung auf die zuckende Masse der Menschen davor zu haben. Dann kamen die Beamten des Gerichts; und einen Moment später standen alle auf, als der Richter eintrat, und verneigten sich vor der Bar und nahmen, wie Augusta dachte, sehr verärgert aus, als er die überfüllte Atmosphäre im Gerichtssaal sah, und nahmen seinen Platz ein.

KAPITEL XX.
JAMES bricht zusammen.

Der Standesbeamte, nicht Augustas lieber Nachlassarzt, sondern ein anderer Standesbeamter, erhob sich und rief den Fall Meeson *v.* Addison and Another auf, und im Nu war der elende James Short auf den Beinen, um den Fall zu eröffnen.

„Wie heißt dieser Herr?" Augusta hörte, wie der Richter den Gerichtsschreiber fragte, nachdem er zwei oder drei verzweifelte Versuche unternommen hatte, seine Aufmerksamkeit zu erregen – ein Verfahren, das die Position seines Schreibtisches sehr schwierig machte.

„Kurz, mein Herr."

„Erscheinen Sie allein für den Kläger, Mr. Short?" fragte der Richter mit Nachdruck.

„Ja, mein Herr, das tue ich", antwortete James, und als er das sagte, richteten sich alle Augenpaare in der überfüllten Versammlung auf ihn, und eine Art hörbares Lächeln schien durch den Hof zu huschen. Die Sache erschien dem Fachmann nicht unnatürlich lächerlich und ohne Präzedenzfall.

„Und wer vertritt den Angeklagten?"

„Ich verstehe, mein Lord", sagte der gelehrte Generalstaatsanwalt, „dass alle meine gelehrten Freunde auf diesen beiden Bänken zusammen mit mir für den einen oder anderen Angeklagten erscheinen oder den Fall im Interesse der Vermächtnisnehmer verfolgen." "

Hier unterbrach ihn ein entschiedenes Kichern.

Rechtsanwälte erklärt, die auf die eine oder andere Weise mit der Verteidigung verbunden sind ."

„Ganz richtig, Herr Anwalt", sagte der Richter, „aber in Wirklichkeit scheinen die Kräfte etwas unverhältnismäßig zu sein. Natürlich kann das Gericht in dieser Angelegenheit nicht eingreifen."

„Wenn Ihre Lordschaft es mir erlaubt", sagte James, „ist der einzige Grund, warum der Kläger so schlecht vertreten ist, meines Wissens, dass die Mittel für die Unterweisung anderer Anwälte nicht zur Verfügung standen. Ich bin jedoch mit dem Fall gut vertraut und werde mit der Erlaubnis Ihrer Lordschaft mein Bestes geben."

„Sehr gut, Mr. Short", sagte der gelehrte Richter und sah ihn fast mitleidig an, „erläutern Sie Ihren Fall."

James entfaltete inmitten einer spürbaren Stille seine Bitten, und während er dies tat, erfasste ihn zum ersten Mal ein widerwärtiges Gefühl der Nervosität, das ihn und plötzlich auch seinen Geist erzittern ließ wurde dunkel. Die meisten von uns haben dieses Gefühl schon einmal erlebt, und zwar aus weniger gutem Grund als der arme James. Da war er fast zum ersten Mal in seinem Leben dazu bestimmt, im Alleingang einen äußerst wichtigen Fall zu leiten, auf den sich wohl kaum zu viel war, um zu sagen, dass sich das Interesse des ganzen Landes konzentrierte. Das war noch nicht alles. Ihm standen etwa zwanzig Anwälte gegenüber , allesamt erfahrene Männer, in deren Reihen sich auch einige der berühmtesten Anführer Englands befanden. Darüber hinaus war das Gericht dicht gedrängt mit Dutzenden Männern seines eigenen Berufsstandes Einer von ihnen, so hatte er das Gefühl, betrachtete ihn mit Neugier, nicht ohne Mitleid. Dann war da noch die enorme Verantwortung, die ihn im wahrsten Sinne des Wortes zu erdrücken schien, auch wenn er sich dessen vorher nie ganz bewusst war.

„Möge es Euer Lordschaft gefallen", begann er; und dann, wie ich bereits sagte, wurde sein Geist zu einer gespenstischen Leere, in der dunkle und formlose Ideen undeutlich hin und her huschten .

Es entstand eine Pause – eine schmerzhafte Pause.

„Lesen Sie Ihre Schriftsätze laut vor", flüsterte ein Anwalt, der neben ihm saß, und erkannte seine Notlage.

Das war eine Idee. Man kann Schriftsätze lesen, wenn man seine Ideen nicht sammeln kann, um zu sprechen. Das ist nicht üblich. Der Prozessbevollmächtigte legt den Inhalt der Schriftsätze dar und überlässt es dem Gericht, sich auf diese zu beziehen, wenn es dies für notwendig hält. Dennoch war daran absolut nichts auszusetzen; Also schnappte er sich die Papiere und begann prompt:

„(I.) Der Kläger ist der alleinige und universelle Vermächtnisnehmer des wahren letzten Testaments von Jonathan Meeson, verstorben in Pompadour Hall, in der Grafschaft Warwick, der am 23. Dezember 1885 starb, wobei das besagte Testament undatiert ist , aber ordnungsgemäß am oder nach dem 22. Dezember 1885 hingerichtet."

Hier hob der gelehrte Richter vorwurfsvoll die Augenbrauen und räusperte sich, um einzugreifen; aber offenbar überlegte er es sich anders, denn er nahm einen blauen Bleistift und notierte sich das Datum des Testaments.

„(II.)", fuhr James fort. „Am 21. Mai 1886 wurde den Beklagten die Nachlasserklärung eines angeblichen Testaments des besagten Jonathan Meeson erteilt, wobei das besagte Testament das Datum 10. November 1885 trug. Der Kläger behauptet –

„(1.) Das Gericht soll die Nachlasserklärung des besagten angeblichen Testaments des besagten Jonathan Meeson mit Datum vom 10. November 1885 widerrufen, die den Angeklagten am 21. Mai 1886 gewährt wurde.

„(2.) Eine Erteilung von Verwaltungsschreiben an den Kläger mit beigefügtem Testament, das am oder nach dem 22. Dezember 1885 erstellt wurde. (Unterzeichnet) JAMES SHORT.“

„Möge es Ihrer Lordschaft gefallen“, begann James und hatte erneut das dumpfe Gefühl, dass er genug Schriftsätze gelesen hatte, „die Angeklagten haben eine Antwort eingereicht, in der sie geltend machen, dass das Testament vom 22. Dezember nicht ordnungsgemäß in Übereinstimmung mit dem Gesetz ausgeführt wurde und dass die ...“ Der Erblasser kannte seinen Inhalt nicht und stimmte ihm nicht zu, und eine geänderte Antwort, in der er geltend machte, dass das besagte angebliche Testament, falls es ausgeführt wurde, durch den unzulässigen Einfluss von Augusta Smithers zustande gekommen sei“ – und wieder überkam ihn seine Nervosität, und er hielt mit einem Ruck an.

Dann kam eine weitere Pause, noch schrecklicher als die erste.

Der Richter machte sich eine weitere Notiz, so langsam er konnte, und räusperte sich noch einmal; aber der arme James konnte nicht weitermachen. Er konnte sich nur wünschen, dass er dann und dort sterben würde, anstatt die schreckliche Demütigung eines solchen Versagens zu ertragen. Aber er wäre gescheitert, denn sein Gehirn drehte sich wie das eines Betrunkenen, wenn nicht ein Vorkommnis passiert wäre, das ihn für immer dazu veranlasste, den Namen Fiddlestick, QC, zu segnen, wie es der Name eines angesehenen Anwalts nicht ist oft gesegnet in dieser undankbaren Welt. Denn Fiddlestick, QC, der, wie man sich erinnern wird, einer der Anführer der Angeklagten war, hatte seinen unglücklichen Gegner beobachtet, bis er erkannte , wie traurig seine Lage war, und ein Gefühl des Mitleids seine gelehrte Brust erfüllte. Vielleicht erinnerte er sich an eine Gelegenheit in der dunklen und fernen Vergangenheit, als er unter einem ähnlichen Anfall von rasender Angst gelitten hatte, oder vielleicht war es ihm leid zu denken, dass ein junger Mann eine solch unvergleichliche Chance verpassen sollte einen Namen machen. Jedenfalls hat er eine edle Tat vollbracht. Zufällig saß er in der rechten Ecke des Anwaltssitzes der Königin, und auf dem Schreibtisch vor ihm stapelte sich eine gewaltige Menge juristischer Berichte, die sein Schreiber dort zusammengestellt hatte und die Fälle enthielten, auf die man sich möglicherweise beziehen musste . Nun, angesichts dieser Gesetzesberichte sah Mr. Fiddlestick in der Güte seines Herzens eine Gelegenheit, eine Ablenkung zu schaffen, und er schuf sie mit aller Macht. Denn indem er sein Gewicht plötzlich nach vorne warf, wie zufällig oder in einer Bewegung der Ungeduld, drückte er seinen gebeugten Arm mit solcher

Kraft gegen den Stapel, dass er jedes Buch, und es mussten mehr als zwanzig gewesen sein, über den Haufen schleuderte direkt auf den Kopf und die Schultern seines cholerischen Mandanten, Mr. Addison, der direkt darunter auf der Anwaltsbank saß.

Die Bücher fielen krachend und knallend zu Boden, und Mr. Addison fiel, von ihrem Gewicht mitgerissen, auf die Nase zwischen ihnen – eine Möglichkeit, die Fiddlestick, QC, übrigens für ihn nicht vorhergesehen hatte hatte die Nähe seines Klienten übersehen.

Der Richter machte ein schreckliches Gesicht, und als er dann erkannte, wie lächerlich die Szene war, entspannten sich seine Gesichtszüge zu einem Lächeln. Aber Mr. Addison lächelte nicht. Er sprang vom Boden auf, Bücher rutschten ihm in alle Richtungen vom Rücken, hielt sich mit einer Hand die Nase (die verletzt war) und sprang direkt auf seinen gelehrten Berater zu.

"Das hast du mit Absicht getan!" er hätte fast geschrien, ganz vergessend, wo er war; „Lass mich einfach an ihn ran, ich reiße ihm die Perücke ab!" und dann, ohne noch einmal abzuwarten, brach das gesamte Publikum in brüllendes Gelächter aus, das zwar unziemlich, aber völlig vernünftig war; Während dieser Zeit war Mr. Fiddlestick dabei zu sehen, wie er sich in stummer Geste mit einem milden Lächeln auf dem Gesicht entschuldigte , während Mr. News und Mr. Roscoe zusammen den empörten Addison zu seinem Platz zerrten und ihm Taschentücher reichten, um seine blutende Nase abzuwischen.

James sah das Ganze, und als er seine Position vergaß, lachte er ebenfalls; und aus irgendeinem mysteriösen Grund verschwand seine Nervosität mit dem Lachen.

Der Platzanweiser rief „Ruhe!" mit enormer Energie, und bevor der Ton verklungen war, wandte sich James mit klarer und energischer Stimme an das Gericht, wohlwissend, dass er ein gründlicher Meister seines Falles war und die Worte, um es darzulegen, ihn nicht im Stich lassen würden. Fiddlestick, QC, hatte ihn gerettet!

„Möge es Ihrer Lordschaft gefallen", begann er, „die Einzelheiten dieses Falles sind von ebenso bemerkenswerter Bedeutung wie alle anderen, die meines Wissens vor Gericht gebracht wurden." Der Kläger, Eustace Meeson, ist der einzige Verwandte von Jonathan Meeson, Esquire, dem verstorbenen Chef des bekannten Birminghamer Verlagshauses Meeson, Addison und Roscoe. Gemäß einem Testament vom 8. Mai 1880 wurde dem Kläger der alleinige Erbe des großen Vermögens seines Onkels überlassen – mit Ausnahme einiger Vermächtnisse. Gemäß einem zweiten Testament, auf das sich die Beklagten jetzt berufen und das auf den 10. November 1885 datiert ist, wurde der Kläger vollständig enterbt, und die jetzigen Beklagten wurden zusammen mit etwa sechs oder acht Vermächtnissen als alleinige Begünstigte eingesetzt. Ungefähr am 22. Dezember 1885 erstellte der Erblasser jedoch ein drittes Testament, nach dem der Kläger das gesamte Vermögen übernimmt, und dies ist das jetzt vorgelegte Dokument. Dieses testamentarische Dokument oder vielmehr dieses Testament – denn ich behaupte, dass es sich in jeder Hinsicht um ein ordnungsgemäß ausgeführtes Testament handelt – ist auf die Schultern tätowiert" – (Sensation vor Gericht) – „ist auf die Schultern einer jungen Dame tätowiert, Miss." Augusta Smithers, die bald vor Ihre Lordschaft geladen wird; und um Missverständnissen vorzubeugen, kann ich gleich sagen, dass sich diese Dame seit diesem Ereignis verlobt hat, um mit dem Kläger verheiratet zu sein (erneute Sensation).

„Dies, mein Lord, sind die Hauptumrisse des Falles, den ich dem Gericht zur Prüfung vorlegen muss. Ich denke, Ihre Lordschaft wird verstehen, dass sie von so bemerkenswerter und beispielloser Natur ist, dass ich Ihre Lordschaft um Nachsicht bitten muss, wenn ich fortfahre um es etwas ausführlicher zu eröffnen und die Geschichte am Anfang zu beginnen."

Zu diesem Zeitpunkt hatte James Short seine Nerven vollständig wiedererlangt und war sich tatsächlich der Tatsache kaum bewusst, dass außer dem gelehrten Richter und ihm noch jemand im Gericht anwesend war. Er ging zurück zum Anfang und beschrieb detailliert die frühe Geschichte der Beziehung zwischen Eustace Meeson und seinem Onkel, dem Verleger, mit dem diese Platte nichts zu tun hat. Dann wandte er sich der Geschichte von Augustas Beziehung zur Firma Meeson and Co. zu, die für seine Zuhörer sehr interessant war, da fast jeder im Gericht, mit Ausnahme des Richters, „Jemimas Gelübde" gelesen hatte. Dann ging er zur Szene zwischen Augusta und dem Verleger über und erläuterte, wie Eustace sich eingemischt hatte, was zu einem heftigen Streit geführt hatte, der zur Enterbung des jungen Mannes führte. Im weiteren Verlauf erläuterte er ausführlich, wie der Verleger und der Verleger auf demselben Schiff gereist waren und welche tragischen Vorkommnisse bis zu Augustas endgültiger Rettung und Ankunft in England folgten, und beendete seine schwungvolle Eröffnung schließlich mit der Berufung an das Gericht, dies nicht zuzulassen Sein Geist ließ sich von der Tatsache beeinflussen, dass sich die beiden Hauptdarsteller seit diesen Ereignissen verlobt hatten, um zu heiraten, was seiner Meinung nach ein sehr passender Höhepunkt einer so romantischen Geschichte war.

Schließlich hörte er auf und setzte sich unter leichtem Beifall, denn die Rede war wirklich sehr schön gewesen, nieder. Dabei warf er einen Blick auf die Uhr. Er war seit fast zwei Stunden auf den Beinen, und doch kam es ihm nur wie eine sehr kurze Zeit vor. Im nächsten Moment war er wieder auf den Beinen und hatte seinen ersten Zeugen aufgerufen – Eustace Meeson.

Eustaces Aussage war eher formaler Natur und beschränkte sich zwangsläufig auf einen Bericht über die Beziehungen zwischen seinem Onkel und ihm sowie zwischen ihm und Augusta. So wie es war, gab er es jedoch sehr gut und mit einer völligen Offenheit wieder, die einen positiven Eindruck beim Hof zu hinterlassen schien.

Dann erhob sich Fiddlestick, QC, zum Kreuzverhör und bemühte sich, Eustace zugeben zu lassen, dass sein Verhalten geeignet war, das Verhalten seines Onkels hinreichend zu rechtfertigen . Aber daraus war nicht viel zu machen. Eustace schilderte alles, was ziemlich locker geschehen war, und es lief lediglich auf die Tatsache hinaus, dass es zwischen den beiden wütende Worte über die Behandlung gegeben hatte, die Augusta seitens der Firma erfahren hatte. Kurz gesagt, Fiddlestick konnte nichts mit ihm anfangen und setzte sich nach zehn Minuten hin, ohne den Fall nennenswert vorangebracht zu haben. Dann stellten mehrere der anderen Anwälte jeweils ein oder zwei Fragen, woraufhin Eustace aufgefordert wurde, zurückzutreten, und Lady Holmhurst gerufen wurde. Lady Holmhursts Aussage war sehr dürftig und beläuft sich lediglich auf die Tatsache, dass sie Augustas Schultern an Bord der Kangaroo gesehen hatte und dass es damals keine Anzeichen von Tätowierungsspuren darauf gab, und als sie sie in London wiedersah, waren sie tätowiert. Es wurde kein Versuch unternommen, sie ins Kreuzverhör zu nehmen, und als ihre Aussage beendet war, vertagte das Gericht das Mittagessen. Als es wieder zusammenkam, rief James Short Augusta an, und ein erwartungsvolles Murmeln erklang aus dem dicht gedrängten Publikum, als sie – mit einem schweren Gefühl im Herzen und einem schöneren Aussehen als je zuvor – auf die Loge zuging.

Während sie das tat, erhob sich der Generalstaatsanwalt.

„Ich muss im Namen der Angeklagten Einspruch dagegen einlegen, mein Lord", sagte er, „daß dieser Zeuge die Loge betreten darf."

„Aus welchen Gründen, Herr Anwalt?" sagte Seine Lordschaft.

„Mit der Begründung, dass ihr Mund *ipso facto* geschlossen ist. Wenn wir der Geschichte des Klägers Glauben schenken dürfen, ist diese junge Dame selbst der Wille von Jonathan Meeson und daher, wie ich behaupte, sicherlich nicht befugt, als Zeuge auszusagen. Es gibt keinen Präzedenzfall für ein Dokument, das als Aussage dient, und ich gehe davon aus, dass der Zeuge als Dokument betrachtet werden muss."

„Aber, Herr Anwalt", sagte der Richter, „ein Dokument ist ein Beweis, und zwar ein Beweis der besten Sorte."

„Zweifellos, mein Herr; und wir haben keine Einwände dagegen, dass das Dokument dem Gericht vorgelegt wird, damit es seine eigenen Schlussfolgerungen ziehen kann, aber wir bestreiten, dass es berechtigt ist, in seiner eigenen Erklärung zu sprechen. Ein Dokument ist eine Sache, die durch ihre geschriebenen Zeichen spricht. Es kann sich nicht die Zunge nehmen und auch mündlich reden; und um dies zu untermauern, möchte ich Ihre Lordschaft auf die allgemeinen Rechtsgrundsätze aufmerksam machen, die die Auslegung schriftlicher Dokumente regeln.“

„Ich bin mir dieser Grundsätze durchaus bewusst, Herr Anwalt, und ich kann mir nicht vorstellen, dass sie diese Frage berühren.“

„Wie Euer Lordschaft gefällt. Dann werde ich auf meine Hauptbehauptung zurückgreifen, dass Miss Smithers für die Zwecke dieses Falles ein Dokument und nichts anderes als ein Dokument ist und nicht mehr das Recht hat, ihren Mund zur Unterstützung der Klage des Klägers aufzutun, als jedes andere Papier Wille, wenn es auf wundersame Weise mit Sprache ausgestattet werden könnte.“

„Nun“, sagte der Richter, „das kommt mir auf jeden Fall wie ein neuer Punkt vor.“ Was haben Sie dazu zu sagen, Mr. Short?“

Alle Augen waren nun auf James gerichtet, denn man hatte das Gefühl, dass der Fall verloren sei, wenn der Fall zu seinen Ungunsten entschieden würde.

„Der Punkt, den Sie ansprechen möchten, Mr. Short“, fuhr der gelehrte Richter fort, „ist: Ist die Persönlichkeit von Miss Smithers so völlig verloren und verschmolzen mit dem, was ich mangels eines besseren Ausdrucks nennen muss? Dokumentarfähigkeit, um ihr das Recht zu nehmen, wie jeder andere vernünftige Mensch vor diesem Gericht zu erscheinen und über Ereignisse im Zusammenhang mit der Vollstreckung auszusagen?“

„Wenn es Euer Lordschaft gefällt“, sagte James, „behaupte ich, dass dem nicht so ist. Ich behaupte, dass das Dokument das Dokument bleibt; und dass Miss Smithers in jeder Hinsicht, einschließlich der Beweisführung bezüglich der Hinrichtung, immer noch Miss Smithers bleibt. Es wäre sicherlich absurd zu argumentieren, dass eine Person, weil ihr eine Tat vollstreckt wurde , *ipso facto* nicht in der Lage war, darüber auszusagen, und zwar allein deshalb, weil sie *es war* . Darüber hinaus würde eine solche Entscheidung im Widerspruch zu Gerechtigkeit und guter Politik stehen, da Personen nicht so leichtfertig ihrer natürlichen Rechte beraubt werden könnten. Auch in diesem Fall wäre die Klage des Klägers durch eine solche Entscheidung endgültig beendet, da die Unterschrift von Jonathan Meeson und den beglaubigenden Zeugen des Testaments in ihrer tätowierten Form und dort natürlich nicht zu erkennen wäre Es gibt keine andere lebende Person, die sagen könnte, unter welchen Umständen die Unterschrift dort entstanden ist. Ich beantrage, dass der Einspruch zurückgewiesen werden sollte.“

„Dies", sagte Seine Lordschaft, als er seine Entscheidung verkündete, „ist ein sehr merkwürdiger Punkt, der mich, als er zum ersten Mal vom gelehrten Generalstaatsanwalt angesprochen wurde, mit einiger Wucht beeindruckte; aber als ich darüber nachdachte und Mr. Short hörte, bin ich überzeugt, dass es sich um einen Einwand handelt, der nicht unterstützt werden kann" (hier seufzte Eustace erleichtert). „Der Angeklagte argumentiert, dass Miss Smithers für die Zwecke dieses Falles ein Dokument, ein Dokument und nichts anderes als ein Dokument ist, und hält daher den Mund. Nun denke ich, dass der gebildete Generalstaatsanwalt diese Angelegenheit nicht durchdacht haben konnte, als er zu dieser Schlussfolgerung kam. Was sind die Umstände? Auf die Haut dieser Dame soll ein Testament tätowiert worden sein; Aber ist die Haut der ganze Mensch? Bleibt nicht die Intelligenz und die Individualität bestehen? Ich denke, dass ich anhand einer Illustration klarer zum Ausdruck bringen kann, was ich meine. Nehmen wir an, dass ich dem Einspruch des Beklagten stattgeben würde und dass der Fall des Klägers infolgedessen scheitern würde . Nehmen wir dann an, dass die Klägerin die Zeugin dazu überredet hatte, teilweise gehäutet zu werden" – (hier sprang Augusta fast von ihrem Sitz auf) – „und dass sie, nachdem sie die Operation überlebt hatte, dem Gericht erneut als Zeugin vorgelegt wurde, würde das Gericht sagen." dann unter allen Umständen in der Lage sein, die Annahme ihrer Aussage zu verweigern? Das Dokument in Form eines menschlichen Pergaments wäre dann in den Händen der Beamten des Gerichts, und die Person, von der das Pergament entfernt wurde, stünde ebenfalls vor dem Gericht. Könnte man immer noch behaupten, dass die beiden so identisch und untrennbar seien, dass die mit einem Dokument verbundenen Behinderungen zwangsläufig mit der Person zusammenhängen müssten? Meiner Meinung nach sicherlich nicht. Oder, um einen anderen Fall zu nehmen, nehmen wir an, dass das Testament auf das Bein einer Person tätowiert wurde und dass das Bein unter ähnlichen Umständen abgeschnitten und dem Gericht vorgelegt wurde, entweder in fleischlichem oder mumifiziertem Zustand; Konnte dann ernsthaft vorgebracht werden, dass das beschriftete Bein, das vor dem Gericht auf dem Tisch stand, einst dem im Zeugenstand sitzenden Zeugen gehörte, daher für den Zeugen nicht befugt war, wegen seiner Person auszusagen? Dokumentarische Attribute? Sicherlich konnte es nicht. Daher scheint es mir, dass das, was trennbar ist, aus rechtlichen Gründen als bereits getrennt angesehen werden muss und dass das Testament auf dem Rücken dieses Zeugen so betrachtet werden muss, als ob es in diesem Moment in den Händen wäre. der Beamten des Gerichts, und folglich weise ich den Einspruch zurück."

„Wird Ihre Lordschaft die Entscheidung Ihrer Lordschaft zur Kenntnis nehmen?" fragte der Generalstaatsanwalt im Hinblick auf eine Berufung.

„Sicherlich, Herr Anwalt. Dieser Zeuge soll vereidigt werden."

KAPITEL XXI.
Gewähren Sie, wie gebetet.

Dementsprechend legte Augusta einen Eid ab, und Eustace bemerkte, dass der Anblick ihres süßen Gesichts keine geringe Wirkung auf den überfüllten Hof hervorrief, als sie ihren Schleier abnahm, um das Buch zu küssen.

Dann begann James mit seiner Vernehmung und führte sie, den Zeilen folgend, die er in seiner Eröffnungsrede festgelegt hatte, langsam, während er ihr erlaubte, so viel wie möglich ihre eigene Geschichte zu erzählen, zu der Zeit, in der ihr Testament tätowiert wurde Kerguelen-Land. Offensichtlich hatte die Geschichte die ganze Zeit über jeden im Gericht – den Richter nicht ausgenommen – intensiv interessiert; Doch nun erreichte die Aufregung ihren Siedepunkt.

„Nun", sagte James, „erzählen Sie seiner Lordschaft genau, wie es dazu kam, dass der Wille von Mr. Meeson auf Ihre Schultern tätowiert wurde."

In ruhiger, aber dramatischer Sprache erzählte Augusta dementsprechend jedes Detail, von der Zeit, als Meeson ihr seine Reue über die Enterbung seines Neffen anvertraute, bis hin zur Ausführung des Testaments auf ihren Vorschlag hin durch den Seemann auf ihren eigenen Schultern.

„Und nun, Miss Smithers", sagte James, als sie fertig war, „es tut mir sehr leid, das tun zu müssen; aber ich muss Sie bitten, das Dokument dem Gericht vorzulegen."

Die arme Augusta errötete und ihre Augen füllten sich mit Tränen, als sie langsam den Staubumhang öffnete, der ihre Schultern verdeckte (denn natürlich war sie in niedriger Kleidung gekommen). Der Richter blickte scharf auf und bemerkte ihre natürliche Verzweiflung.

„Wenn es Ihnen lieber ist, Miss Smithers", sagte Seine Lordschaft höflich, „werde ich anordnen, dass das Gericht von allen Personen freigeräumt wird, mit Ausnahme derjenigen, die tatsächlich an dem Fall beteiligt sind."

Bei diesen bedrohlichen Worten ging ein Schauder des Ekels durch die dicht gedrängten Reihen. Nach all ihrem Streben würde es ihnen in der Tat schwer fallen, wenn ihnen die Sicht auf den Willen entzogen würde; und sie starrten sie verzweifelt an, um zu sehen, was sie antworten würde.

„Ich danke Euer Lordschaft", sagte sie mit einer kleinen Verbeugung; „Aber es wären immer noch so viele übrig, dass ich glaube, dass es keine große Rolle spielen würde. Ich hoffe, dass jeder meine Position versteht und mir gegenüber seine Rücksicht nimmt."

„Sehr gut“, sagte die Richterin, und ohne weitere Umschweife legte sie den Umhang und das Seidentaschentuch darunter ab und stand in einem tiefen schwarzen Kleid vor dem Gericht.

„Ich fürchte, ich muss Sie bitten, hierher zu kommen“, sagte Seine Lordschaft. Dementsprechend ging sie umher, bestieg die Bank und drehte dann dem Richter den Rücken zu, damit er prüfen konnte, was darauf geschrieben stand. Dies tat er sehr sorgfältig mit Hilfe einer Lupe und verwies dabei hin und wieder auf die Fotokopie, die Doktor Probate im Register hinterlegt hatte.

„Danke“, sagte er plötzlich, „das reicht.“ Ich befürchte, dass der unten stehende sachkundige Anwalt Gelegenheit zur Inspektion haben möchte.“

Also musste Augusta hinabsteigen und langsam die Reihen entlanggehen, wobei sie vor jedem gelehrten Anführer stehen blieb, um sorgfältig untersucht zu werden, während Hunderte von eifrigen Augen im Hintergrund auf ihren unglücklichen Hals gerichtet waren. Doch irgendwann war Schluss.

„Das wird genügen, Miss Smithers“, sagte die Richterin, für deren Rücksichtnahme sie zutiefst dankbar war; „Du kannst deinen Umhang jetzt wieder anziehen.“ Dementsprechend tat sie dies und betrat die Box erneut.

„Das Dokument, das Sie dem Gericht gerade vorgelegt haben, Miss Smithers“, sagte James, „ist dasjenige, das am oder um den 22. Dezember letzten Jahres im Kerguelen-Land an Ihnen hingerichtet wurde?“

"Es ist."

„Soweit ich weiß, wurde es im Beisein des Erblassers und der beiden bezeugenden Zeugen ausgeführt, wobei alle drei gemeinsam anwesend waren und die Unterschrift jedes Einzelnen im Beisein des anderen tätowiert wurde?“

"Es war."

„War der Erblasser, soweit Sie das beurteilen konnten, zum Zeitpunkt der Errichtung und Ausführung des Testaments bei klarem Verstand, gutem Gedächtnis und Verständnis?“

„Mit Sicherheit war er das.“

„Haben Sie, abgesehen von den Vorschlägen, die Sie bereits dargelegt haben, in irgendeiner Weise die Meinung des Erblassers unangemessen beeinflusst, um ihn zu veranlassen, dieses Testament zu verfassen?“

"Ich tat es nicht."

„Und auf diese Tatsachen schwörst du?“

"Ich tue."

Dann widmete er sich der Geschichte des Todes der beiden Matrosen, die das Testament beglaubigt hatten, und dem Bericht über Augustas endgültige Rettung und schloss schließlich seine Vernehmung ab, gerade als die Uhr vier schlug, woraufhin das Gericht die Sitzung bis zum nächsten Tag vertagte folgender Tag.

Wie man sich vorstellen kann, verbrachte niemand aus unserer Gruppe eine übermäßig angenehme Nacht, obwohl die Dinge bisher ziemlich gut liefen. Die Anspannung war zu groß, um es zuzugeben; und wirklich waren sie alle froh, sich im Gerichtssaal wiederzufinden, der am nächsten Morgen, wenn möglich, noch voller war, erfüllt von der Hoffnung, dass die Sache an diesem Tag so oder so entschieden werden könnte.

Sobald der Richter eingetreten war, nahm Augusta wieder ihren Platz im Zeugenstand ein, und der Generalstaatsanwalt erhob sich, um sie ins Kreuzverhör zu nehmen.

„Sie haben dem Gericht am Ende Ihrer Beweisaufnahme mitgeteilt, dass Sie nun mit Mr. Meeson, dem Kläger, verlobt sind. Nun tut es mir leid, eine persönliche Frage an Sie richten zu müssen, aber ich muss Sie fragen: Waren Sie zum Zeitpunkt der Tätowierung des Testaments in Mr. Meeson verliebt?"

Das war ein Heimstoß, und die arme Augusta errötete darunter; Ihr angeborener Witz kam ihr jedoch zu Hilfe.

„Wenn Sie definieren, Sir, was Verliebtheit ist, werde ich mein Bestes tun, um Ihre Frage zu beantworten", sagte sie. Worauf das Publikum, darunter auch Seine Lordschaft, lächelte.

Der Generalstaatsanwalt wirkte verwirrt, so gut es auch sein könnte; denn es gibt einige Dinge, die selbst ein Generalstaatsanwalt nicht lernen kann.

„Nun", sagte er, „hatten Sie eine eheliche Neigung zu Mr. Meeson?"

„Sicherlich, Herr Generalstaatsanwalt", sagte der Richter, „schließt das eine nicht unbedingt das andere ein?"

„Ich verneige mich vor der Erfahrung Ihrer Lordschaft", sagte Herr Anwalt scharf. „Vielleicht sollte ich meine Frage besser so formulieren: Hatten Sie jemals die Aussicht, sich mit Mr. Meeson zu verloben?"

„Überhaupt nichts."

„Haben Sie sich dieser Tätowierung, die schmerzhaft gewesen sein muss, mit der Absicht unterworfen, sich mit dem Kläger zu verloben?"

"Sicherlich nicht. „Ich möchte darauf hinweisen", fügte sie zögernd hinzu, „dass eine solche Entstellung wahrscheinlich niemandem mehr Reiz verschafft."

„Bitte beantworten Sie meine Fragen, Miss Smithers, und kommentieren Sie sie nicht. Wie kam es dann, dass Sie sich einer so unangenehmen Operation unterziehen mussten?"

„Ich habe mich dem unterworfen, weil ich es für richtig hielt, dies zu tun, da offensichtlich kein anderes Mittel zur Verfügung stand, um das Ziel des verstorbenen Mr. Meeson zu erreichen. Auch" – und sie hielt inne.

" Also was?"

„ Ich hatte auch Hochachtung vor Herrn Eustace Meeson und wusste, dass er sein Erbe durch einen Streit um mich selbst verloren hatte."

"Ah! jetzt kommen wir dazu. Dann wurden Sie aus Rücksicht auf den Kläger tätowiert und nicht nur im Interesse der Gerechtigkeit?"

"Ja; Das nehme ich an."

„Nun, Herr Anwalt", warf der Richter ein, „und was wäre, wenn sie es wäre?"

„Mein Ziel, mein Lord, war es zu zeigen, dass diese junge Dame in dieser Angelegenheit nicht das rein teilnahmslose Medium war, das mein gelehrter Freund, Mr. Short, das Gericht glauben machen wollte. Sie handelte aus Beweggrund."

„Die meisten Leute tun es", sagte der Richter trocken. „Aber daraus folgt nicht, dass das Motiv unangemessen war."

Dann setzte der gelehrte Herr sein Kreuzverhör fort und richtete den ganzen Einfallsreichtum seines geübten Geistes darauf, durch Augustas Eingeständnisse zunächst zu beweisen, dass die Erblasserin unter ihrem unzulässigen Einfluss handelte; und zweitens, dass er bei der Testamentsvollstreckung *non compos mentis war* . Zu diesem Zweck beschäftigte er sich ausführlich mit allen Einzelheiten der Ereignisse zwischen der Tätowierung des Testaments und dem Tod des Erblassers am folgenden Tag und nutzte so viel wie möglich aus der Tatsache, dass er in einem Anfall von Manie starb. Aber tat, was er wollte, er konnte ihre Aussage in keinem wesentlichen Punkt erschüttern, und als er sich schließlich setzte, hatte James Short das Gefühl, dass sein Fall keinen ernsthaften Rückschlag erlitten hatte.

Nachdem im Kreuzverhör einige weitere Fragen von verschiedenen anderen Anwälten gestellt worden waren, erhob sich James, um die Vernehmung noch einmal zu prüfen, und ließ Augusta, mit dem Ziel, die Vermutung der geistigen Unzulänglichkeit des Erblassers zu widerlegen, alle Einzelheiten des Geständnisses wiederholen, das der Erblasser gemacht hatte Der verstorbene Verleger hatte ihr bezüglich seiner Handelsmethoden etwas gesagt. Es war schön, die Wut und das Entsetzen zu sehen, die sich auf den Gesichtern des cholerischen Mr. Addison und des leichenhaften Mr. Roscoe zeigten, als sie die am meisten geschätzten Geheimnisse der Bräuche des Handels, wie er bei Meeson praktiziert wurde , so offen zur Schau gestellt sahen Tageslicht, während ein Dutzend Reporter mit scharfem Bleistift jedes Detail aufzeichneten.

Dann wurde Augusta endlich gesagt, sie solle zurücktreten, was sie dankenswerterweise auch tat, und Mrs. Thomas, die Frau von Kapitän Thomas, wurde gerufen. Sie bewies, dass Augusta auf der Insel gefunden worden war und dass sie den Hut eines der Seeleute und das zu zwei Drittel leere Rumfass gesehen hatte, und brachte auch die Schale hervor, aus der die Männer den Rum getrunken hatten (welche Schale). der Richter hatte Augusta angerufen, um sich zu identifizieren). Am wichtigsten war jedoch, dass sie den eindeutigsten Beweis dafür lieferte, dass sie die Beerdigung des verstorbenen Mr. Meeson selbst gesehen hatte, und dass sie die Leiche als die des verstorbenen Verlegers identifizierte, indem sie sein Foto aus einem Bündel von einem Dutzend davon heraussuchte wurden ihr übergeben. Außerdem schwor sie, dass die Tätowierungen auf ihrem Rücken nicht verheilt waren, als Augusta an Bord des Walfängers kam.

Nachdem kein Versuch unternommen worden war, den Zeugen, der den Namen wert war, ins Kreuzverhör zu nehmen, rief James einen Angestellten aus dem Büro des verstorbenen Eigners der RMS Kangaroo an, der das Schiffsregister vorlegte, auf dem die Namen der beiden Matrosen Johnnie Butt und … standen Bill Jones erschien ordnungsgemäß.

Damit war der Fall des Klägers abgeschlossen, und der Generalstaatsanwalt berief sofort seine Zeugen und behielt sich seine Bemerkungen bis zum Abschluss der Beweisaufnahme vor. Er hatte nur zwei Zeugen, Herrn Todd, den Anwalt, der das Testament vom 10. November erstellte und beglaubigte, und seinen Gerichtsschreiber, der es ebenfalls beglaubigte, und ihre Vernehmung dauerte nicht lange. Im Kreuzverhör gaben beide Zeugen jedoch zu, dass sich der Erblasser bei der Testamentsvollstreckung in einem Zustand großer Leidenschaft befunden habe, und gaben Einzelheiten zu der lebhaften Szene an, die sich dann abspielte.

Dann erhob sich der Generalstaatsanwalt, um im Namen der Angeklagten vor Gericht zu sprechen. Er sagte, es lägen zwei Fragen vor dem Gericht und behalte vorerst die Frage nach der Zulässigkeit der Beweise von Augusta Smithers vor; und das war: Erstens: Stellten die Tätowierungsspuren auf dem Hals der Dame überhaupt ein Testament dar? und zweitens, vorausgesetzt, dass dies der Fall war, wurde zur Zufriedenheit des Gerichts bewiesen, dass diese undatierten Zeichen ordnungsgemäß von einem vernünftigen und unbeeinflussten Mann in Anwesenheit der Zeugen ausgeführt wurden, wie es das Gesetz vorschreibt? Er behauptete erstens, dass diese Zeichen kein Testament im Sinne des Gesetzes seien; Da er jedoch das Gefühl hatte, dass er in diesem Punkt nicht ganz auf der sicheren Seite war, wandte er sich schnell den anderen Aspekten des Falles zu. Mit viel Nachdruck und Geschick ging er auf die Seltsamkeit der ganzen Geschichte ein und darauf, dass sie ausschließlich auf der Aussage einer Zeugin, Augusta Smithers, beruhte. Nur wenn das Gericht ihre Aussage in ihrer jetzigen Form akzeptierte, konnte es zu dem Schluss kommen, dass das Testament überhaupt ausgeführt wurde oder dass sich die beiden bezeugenden Zeugen überhaupt auf der Insel befanden. War das Gericht angesichts der Beziehungen, die zwischen dieser Zeugin und der Klägerin bestanden, bereit, ihre Aussage in dieser vorbehaltlosen Weise zu akzeptieren? War es bereit zu entscheiden, dass dieses Testament zugunsten eines Mannes, mit dem der Erblasser heftig gestritten und infolge dieses Streits enterbt hatte, nicht, wenn es überhaupt ausgeführt wurde, von dieser Dame von einem schwachen und schwachen Mann erpresst wurde? Sterbender und möglicherweise geistesgestörter Mann? und mit dieser Frage setzte sich der gelehrte Herr.

Ihm folgten kurz der Generalstaatsanwalt und Herr Fiddlestick; aber obwohl sie fließend genug redeten und sich auf verschiedene kleinere Punkte einließen, hatten sie nichts Neues Interessantes beizutragen, und als James um halb vier fertig war, stand er auf, um im Namen des Klägers über den gesamten Fall zu antworten.

Es gab eine kurze Pause, während er seine Notizen ordnete, und dann, als er gerade beginnen wollte, sagte der Richter leise: „Danke, Mr. Short, ich glaube nicht, dass ich Sie belästigen muss", und James setzte sich schnappte nach Luft, denn er wusste, dass die Sache gewonnen war.

Dann begann Seine Lordschaft, und nachdem er eine meisterhafte Zusammenfassung des gesamten Falles gegeben hatte, kam er zu folgendem Schluss : „Dies sind die Einzelheiten des bemerkenswertesten Nachlassverfahrens, auf das ich jemals aufmerksam geworden bin, entweder während meiner Karriere bei ..." an der Bar oder auf der Bank. Wie der gelehrte Generalstaatsanwalt gesagt hat, liegt es auf der Hand, dass der ganze Fall eigentlich zwischen zwei Punkten liegt. Ist das Dokument auf der Rückseite von Augusta Smithers ein ausreichendes Testament, um die Immobilie zu übertragen? Und wenn ja, ist die unbestätigte Geschichte dieser Dame über die Ausführung des Dokuments glaubwürdig? Was versteht das Gesetz nun unter dem Begriff „Testament"? Sicherlich versteht es irgendeine Schrift, die den Wunsch oder Willen einer Person hinsichtlich der Verfügung über ihr Eigentum nach ihrem Tod zum Ausdruck bringt? Dieses Schreiben muss mit bestimmten Formalitäten ausgeführt werden; Wenn es jedoch von einer Person ausgeführt wird, die nicht an einer geistigen oder anderen Behinderung leidet, ist es unanfechtbar, außer durch die anschließende Ausfertigung eines neuen testamentarischen Dokuments oder durch dessen Zerstörung oder versuchte Zerstörung, *animo revocandi* oder durch Heirat. Vorbehaltlich dieser gesetzlich vorgeschriebenen Formalitäten ist die Form des Dokuments – sofern seine Bedeutung klar ist – unerheblich. Stellen nun die Tätowierungen auf dem Rücken dieser Dame ein solches Dokument dar und vermitteln sie den wahren letzten Willen oder Wunsch des Erblassers? Das ist der erste Punkt, den ich entscheiden muss, und ich bejahe ihn. Zwar ist es nicht üblich, dass testamentarische Dokumente auf die Haut eines Menschen tätowiert werden; Da dies jedoch nicht üblich ist, folgt daraus nicht, dass ein tätowiertes Dokument ungültig ist. Der neunte Abschnitt des Statuts von 1 Vic., Kap. 26 legt fest, dass kein Testament gültig ist, es sei denn, es bedarf der Schriftform; Aber kann dieses Tätowieren nicht als Schrift im Sinne des Gesetzes angesehen werden? Ich bin eindeutig der Meinung, dass dies möglich ist, und sei es nur mit der Begründung, dass das verwendete Material Tinte war – zwar eine natürliche Tinte, die des Tintenfisches, aber immer noch Tinte; denn ich möchte anmerken, dass das Naturprodukt des Tintenfisches einst in diesem Land weitgehend für genau diesen Zweck verwendet wurde. Darüber hinaus muss in Bezug auf diesen Teil des Falles berücksichtigt werden, dass der Erblasser kein exzentrisches Wesen war, das aus Laune oder Perversität diese außergewöhnliche Methode gewählt hat, um seine Wünsche hinsichtlich der Verfügung über sein Eigentum zum Ausdruck zu bringen. Er war ein Mann, der sich in einer so schrecklichen Lage befand, wie man es sich nur vorstellen kann. Er war, wenn wir der Geschichte von Miss Smithers glauben dürfen, aufrichtig bestrebt, eine Verfügung über sein Eigentum zu widerrufen, die er nun, angesichts der größten Frage seines Lebens, als ungerecht erkannte und die sicherlich im Widerspruch stand auf die Eingebungen der Natur, wie sie die meisten Menschen erfahren. Und doch konnte er in dieser schrecklichen Notlage, in der er sich befand, und trotz des ernsthaften Wunsches, der umso intensiver wurde, als seine Lebenskräfte nachließen, absolut keine Möglichkeit finden, seinen Wunsch in die Tat umzusetzen. Schließlich wird ihm jedoch der Plan präsentiert, seinen Willen einem jüngeren und stärkeren Menschen ins lebendige Fleisch zu tätowieren, und er nutzt ihn eifrig aus; und die Tätowierung wird ordnungsgemäß in seiner Anwesenheit und auf seinen Wunsch hin durchgeführt und ordnungsgemäß unterzeichnet und bezeugt. Kann ernsthaft argumentiert werden, dass ein so erstelltes Dokument nicht die bloßen Anforderungen des Gesetzes erfüllt? Ich denke, dass dies nicht möglich ist, und bin der Meinung, dass ein solches Dokument ebenso ein gültiges Testament ist, als wäre es in die Haut eines Schafes

eingraviert und ordnungsgemäß unterzeichnet und im Tempel beglaubigt
worden.

„Und jetzt komme ich zum zweiten Punkt. Ist die Aussage von Miss
Smithers glaubwürdig? Lassen Sie uns zunächst sehen, wo es bestätigt wird.
Aus der Aussage von Lady Holmhurst geht klar hervor , dass Miss Smithers
an Bord der unglückseligen Kangaroo keine Tätowierungsspuren auf ihren
Schultern hatte. Aus der unerschütterlichen Aussage von Frau Thomas geht
ebenso klar hervor, dass ihr Rücken bei ihrer Rettung durch den
amerikanischen Walfänger mit Tätowierungen übersät war, die sich dann im
Heilungsstadium befanden – mit Tätowierungen, die unmöglich von ihr
selbst oder von ihr verursacht worden sein konnten Kind, das ihr einziger
lebender Begleiter war. Es ist auch bewiesen, dass Frau Thomas auf der Insel
die Leiche eines Mannes gesehen hat, von der ihr mitgeteilt wurde, dass es
sich um die von Herrn Meeson handelte und die sie hier vor Gericht anhand
eines Fotos identifizierte. Dieselbe Zeugin brachte außerdem eine Muschel
hervor, die sie in einer der Hütten aufhob. Angeblich handelte es sich um die
Muschel, aus der die Seeleute den Rum tranken, der zu ihrer Zerstörung
führte. und sie schwor, dass sie einen Matrosenhut am Ufer liegen sah. Nun,
das alles sind bestätigende Beweise, und zwar von einer Art, die man nicht
verachten sollte. Tatsächlich ist ein Punkt, nämlich der ungefähre Zeitpunkt
der Ausführung der Tätowierung, meines Erachtens endgültig. Dennoch
gibt es noch eine enorme Menge, die akzeptiert werden muss oder nicht, je
nachdem, ob der unbestätigten Aussage von Miss Smithers Glauben
geschenkt werden kann oder nicht, denn wir können ein so junges Kind wie
den jetzigen Lord Holmhurst nicht dazu auffordern , es zu ertragen Zeuge
vor einem Gerichtshof. Wenn Miss Smithers zum Beispiel nicht die
Wahrheit sagt, wenn sie erklärt, dass die Unterschrift des Erblassers unter
seiner unmittelbaren Anweisung auf sie tätowiert wurde, oder dass sie in
Anwesenheit der beiden Matrosen Butt und Jones tätowiert wurde, deren
Unterschriften es waren auch im Beisein des Erblassers und untereinander
tätowiert – es wurde überhaupt kein Testament erstellt, und der Fall des
Klägers scheitert völlig, da Beweise für die Handschrift aufgrund der Natur
der Tatsachen natürlich nutzlos wären. Nach ängstlicher Überlegung und
einigem Zögern nähere ich mich nun der Entscheidung zu diesem Punkt. Es
ist keine leichte Sache, ein formell erstelltes Dokument wie das Testament
vom 10. November, auf das sich die Angeklagten stützen, außer Acht zu
lassen und die Übertragung einer großen Vermögensmenge auf die
unbestätigte Aussage eines einzelnen Zeugen völlig zu ändern. Mir scheint
jedoch, dass es zwei Tests gibt, die der Gerichtshof mehr oder weniger als
Standards festlegen kann, um den Wahrheitsgehalt der Sache zu messen. Die
erste davon ist die akzeptierte Wahrscheinlichkeit der Handlung eines
Individuums unter bestimmten Umständen, wie sie sich aus unserem
allgemeinen Wissen über die menschliche Natur ergibt; und zweitens das

Verhalten und den Ton der Zeugin, sowohl in der Loge als auch im Verlauf der Umstände, die zu ihrem Erscheinen dort führten. Ich werde mich zunächst mit dem letzten dieser beiden Themen befassen, und ich kann genauso gut ohne weitere Verzögerung erklären, dass ich von der Wahrheit der von Miss Smithers erzählten Geschichte überzeugt bin. Meiner Meinung nach wäre es für einen Mann, dessen Intelligenz durch jahrelange Erfahrung in diesem und anderen Gerichten geschult wurde und dessen tägliche Pflicht es ist, die Glaubwürdigkeit von Aussagen zu prüfen, unmöglich, der Geschichte, die in dem Gericht so ausführlich dargelegt wird, keinen Glauben zu schenken Box von Miss Smithers (Sensation). Ich habe ihr Verhalten sowohl im Verhör als auch im Kreuzverhör sehr genau beobachtet und bin überzeugt, dass sie, soweit sie wusste, die absolute Wahrheit gesagt hat.

„Und nun kommen wir zum zweiten Punkt. Es wurde vermutet, dass die Existenz einer Heiratsverpflichtung zwischen ihr und dem Kläger, was Zweifel an Miss Smithers' Geschichte aufkommen lässt, sie möglicherweise dazu veranlasst hat, zu seinen Gunsten einen monströsen Betrug auszuhecken; und dies wird vermutet, obwohl zum Zeitpunkt der Durchführung der Tätowierung tatsächlich keine solche Verpflichtung bestand oder sich in messbarer Entfernung zu den Parteien befand. Es existierte nicht, sagte der Generalstaatsanwalt; aber der verfügende Geist existierte: Mit anderen Worten, sie war damals „verliebt" – wenn ich diesen Begriff ungeachtet der Schwierigkeiten von Herrn Anwalt, es zu definieren, bei der Klägerin verwenden darf. Dies kann der Fall gewesen sein oder auch nicht. Es gibt einige Dinge, über die kein Richter oder Geschworener entscheiden kann, und eine davon ist ganz sicher: Zu welchem genauen Zeitpunkt ihrer Bekanntschaft mit ihrem zukünftigen Ehemann verwandelt sich die Aufmerksamkeit einer jungen Dame in ein wärmeres Gefühl? Nehmen wir jedoch an, dass der Generalstaatsanwalt Recht hat und dass die Klägerin von dieser Dame mit genau diesem Gesichtsausdruck betrachtet wurde, obwohl sie in diesem Moment eindeutig keine Aussicht hatte, ihn zu heiraten, da sie England verlassen hatte, um bei den Antipoden ihr Glück zu suchen Der Umstand spricht meiner Meinung nach eher zu seinen Gunsten als zu seinen Ungunsten. Denn nebenbei möchte ich anmerken, dass diese junge Dame etwas getan hat, das in gewisser Weise fast schon heroisch ist; umso mehr, weil es eine lächerliche Seite hat. Sie hat sich einer Operation unterzogen, die nicht nur schmerzhaft gewesen sein muss, sondern auch ein Schandfleck für ihre Schönheit ist und immer sein wird. Ich neige dazu, dem Generalstaatsanwalt zuzustimmen, wenn er sagt, dass sie das Opfer nicht ohne ein Motiv gebracht hat, das möglicherweise einem ausgeprägten Gerechtigkeitssinn und der Dankbarkeit gegenüber dem Kläger für sein Eingreifen in ihrem Namen entsprang ein wärmeres Gefühl. In beiden Fällen ist daran nichts Unwürdiges – eher im Gegenteil; und für sich genommen gibt es hier sicherlich nichts, was mich dazu veranlassen könnte, den Aussagen von Miss Smithers nicht zu glauben.

„Eine Frage scheint mir nur noch offen zu sein. Gibt es Anhaltspunkte dafür, dass der Erblasser zum Zeitpunkt der Testamentsvollstreckung nicht bei klarem Verstand war? Und gibt es irgendetwas in seinem Verhalten oder seiner Geschichte, das die Hypothese, dass er seinen Willen ausgeführt hat, so unwahrscheinlich macht, dass das Gericht diese Unwahrscheinlichkeit berücksichtigen sollte? Zum ersten Punkt kann ich nichts finden. Miss Smithers schwor ausdrücklich, dass dies nicht der Fall sei; Ihre Aussage wurde auch nicht durch ein sehr gründliches Kreuzverhör erschüttert. Sie gab tatsächlich zu, dass er kurz vor seinem Tod in seinen Gedanken herumschweifte und glaubte, er sei von den Schatten von Autoren umgeben, die darauf warteten, an ihm gerächt zu werden. Aber es ist keine Seltenheit, dass der Geist am Ende auf diese Weise versagt, und es ist nicht außergewöhnlich, dass dieser Sterbende sich die Umrisse derer vor Augen führt, mit denen er offenbar im Laufe seines Lebens hart umgegangen ist. Ich halte es auch keineswegs für unmöglich, dass er, als er spürte, dass sein Ende nahte, das Urteil seines Zorns rückgängig machen und seinen Neffen zurückerhalten wollte, dessen einziges Vergehen ein etwas indiskreter Gebrauch der Sprache der Wahrheit, das Erbe, gewesen war zu den riesigen Reichtümern, die er ihm genommen hatte. Ein solcher Weg scheint mir der natürlichste und richtige zu sein und vollkommen im Einklang mit den ersten Prinzipien der menschlichen Natur. Die ganze Geschichte ist zweifellos wildromantisch und verdeutlicht einmal mehr das Sprichwort: „Die Wahrheit ist seltsamer als die Fiktion.“ Aber ich habe keine andere Wahl, als die Tatsache zu akzeptieren, dass der Verstorbene durch Tätowierungen, die auf seinen Befehl hin vorgenommen wurden, seinen wahren letzten Willen zugunsten seines nächsten Verwandten, Eustace H. Meeson, auf den Schultern rechtmäßig ausführte von Augusta Smithers, am oder um den 22. Dezember 1885. Vor diesem Hintergrund erkläre ich mich für das vom Kläger vorgelegte Testament, und es wird eine erbetene Bewilligung geben.“

„Kostenpflichtig, mein Herr?“ fragte James und stand auf.

„Nein, ich bin nicht geneigt, so weit zu gehen. Dieser Rechtsstreit ist durch die eigene Handlung des Erblassers entstanden und der Nachlass muss die Last tragen.“

„Wenn es Euer Lordschaft gefällt“, sagte James und setzte sich.

"Herr. Kurz“, sagte der Richter und räusperte sich, „ich spreche nicht oft in diesem Sinne, aber ich fühle mich aufgerufen, Ihnen ein Kompliment für die Art und Weise zu machen, wie Sie diesen Fall im Alleingang geführt haben – in gewisser Weise.“ Eines der merkwürdigsten und wichtigsten Dinge, die ich je erlebt habe – eine so beeindruckende Schar gelehrter Herren als

Gegner zu haben. Die Leistung wäre jedem mit größerer Erfahrung und mehr Jahren zu verdanken gewesen; So wie es ist, halte ich es für beispiellos."

James errötete , verneigte sich und setzte sich, wohlwissend, dass er ein gemachter Mann war und dass es seine eigene Schuld wäre, wenn seine zukünftige Karriere an der Anwaltskammer jetzt nicht von nahezu beispiellosem Wohlstand geprägt wäre.

KAPITEL XXII.
ST. GEORGE'S, HANOVER-SQUARE.

Das Gericht löste sich in Verwirrung auf, und Augusta, nachdem die Anstrengung vorüber war, stellte amüsiert fest, dass die dunkle Schar gelehrter Anwälte, die mit aller Kraft darum gekämpft hatten, den Fall ihrer Mandanten zu gewinnen, nicht besonders beunruhigt zu sein schien das Gegenteil, das sie erlitten hatten, unterhielten sich aber fröhlich, während sie ihre Papiere mit Bürokratiefetzen verschnürten. Sie war sich vielleicht nicht ganz darüber im Klaren, dass sie, nachdem sie ihr Bestes gegeben und ihr geringes Honorar verdient hatten, sich nicht dazu berufen fühlten, ihr Herz zu brechen, weil das Gericht es ablehnte, die Ansicht zu vertreten, für deren Unterstützung sie bezahlt wurden. Ganz anders verhielt es sich jedoch mit den Herren Addison und Roscoe, denen gerade zwei Millionen Geld aus ihrem geizigen Griff entglitten waren. Sie waren bereits reiche Männer; Aber diese Tatsache hat die Pille nicht vergoldet, denn der Besitz von Geld mindert nicht den Wunsch, mehr zu erwerben. Mr. Addison war purpurrot vor Wut, und Mr. Roscoe verbarg sein finsteres Gesicht in seinen Händen und stöhnte. In diesem Moment erhob sich der Generalstaatsanwalt, und als er James Short auf sich zukommen sah, um mit seinen Mandanten zu sprechen, hielt er ihn an und schüttelte ihm herzlich die Hand.

„Ich gratuliere Ihnen, mein Lieber", sagte er. „Ich habe noch nie einen besser erledigten Fall gesehen. Es war mir eine große Freude und ich bin sehr froh, dass der Richter es für angebracht hielt, Ihnen ein Kompliment zu machen – was übrigens eine höchst ungewöhnliche Sache ist. Ich kann nur sagen, dass ich hoffe, dass ich in Zukunft manchmal das Vergnügen haben darf, Sie als meinen Junior zu haben. Übrigens, wenn Sie keine andere Verpflichtung haben , würde ich mir wünschen, dass Sie morgen gegen zwölf in meinen Gemächern vorbeischauen würden."

Mr. Addison, der in der Nähe war, hörte diese kleine Rede und ein neues Licht erschien auf ihm. Mit einem Satz stürzte er sich zwischen James und dem Generalstaatsanwalt.

„Ich sehe jetzt, was es ist", sagte er mit vor Zorn zitternder Stimme, „ich wurde verkauft! Ich bin Opfer von Absprachen. Du hast fünfhundert von meinem Geld gehabt, zum Teufel!" schrie er und drohte seinem gelehrten und würdigen Berater fast mit der Faust ins Gesicht; „Und jetzt gratulieren Sie diesem Mann!" und er zeigte mit dem Finger auf James. „Sie wurden bestochen, um mich zu verraten, Sir. Du bist ein Schlingel! ja, ein Schlingel!"

An diesem Punkt vergaß der gelehrte Generalstaatsanwalt seine Gelehrsamkeit und die außerordentliche Erhabenheit seiner Position, kehrte tatsächlich zu den ersten Prinzipien der menschlichen Natur zurück, von denen der Richter gesprochen hatte, und ballte seine Faust. Wäre Mr. News nicht, völlig entsetzt über diesen Anblick, auf ihn zugestürzt und hätte seinen wütenden Mandanten zurückgezerrt, wäre nicht abzusehen, was für ein Skandal nicht passiert wäre.

Aber irgendwie wurde er losgeworden, und alle schmolzen dahin, und die Platzanweiser mussten herumgehen und das Löschpapier und die Stifte einsammeln, die im leeren Saal verstreut lagen.

„Und nun, liebe Leute", sagte Lady Holmhurst , „ich denke, das Beste, was wir tun können, ist, nach Hause zu gehen und uns vor dem Abendessen auszuruhen." Ich habe es um sieben bestellt, und es ist halb fünf. Ich hoffe, dass Sie auch kommen, Mr. Short, und Ihren Bruder mitbringen; denn ich bin sicher, dass Sie beide Ihr Abendessen verdient haben, falls es jemals jemand verdient hat."

Und so gingen sie alle und aßen ein sehr lustiges Abendessen, so gut sie konnten. Doch schließlich ging es zu Ende, und die rechtmäßigen Zwillinge reisten ab, strahlend wie Sterne vor Glück und Champagner. Und dann ging auch Lady Holmhurst und ließ Eustace und Augusta allein.

„Das Leben ist eine seltsame Sache", sagte Eustace; „Hier war ich heute Morgen ein Verlagslektor für 180 Pfund pro Jahr; und wenn dieses Urteil heute Abend gilt, scheine ich einer der reichsten Männer Englands zu sein."

„Ja, mein Lieber", sagte Augusta, „und die ganze Welt liegt dir zu Füßen, denn das Leben ist voller Möglichkeiten für die Reichen." Du hast eine große Zukunft vor dir, Eustace; Ich schäme mich wirklich, einen so reichen Mann zu heiraten."

„Mein Liebling", sagte er und legte seinen Arm um sie; „Was auch immer ich habe, ich schulde dir. Wissen Sie, dass ich bei all diesem Geld nur eines fürchte, wenn es wirklich zu uns kommt? und das bedeutet, dass Sie so sehr mit dem beschäftigt sein werden, was vergnügungssüchtige Menschen gesellschaftliche Pflichten nennen, und mit deren Verteilung, dass Sie das Schreiben aufgeben werden. So geht es vielen Frauen. Welche Fähigkeiten sie auch haben mögen, sie scheinen an ihrem Hochzeitstag völlig zu verschwinden. Sie sagen hinterher, dass sie keine Zeit haben, aber ich denke oft, dass das daran liegt, dass sie sich nicht dafür entscheiden, sich Zeit zu nehmen."

„Ja", antwortete Augusta; „Aber das liegt daran, dass sie ihre Arbeit, was auch immer sie sein mag, nicht wirklich lieben. Wer seine Kunst wirklich so liebt, wie ich meine liebe, mit Leib, Seele und Kraft, dem lässt sich das nicht so leicht unterkriegen. Natürlich bringt die Ehe auch Ablenkungen und Sorgen mit sich; aber andererseits, wenn man glücklich heiratet, kommt es zur inneren Ruhe und zum Aufhören der unaufhörlichen Unruhe, die für gute Arbeit so verhängnisvoll ist. Du brauchst keine Angst zu haben, Eustace; Wenn ich kann, werde ich der Welt zeigen, dass Sie keinen Dummkopf geheiratet haben; und wenn ich es nicht kann – meine Liebe, dann liegt es daran, dass ich einer bin.“

„Das kommt sehr schön vom Autor von ,Jemimas Gelübde‘“, sagte Eustace sarkastisch. „Wirklich, meine Liebe, ich denke, dass ich angesichts Ihres Ruhmes als Schriftstellerin und als Heldin des Schiffbruchs und des großen Willens besser sofort in den Hintergrund treten sollte, denn ich werde mit Sicherheit als der Ehemann von bekannt sein die schöne und begabte Frau Meeson“ –

"Oh! nein“, antwortete Augusta; „Keine Angst, niemand würde auf die Idee kommen, den Besitzer von zwei Millionen Geld geringschätzig zu erwähnen.“

"Also; Machen Sie sich nichts daraus, sich über das Geld zu ärgern“, sagte Eustace; „Zum einen haben wir es noch nicht. Ich muss dich etwas fragen.“

„Ich muss wohl ins Bett gehen“, sagte Augusta bestimmt.

„Nein – Unsinn!“ sagte Eustace. „Du gehst nicht“, und er packte sie am Arm.

„Lassen Sie mich los, Sir!“ sagte Augusta mit Majestät. „Was willst du jetzt, du dummer Junge?“

„Ich möchte wissen, ob du mich nächste Woche heiraten wirst.“

"Nächste Woche? Ach du meine Güte! Nein“, sagte Augusta. „Warum ich meine Sachen nicht habe, und außerdem weiß ich sicher nicht, woher das Geld kommt, um sie zu bezahlen.“

"Dinge!" sagte Eustace mit großer Verachtung. „Du hast es geschafft, im Kerguelen-Land ohne Dinge zu leben, deshalb verstehe ich nicht, warum du nicht ohne sie heiraten kannst – obwohl ich übrigens in sechs Stunden alles bekommen werde, was du willst. Ich habe noch nie gehört, dass Frauen so boshaft über „Dinge“ reden. Hör zu, Liebes. Um Himmels willen, lasst uns heiraten und etwas Ruhe haben! Ich kann Ihnen versichern, dass Ihr Leben danach nicht mehr wert sein wird, wenn Sie es nicht tun. Du wirst wie ein wildes Ding gejagt, interviewt, gemalt und zu Tode geängstigt; Wenn du hingegen heiratest, dann wird es für uns im Stillen besser sein, weißt du.“

„Nun, da ist etwas dran“, sagte Augusta. „Aber wenn man annimmt, dass Berufung eingelegt wird und die Entscheidung aufgehoben wird, was würde dann passieren?“

„Nun, dann müssten wir für unseren Lebensunterhalt arbeiten – das ist alles. Ich habe mein Billet und Sie könnten für die Presse schreiben, bis Ihr

Fünfjahresvertrag mit Meeson and Co. abgelaufen ist. Ich würde dich dem in den Weg stellen. Ich sehe viele schreibende Leute in meinem Laden."

„Nun", sagte Augusta, „ich werde mit Bessie darüber sprechen."

„Oh, natürlich wird Lady Holmhurst nein sagen", sagte Eustace düster. „Sie wird über die ‚Dinge' nachdenken; und außerdem wird sie dich nicht verlieren wollen, bevor sie dazu verpflichtet ist."

„Das ist alles, was ich für Sie tun kann, Sir", sagte Augusta entschieden. „Da – komm – das reicht! Gute Nacht." Und sie löste sich von ihm, machte einen hübschen kleinen Knicks und verschwand.

„Jetzt frage ich mich, was sie vorhat", dachte Eustace, als der Butler ihm seinen Hut brachte. „Ich sollte mich wirklich nicht wundern, wenn sie dazu käme. Aber man weiß ja nie, wie eine Frau etwas aufnehmen wird. Wenn sie will, wird sie es tun usw. usw.

Und nun mag es dem Leser sehr seltsam vorkommen, aber tatsächlich fand zehn Tage nach dem Datum des obigen Gesprächs eine kleine und frühe Versammlung in St. George's, Hanover Square, ganz in der Nähe statt . Ich sage „klein", denn die Ehe war ganz geheim gehalten worden, um zu verhindern, dass Neugierige zu Tausenden über sie herfielen, wie sie es sicherlich getan hätten, wenn bekannt gegeben worden wäre, dass es sich bei der Heldin des großen Testaments um eine handelte werde heiraten. Deshalb war die Party sehr ausgewählt. Augusta hatte keine eigenen Verwandten; und so hatte sie Dr. Probate, mit dem sie eine große Freundschaft geschlossen hatte, gebeten, zu kommen und sie wegzugeben; und obwohl die frühere Karriere des alten Herrn mehr mit der Auflösung des Ehebandes als mit deren Kontraktion zusammenhing, konnte er es nicht übers Herz bringen, sich zu weigern.

„Ich werde meine Pflichten vernachlässigen, wissen Sie, meine liebe junge Dame", sagte er kopfschüttelnd. „Es ist sehr falsch – sehr falsch, denn ich sollte bei der Kanzlei sein; aber – nun ja, vielleicht schaffe ich es, zu kommen – aber sehr falsch – sehr falsch und ganz außerhalb meines Fachgebiets! Ich gehe davon aus, dass ich damit beginnen werde, mich für den Kläger an das Gericht – ich meine den Geistlichen – zu wenden."

Und so kam es, dass an diesem glückverheißenden Tag die Registrierung sich selbst überlassen blieb; und aus historischen Gründen kann man sagen, dass im Parlament keine Frage dazu gestellt wurde.

Dann war da noch Lady Holmhurst , die in ihrem Witwenkleid sehr hübsch aussah; und ihr Junge Dick, der in bester Stimmung war und vor Gesundheit und Staunen über diese seltsamen Vorgänge seitens seiner „Tante" platzte; und natürlich bildeten die legalen Zwillinge das Schlusslicht.

Und dort in der Sakristei stand Augusta in ihrem Brautkleid, eine so süße Frau, wie immer die Sonne schien; und als er ihr wunderschönes Gesicht betrachtete, hätte sich Dr. Probate beinahe selbst in sie verliebt. Und doch war es gerade ein trauriges Gesicht. Sie war glücklich – sehr, wie es eine liebevolle Frau sein sollte, die bald zur Frau gemacht werden soll; Aber wenn uns eine große Freude naht, wird sie von den Schatten unserer alten Trauer begleitet.

Die höchste Art von Glück hat die besondere Fähigkeit, uns an das zu erinnern, was uns in der Vergangenheit Sorgen bereitet hat. Die Wahrheit ist, dass sich in dieser wie auch in anderen Angelegenheiten manchmal Extreme berühren, was auf Trauer und Glück schließen lässt – so unterschiedlich ihre Blüte auch sein mag – haben doch eine gemeinsame Wurzel. So war es jetzt mit Augusta. Als sie in der Sakristei stand, kam ihr eine Erinnerung an ihre liebe kleine Schwester in den Sinn und daran, wie sie ihr glückliche Größe und Erfolg prophezeit hatte. Jetzt waren das Glück und der Erfolg nahe, und dort im Gang stand ihre eigene wahre Liebe; aber dennoch ruhte die Erinnerung an dieses liebe Gesicht und an den kleinen Hügel, der es bedeckte, wie ein Schatten auf ihnen. Es verging mit einem Seufzer, und an seine Stelle trat die Erinnerung an den armen Mr. Tombey , für den sie nicht als Braut da gestanden hätte, und an seine letzten Worte, als er sie ins Boot setzte. Er war jetzt Fischfutter für Fische, der arme Kerl, und sie wurde allein gelassen mit einer großen und glücklichen Karriere, die vor ihr lag – einer Karriere, in der ihre Talente freien Raum zum Entfalten finden würden. Und doch, wie seltsam, das zu denken: Zwei oder zwanzig Jahre, und alles wäre eins, und sie wäre so, wie Mr. Tombey war. Armer Mr. Tombey ! vielleicht war es auch gut so, dass er nicht da war, um ihr Glück zu sehen; und hoffen wir, dass wir nach dem letzten Ereignis, wohin wir auch gehen, die Welt und die Menschen, die wir darin kannten, aus den Augen verlieren. Sonst müssten oben im Himmel mehr Herzen gebrochen werden als unten auf der Erde.

„Nun, Miss Smithers", unterbrach Dr. Probate, „nehmen Sie zum allerletzten Mal – niemand wird Sie noch einmal so nennen, wissen Sie – meinen Arm; Seine Lordschaft – ich meine der Pfarrer – ist da."

Es geschah, und sie waren Mann und Frau. Nun, selbst die glücklichste Ehe ist immer eine gute Sache, die man hinter sich lassen kann. Es war keine lange Fahrt zurück zum Hanover-Square, und der allererste Anblick, der sie bei ihrer Ankunft begrüßte, war der Säugling aus der Stadt (John's), begleitet von seinem Bruder, dem Säugling aus Pump-Court (James), der war vermutlich gekommen, um ihm den Weg zu zeigen, oder wahrscheinlicher, weil er glaubte, dass es Essbares geben würde – in der Hand hielt er einen legal aussehenden Brief.

„Mit , *sofort* ' *gekennzeichnet* , Sir; Deshalb dachte ich, dass ich es besser sofort servieren sollte", sagte das erste Kind und reichte John den Brief.

"Was ist es?" fragte Eustace nervös. Er hatte den Anblick eines Anwaltsbriefes mit tödlichem Hass verspürt.

„Ich gehe davon aus, dass Berufung eingelegt wird", sagte John.

„Mach auf, Mann!" sagte Eustace, „und lass es uns hinter uns bringen."

Dementsprechend tat Johannes dies und las Folgendes :

„MEESON gegen ADDISON UND ANDERE

„Sehr geehrter Herr, nach Rücksprache mit unseren Kunden, den Herren Addison und Roscoe, können wir Ihnen das folgende Angebot unterbreiten. Wenn keine Abrechnung über die Mesne-Gewinne erforderlich ist" –

„Das ist ein falscher Begriff", sagte James gereizt. „Mesne-Gewinne beziehen sich auf Gewinne aus Immobilien. Genau wie ein Anwalt, der so einen Fehler macht."

„Der Begriff ist vollkommen passend", antwortete sein Zwilling herzlich. „Es gab einige Immobilien, und daher kann der Begriff durchaus auf das gesamte Einkommen angewendet werden."

„Um Himmels willen, streiten Sie nicht, sondern machen Sie weiter!" sagte Eustace. „Siehst du nicht, dass ich in der Klemme stecke?"

gegen Addison and Another keine Berufung eingelegt wird ." Besteht der Kläger jedoch auf einer Darstellung, werden die üblichen Schritte unternommen, um die Angelegenheit vor ein höheres Gericht zu bringen . – Mit freundlichen Grüßen,

„NACHRICHTEN UND NACHRICHTEN.
John Short, Esq.

„PS: Eine sofortige Antwort wird Ihnen helfen."

„Nun, Meeson, was sagst du dazu?" sagte John; „Aber ich bitte um Verzeihung, ich habe es vergessen; Vielleicht möchten Sie den Rat eines Anwalts einholen", und er zeigte auf James, der sich empört den kahlen Kopf rieb.

„Oh nein, das sollte ich nicht", antwortete Eustace; „Ich habe mich ziemlich entschieden. Lass sie bei ihrer Mesne bleiben" (hier verzog James das Gesicht); „Na dann, zu ihren mittleren oder mittleren oder anderen

Gewinnen. Keine Berufung für mich, wenn ich es vermeiden kann. Schicken Sie News ein Telegramm."

„Das", begann James in seinem feierlichsten und juristischsten Tonfall, „ist eine Ansicht der Sache, in der ich froh bin, von ganzem Herzen übereinstimmen zu können, obwohl es mir scheint, dass es mehrere Punkte gibt, die ich ansprechen werde." Einer nach dem anderen."

"Ach du meine Güte! „Nein", unterbrach Lady Holmhurst ; „Aber ich denke, das ist ziemlich *gemein* von ihnen, nicht wahr, Mr. Short?"

James sah verwirrt aus. „Ich verstehe Lady Holmhursts Standpunkt nicht ganz", sagte er klagend.

„Dann müssen Sie dumm sein", sagte Eustace, „verstehen Sie nicht den Witz? – , *Mesne* Profit', *gemein* von ihnen?"

„Ah", sagte James zufrieden; "Ich nehme wahr. Lady Holmhurst scheint sich nicht darüber im Klaren zu sein, dass „mesne" – ein völlig falsches Wort – zwar als „gemein" ausgesprochen wird, es aber als „mesne" geschrieben wird."

„Ich stehe zurecht", sagte Lady Holmhurst mit einem kleinen Knicks. „Ich dachte, dass Mr. James Short meine Unwissenheit berücksichtigen und verstehen würde, was ich *meine* !"

Dieses grausame Wortspiel brachte die Lacher gegen den gelehrten James, und dann, nachdem das Telegramm an News and News abgeschickt worden war, gingen sie alle zum Hochzeitsfrühstück.

Im Allgemeinen sind Hochzeitsfrühstücke keine besonders lebhafte Angelegenheit. Sie haben eine gespielte Heiterkeit an sich, die nicht zu echter Fröhlichkeit führt, und diejenigen der Gäste, die nicht mit ernsteren Gedanken beschäftigt sind, denken wahrscheinlich an die Dyspepsie, die danach kommt. Aber dieses spezielle Frühstück war eine Ausnahme. Zum ersten Mal seit dem unglücklichen Tod ihres Mannes schien Lady Holmhurst völlig zu sich gekommen zu sein und war wieder die Alte, und zwar eine sehr charmante Persönlichkeit, so charmant sogar, dass sogar James seine Gelehrsamkeit und die Verantwortung seines Adligen vergaß Beruf und redete wie ein gewöhnlicher Christ. Tatsächlich ging er sogar so weit, ihr ein elefantenhaftes Kompliment zu machen; Da es jedoch drei Sätze lang und in Punkte unterteilt war, soll es hier nicht wiederholt werden.

Und dann erhob sich endlich Dr. Probate, um ihr die Gesundheit der Braut vorzuschlagen; Und er machte es sehr gut, wie man es von einem Mann mit seiner außergewöhnlichen Vertrautheit mit Eheangelegenheiten erwarten konnte. Seine Rede war sehr charmant und passend mit klassischen Zitaten gespickt.

„Ich habe oft", schloss er, „die Behauptung gehört, dass alle Menschen auf ihrem Weg durch die Welt in Wirklichkeit gleichermaßen vom Schicksal begünstigt werden." Ich habe immer an der Richtigkeit dieser Behauptung gezweifelt und bin nun von ihrer Falschheit überzeugt. Mr. Eustace ist ein sehr ausgezeichneter junger Mann und, wenn ich das so sagen darf, ein sehr gutaussehender junger Mann; Aber was, würde ich diese versammelte Gesellschaft fragen, hat Mr. Meeson vor allen anderen Menschen getan, um sein überragendes Glück zu rechtfertigen? Warum sollte dieser junge Herr aus der Menge junger Herren ausgewählt werden, um zwei Millionen Geld zu erben und die charmanteste – ja, die charmanteste, talentierteste und mutigste junge Dame, die ich je getroffen habe – zu heiraten? junge Dame, die nicht nur zwanzig Vermögen auf ihrem Gesicht trägt, sondern noch ein weiteres Vermögen in ihrem Gehirn und sein Vermögen auf ihrem Hals – und zwar so ein Vermögen! Sir" – und er verneigte sich vor Eustace –

„'Schöne Thais sitzt neben dir,
nimm die Güter, die die Götter dir geben.'

„Ich grüße Sie, wie alle Menschen einen so überaus Begünstigten grüßen müssen . Demütig grüße ich Sie; Ich bete in aller Demut, dass Sie immer wieder das fast beispiellose Wohl verdienen, das die Vorsehung Ihnen schenkt."

Und dann erhob sich Eustace und hielt seine Rede, und es war eine sehr gute Rede, wenn man die schwierigen Umstände bedenkt, unter denen sie gehalten wurde. Er erzählte ihnen, wie er sich in Augustas süßes Gesicht verliebt hatte, als er es zum ersten Mal im Büro seines Onkels in Birmingham sah. Er erzählte ihnen, was er gefühlt hatte, als er nach einer Arbeit in London nach Birmingham zurückgekehrt war und seine Geliebte geflogen vorfand, und was er durchgemacht hatte, als er hörte, dass sie zu den Ertrunkenen an Bord der Kangaroo gehörte. Dann kam der glückliche Tag der Rückkehr und der noch glücklichere Tag, an dem er entdeckte, dass er sie nicht umsonst geliebt hatte, und endete schließlich so:

"DR. Probate hat gesagt, dass ich ein äußerst glücklicher Mann bin, und ich gebe zu, dass seine Bemerkung wahr ist. Ich habe in der Tat mehr Glück als mein Verdienst, so viel Glück, dass ich Angst habe. Wenn ich mich umdrehe und meine geliebte Frau an meiner Seite sitzen sehe, habe ich Angst, ich könnte doch einen Traum träumen und beim Erwachen nichts als Leere vorfinden. Und dann, auf der anderen Seite, ist dieser kolossale Reichtum, der durch sie zu mir gekommen ist, und da habe ich wieder Angst. Aber, bitte Gott, ich hoffe, dass ich mit ihrer Hilfe etwas Gutes daraus machen kann, und erinnere mich immer daran, dass es ein großes Vertrauen ist, das in meine Hände gelegt wurde. Und sie ist auch eine Vertrauensperson und eine weitaus unschätzbarere, und so wie ich mit ihr umgehe, möge auch mit mir hier und im Jenseits umgegangen werden." Dann schlug er im Nachhinein die Gesundheit der rechtmäßigen Zwillinge vor, die die Hauptlast des Streits so edelmütig allein getragen hatten, und verunsicherte den Generalstaatsanwalt und alle seine gelehrten Gastgeber.

Daraufhin erhob sich James, um mit elefantistischer Beredsamkeit zu antworten, und wäre den ganzen Fall noch einmal durchgegangen, wenn Lady Holmhurst ihn nicht in ihrer Verzweiflung am Ärmel gezogen und ihm gesagt hätte, er müsse ihr Gesundheit vorschlagen, was er mit einer leichten Anspielung aufrichtig tat die Tatsache, dass sie Witwe war, indem sie sie als „in einem gesunden Zustand befindlich, mit allen Rechten und Pflichten einer ‚Femme Sole‘" beschrieb.

Alle brachen in Gelächter aus, mit Ausnahme der armen Dame Holmhurst selbst, und James setzte sich, nicht ohne Empörung darüber, dass eine schwindelerregende Welt Einwände gegen eine genaue und gesetzliche Definition des Status des Einzelnen erheben sollte, wie sie im Gesetz festgelegt ist.

Und danach ging Augusta und wechselte ihr Kleid, und dann kam der hastige Abschied; und um der Beobachtung zu entgehen, fuhren sie in einem Kutschenwagen inmitten eines Regens alter Schuhe davon.

Und dort in diesem Hansom-Taxi werden wir sie zurücklassen.

KAPITEL XXIII.
MEESON IST WIEDER EINMAL.

Ein Monat war vergangen – ein Monat voller langer Sommertage und so viel Glück, wie es junge Menschen, die sich wirklich lieben, nach einer Flitterwochen erleben können, die sie unter den günstigsten Umständen an den schönsten und sonnigsten Orten der Kanalinseln verbringen. Und jetzt öffnet sich der Vorhang zum letzten Mal in dieser Geschichte, wo er sich zum ersten Mal öffnete – im Innenbüro von Meesons riesigem Etablissement.

In den letzten vierzehn Tagen waren bestimmte Kommunikationen zwischen Herrn John Short, der hierzu ordnungsgemäß bevollmächtigt war, und den gesetzlichen Vertretern der Herren Addison und Roscoe erfolgt, mit dem Ergebnis, dass die Interessen dieser Herren am großen Verlagshaus aufgekauft worden waren, und dass Eustace Meeson nun der alleinige Eigentümer des riesigen Konzerns war, den er unter seine persönliche Aufsicht übernehmen wollte.

Nun war er in Begleitung von John Short, den er zum Anwalt sowohl für seine geschäftlichen als auch für seine privaten Angelegenheiten ernannt hatte, und von Augusta damit beschäftigt, die Schlüssel offiziell vom Chefdirektor zu übernehmen, der in der gesamten Einrichtung bekannt war , als Nr. 1.

„Ich möchte auf die Autorenvereinbarungen von Anfang letzten Jahres verweisen", sagte Eustace.

Nr. 1 brachte sie etwas mürrisch hervor. Ihm gefiel das Erscheinen dieses entschlossenen jungen Besitzers auf der Bühne nicht, mit seinem freien und nicht an Meeson erinnernden Verhalten.

Eustace übergab sie ihm, und während er das tat, stand seine glückliche Frau neben ihm und staunte über die kaleidoskopischen Veränderungen in ihren Umständen. Als sie das letzte Mal vor nicht einmal einem Jahr in diesem Büro gestanden hatte, war es eine erbärmliche Bittstellerin gewesen, die um ein paar Pfund gebettelt hatte, um damit das Leben ihrer Schwester zu retten, und jetzt –

Plötzlich hörte Eustace auf, sich umzudrehen, zog ein Dokument aus dem Bündel und warf einen Blick darauf. Es war Augustas Vereinbarung mit Meeson und Co. über „Jemimas Gelübde", die Vereinbarung, die sie fünf Jahre lang an sie gebunden hatte, die Ursache all ihrer Probleme und, wie sie fest glaubte, des Todes ihrer kleinen Schwester.

„Da, meine Liebe", sagte Eustace zu seiner Frau, „da ist ein Geschenk für dich. Nimm es!"

Augusta nahm das Dokument, und nachdem sie nachgesehen hatte, was es war, schauderte sie dabei. Es brachte ihr die ganze Sache so schmerzhaft in den Sinn.

„Was soll ich damit machen", fragte sie; „zerreißen?"

„Ja", antwortete er. „Nein, hör ein bisschen auf", und als er es ihr entgegennahm, schrieb er in großen Buchstaben „storniert" darüber, unterschrieb und datierte es.

„So", sagte er, „jetzt schicken Sie es zum Einrahmen und Glasieren, und es soll hier im Büro aufgehängt werden, um zu zeigen, wie sie früher bei Meeson Geschäfte machten."

Nr. 1 schnaubte und sah Eustace entsetzt an. Was würde der junge Mann als nächstes suchen?

„Sind die Herren im Saal versammelt?" fragte Eustace von ihm, als die restlichen Dokumente wieder weggeräumt wurden.

Nr. 1 sagte, dass sie es seien, und dementsprechend gingen sie in den Saal, wo alle Redakteure, Unterredakteure, Manager, Untermanager der verschiedenen Abteilungen, Angestellte und andere Angestellte versammelt waren, nicht zu vergessen die zahmen Autoren, die, ein blasses und mehliges Regiment, von den Hutches und den zahmen Künstlern mit fliegendem Haar dorthin marschiert waren – und jetzt von Nr. 1, die zuvor weitergezogen war, in Reihen aufgestellt wurden. Als Eustace, seine Frau und John Short oben in der Halle ankamen, wo einige Stühle aufgestellt waren, verneigte sich die ganze Menge, woraufhin er sie bat, Platz zu nehmen – eine Erlaubnis, die die zahmen Autoren, die den ganzen Tag in ihren Sitzen saßen, erhielten Kleine Holzhütten, und manchmal auch ein großer Teil der Nacht, schienen keinen Nutzen daraus zu ziehen. Aber die zahmen Künstler, die größtenteils im Stehen arbeiten mussten, setzten sich bereitwillig hin.

„Meine Herren", sagte Eustace, „erlauben Sie mir, Ihnen zunächst meine Frau, Mrs. Meeson, vorzustellen, die in einer anderen Funktion bereits – nicht sehr zu ihrem eigenen Nutzen – mit diesem Establishment verbunden war, da sie das beste Romanwerk geschrieben hat das ist jemals durch unsere Druckpressen gegangen" – (Hier jubelten einige der wilderen Geister, und Augusta errötete und verneigte sich) – „und der, so hoffe und vertraue ich, viele noch bessere Bücher schreiben wird, deren Ehre wir haben werden . " der Welt geben." (Beifall.) „Außerdem möchte ich Ihnen, meine Herren, Herrn John Short vorstellen, meinen Anwalt, der zusammen mit seinem

Zwillingsbruder, Herrn James Short, den großen Prozess, in den ich verwickelt war, zu einem erfolgreichen Abschluss gebracht hat.

„Und jetzt muss ich Ihnen sagen, warum ich Sie alle hierher gerufen habe, um mich zu treffen. Zunächst möchte ich sagen, dass ich jetzt der alleinige Eigentümer dieses Unternehmens bin, nachdem ich die Herren Addison und Roscoe aufgekauft habe" – („Und auch eine gute Arbeit", sagte eine Stimme) – „und dass ich hoffe, dass wir gut zusammenarbeiten werden." zusammen; und zweitens, um Ihnen mitzuteilen, dass ich den Geschäftsablauf, wie er bisher in dieser Einrichtung praktiziert wurde , völlig revolutionieren werde " – (Sensation) – „nachdem ich mit der Unterstützung von Mr. Short einen Plan zu diesem Zweck ausgearbeitet habe. In der Gewinnaufstellung, auf deren Grundlage der Kaufpreis der Anteile der Herren Addison und Roscoe berechnet wurde, wird mir mitgeteilt, dass der durchschnittliche Nettogewinn dieses Hauses in den letzten zehn Jahren siebenundfünfzig und einen Bruchteil von Prozent betrug das investierte Kapital. Nun habe ich festgelegt, dass der Nettogewinn eines bestimmten Unternehmens künftig wie folgt aufgeteilt werden soll: Zehn Prozent an den Autor des vorliegenden Buches und zehn Prozent an das Repräsentantenhaus. Sollte es dann einen weiteren Gewinn geben, wird dieser wie folgt aufgeteilt: Ein Drittel – wovon ein Teil in einen Pensionsfonds fließt – an die Mitarbeiter des Repräsentantenhauses, die Aufteilung erfolgt nach einem festen Schema" –(Enorm Sensation, besonders unter den zahmen Autoren) – „und der Rest dem Autor des Werkes. Nehmen wir also an, dass ein Buch Cent bezahlt hat. Prozent, ich nehme zehn Prozent, und die Angestellten würden sechsundzwanzig und einen Bruchteil Prozent nehmen, und der Autor würde vierundsechzig Prozent nehmen."

Und hier kam es zu einer Unterbrechung. Es kam von Nr. 1, der seinen Ekel nicht länger zurückhalten konnte.

„Ich werde zurücktreten", sagte er; „Ich werde zurücktreten! Meeson begnügt sich mit zehn Prozent und Selbstbeteiligung, wenn ein Autor – ein bloßer Autor – sechzig bekommt! Es ist beschämend – beschämend!"

„Wenn Sie zurücktreten möchten, können Sie das", sagte Eustace scharf; „Aber ich rate Ihnen, sich Zeit zum Nachdenken zu nehmen. „Meine Herren", fuhr Eustace fort, „ich wage zu behaupten, dass dies eine große Veränderung für Sie darstellt, aber ich kann genauso gut gleich sagen, dass ich kein wilder Philanthrop bin. Ich erwarte, dass es sich auszahlt, und zwar gut. Zunächst einmal werde ich niemals eine Arbeit übernehmen, von der ich glaube, dass sie sich nicht lohnt – das heißt, ohne eine angemessene Garantie oder in der Eigenschaft eines einfachen Agenten; und meine eigenen zehn Prozent werden die erste Belastung für den Gewinn sein; dann die Zehn des Autors. Wenn ich jedoch mit einem Buch spekuliere und es unter Berücksichtigung der Risiken immer wieder aufkaufe, ist die Sache natürlich anders. Aber mit einer Nettosicherheit von zehn Prozent bin ich, wie die Leute in jeder anderen Branche auch, durchaus bereit, zufrieden zu sein; und unter diesen Bedingungen erwarte ich, der Verleger aller besten Schriftsteller Englands zu werden, und ich erwarte auch, dass jeder gute Schriftsteller in Zukunft in der Lage sein wird, mit seiner Arbeit ein ansehnliches Einkommen zu erzielen. Außerdem fällt mir auf, dass es den meisten von Ihnen am Ende des Jahres besser gehen wird als jetzt" (Prost). „Ein oder zwei weitere Dinge, die ich ansprechen muss. Zuallererst werden die Hutches, die ich als Skandal für eine große Institution wie diese betrachte, abgeschafft" – (Freudeschreie der zahmen Autoren) – „und an ihrer Stelle eine hübsche Reihe von Backsteinkammern errichtet, und außerdem ihre Bewohner erhalten künftig eine ganz dauerhafte Gehaltszulage" – (erneuter und rauschender Jubel). „Zuletzt werde ich dieses System – dieses schreckliche System – abschaffen, bei dem Männer nach Nummern gerufen werden, als wären sie Sträflinge und keine freien Engländer. Von nun an wird jeder in dieser Einrichtung mit seinem eigenen Namen bekannt sein." (Lauter Jubel.)

„Und jetzt noch etwas: Ich hoffe, wir sehen uns alle heute nächste Woche beim Abendessen in Pompadour Hall, wenn wir unseren neuen Plan und die neue Firma taufen werden, die jedoch in Zukunft wie in der Vergangenheit bekannt sein wird als Meeson & Co., denn da wir alle an den Gewinnen unseres Unternehmens teilhaben sollen, bin ich der Meinung, dass wir weiterhin ein Unternehmen sein werden, und ich hoffe, dass es sich im wahrsten Sinne des Wortes um ein wohlhabendes und ehrliches Unternehmen handelt." Und dann verneigten sich Eustace und seine Frau unter anhaltendem und begeistertem Jubel und wurden zu der Kutsche begleitet, die darauf wartete, sie nach Pompadour Hall zu fahren.

Nach einer halben Stunde betraten sie wieder die palastartigen Tore, aus denen Eustace vor weniger als einem Jahr vertrieben worden war, um sein Glück zu suchen. Dort, auf beiden Seiten, waren lange Reihen von Dienern aufgereiht, prächtig mit Plüsch und Puder (denn Mr. Meesons Diener waren nie entlassen worden), und an ihrer Spitze stand der dicke Butler Johnson, derselbe, der gegeben hatte seine Abschiedsbotschaft an seinen Onkel.

"Ach du meine Güte!" sagte Augusta und blickte die Marmorstufen hinauf, „da sind sechs dieser großen Lakaien. Was um alles in der Welt soll ich mit ihnen allen machen?" –

„Entlassen Sie sie", sagte Eustace abrupt; „Der Anblick dieser überfütterten Bestien macht mich krank!"

Und dann verneigten sie sich – und unter den aufmerksamen Blicken vieler Augenpaare schlenderten sie mit der Würde, die sie aufbringen konnten, davon, um sich für das Abendessen zu kleiden.

Irgendwann fanden sie sich beim Abendessen wieder, und was für ein Abendessen! Es dauerte eine Stunde und zwanzig Minuten, durchzukommen, oder besser gesagt, die sechs Lakaien brauchten eine Stunde und zwanzig Minuten, um das Silbergeschirr hinein- und herauszutragen. Seit ihrer Heirat hatten sich Eustace und Augusta noch nie so elend gefühlt.

„Ich glaube nicht, dass es mir gefällt, so reich zu sein", sagte Augusta, erhob sich und kam an dem langen Tisch zu ihrem Mann herab, als Johnson endlich leise die Tür geschlossen hatte. „Es bedrückt mich!"

„ Das gilt auch für mich", sagte Eustace; „Und ich sage dir, was es ist, Gussie", fuhr er fort und legte seinen Arm um sie, „ich werde es nicht ertragen, wenn all diese höllischen Kerle um mich herum hängen. Ich werde dieses Haus verkaufen und mir etwas Ruhigeres suchen."

Und in diesem Moment kam es zu einer schrecklichen Ablenkung. Plötzlich und ohne die geringste Vorwarnung öffneten sich die Türen an beiden Enden des Raumes. Durch die eine kamen zwei riesige Lakaien, beladen mit Kaffee, Sahne usw., und durch die andere kamen Johnson und ein weiteres gepudertes Monster mit Cognac und anderen Spirituosen. Und da war Augusta mit Eustaces Arm um sie, absolut zu gelähmt, um sich zu rühren. Gerade als die Männer heraufkamen , kam sie irgendwie davon und stand wie ein Idiot da, während Eustaces Augen rot wurden . Tatsächlich waren die einzigen Menschen, die keine Verwirrung zeigten, diese prächtigen Diener, die nie ein einziges gepudertes Haar zuckten, sondern ihre feierlichen Riten mit völlig unverfrorener Miene durchführten.

„Ich kann das nicht ertragen", sagte Augusta schwach, als sie endlich gegangen waren. "Ich gehe schlafen; Ich fühle mich ziemlich schwach."

„In Ordnung", sagte Eustace, „ich denke, dass es das Beste ist, was man in diesem trostlosen Laden tun kann." Verdammt, Short, warum konnte er nicht zum Essen kommen? Ich frage mich, ob es einen Ort gibt, an den man gehen könnte, um eine Pfeife oder besser gesagt eine Zigarre zu rauchen – ich nehme an, diese Kerle würden mich verachten, wenn ich eine Pfeife rauchen würde? Zu Zeiten meines Onkels war das Rauchen hier verboten, deshalb rauchte ich im Zimmer der Haushälterin; aber das kann ich jetzt nicht"—

„Warum rauchst du nicht hier? – Der Raum ist so groß, dass es nicht stinkt", sagte Augusta.

„Oh, hör auf, nein", sagte Eustace; „Denken Sie an die Samtvorhänge! Ich kann nicht allein in einem Raum von fünfzehn mal dreißig Fuß sitzen und rauchen; Ich sollte den Blues bekommen. Nein, ich komme auch nach oben und rauche dort" –

Und er tat es.

Früh, sehr früh am Morgen wachte Augusta auf, stand auf und zog einen Morgenmantel an.

Das Licht strömte durch die kostbaren goldenen Stoffvorhänge, von denen sie einige zugezogen hatte. Es beleuchtete die Kannen aus massivem Silber, die feinen Spitzenbehänge des Bettes und die kostbaren Intarsienmöbel und spielte um die Gesichter der Amoretten an der Decke mit Fresken. Augusta starrte auf das Ganze und dachte dann an den verstorbenen Meister dieser unsagbaren Pracht, der in der elenden Hütte im Kerguelen-Land im Sterben lag. Was für ein Kontrast war hier!

„Eustace", sagte sie zu ihrem schlafenden Ehepartner, „wach auf, ich möchte dir etwas sagen."

„Äh! Was ist los?" sagte Eustace gähnend.

„Eustace, wir sind zu reich – wir sollten mit all dem Geld etwas anfangen."

„In Ordnung", sagte Eustace, „ich bin einverstanden. Was möchten Sie tun?"

„Ich möchte eine gute Summe – sagen wir zweihunderttausend, das ist nicht viel von dem, was Sie haben – verschenken, um eine Institution für kaputte Autoren zu gründen."

„In Ordnung", sagte Eustace; „Du musst nur darüber nachdenken, ich kann mich nicht darum kümmern. „Übrigens", fügte er hinzu, als er ein wenig aufwachte, „erinnern Sie sich, was der alte Junge Ihnen erzählt hat, als er im Sterben lag? Ich denke, dass hungernde Autoren, die bei Meeson's veröffentlicht haben, das erste Wahlrecht haben sollten."

„Das denke ich auch", sagte Augusta und ging zum Buhl -Schreibtisch, um diesen Plan auf Papier auszuarbeiten, der, wie die Öffentlichkeit weiß, nun im Begriff ist, sich als großer Segen für die Welt der Schreiberlinge zu erweisen.

„Ich sage, Gussie!" sagte plötzlich ihr Mann. „Ich hatte gerade einen Traum!"

"Also!" sagte sie scharf, denn sie war mit ihrem Plan beschäftigt; "Was ist es?"

„Ich habe geträumt, dass James Short ein QC war und zwanzigtausend im Jahr verdiente und dass er Lady Holmhurst geheiratet hatte ."

„Ich würde mich nicht wundern, wenn das wahr wäre", antwortete Augusta und biss auf die Spitze ihrer Feder.

Dann kam eine weitere Pause.

„Gussie", sagte Eustace schläfrig, „bist du ganz glücklich?"

„Ja, natürlich bin ich das, das heißt, ich würde es sein, wenn es nicht diese Lakaien und die silbernen Wasserkrüge gäbe."

„Das wundert mich", sagte ihr Mann.

"Warum?"

„Weil" – (Gähnen) – „ Wegen dieses Willens an deinem Hals" – (Gähnen). „Ich hätte nicht glauben sollen, dass eine Frau ganz glücklich sein könnte" – (gähn) – „ die niemals vor Gericht gehen könnte."

Und er schlief wieder ein; Während Augusta mit verächtlicher Antwort weiterarbeitete.

DAS ENDE.